MOLLOY

OUVRAGES DE SAMUEL BECKETT

Romans et nouvelles

Murphy
Watt
Premier amour
Mercier et Camier
Molloy
Malone meurt
L'innommable
Nouvelles (L'expulsé, Le calmant, La fin) et Textes pour rien
Comment c'est
Têtes-mortes (D'un ouvrage abandonné, Assez, Imagination morte
    imaginez, Bing, Sans)
Le dépeupleur
Pour finir encore et autres foirades
Compagnie
Mal vu mal dit
L'image

Poèmes, *suivi de* Mirlitonnades

Théâtre, télévision et radio

En attendant Godot
Fin de partie
Tous ceux qui tombent
La dernière bande, *suivi de* Cendres
Oh les beaux jours, *suivi de* Pas moi
Comédie et actes divers (Va-et-vient, Cascando, Paroles et musique,
    Dis Joe, Actes sans paroles I *et* II, Film, Souffle).
Pas, *suivi de* Quatre esquisses (Fragments de théâtre I *et* II, Pochade
    radiophonique, Esquisse radiophonique)
Catastrophe et autres dramaticules (Cette fois, Solo, Berceuse, Im-
    promptu d'Ohio, Quoi où)

SAMUEL BECKETT

MOLLOY

suivi de

« MOLLOY » :
UN ÉVÉNEMENT LITTÉRAIRE
UNE ŒUVRE
par

Jean-Jacques MAYOUX

LES ÉDITIONS DE MINUIT

© 1951 by LES ÉDITIONS DE MINUIT
7, rue Bernard-Palissy, 75006 Paris

ISBN 2-7073-0628-2

I

Je suis dans la chambre de ma mère. C'est moi qui y vis maintenant. Je ne sais pas comment j'y suis arrivé. Dans une ambulance peut-être, un véhicule quelconque certainement. On m'a aidé. Seul je ne serais pas arrivé. Cet homme qui vient chaque semaine, c'est grâce à lui peut-être que je suis ici. Il dit que non. Il me donne un peu d'argent et enlève les feuilles. Tant de feuilles, tant d'argent. Oui, je travaille maintenant, un peu comme autrefois, seulement je ne sais plus travailler. Cela n'a pas d'importance, paraît-il. Moi je voudrais maintenant parler des choses qui me restent, faire mes adieux, finir de mourir. Ils ne veulent pas. Oui, ils sont plusieurs, paraît-il. Mais c'est toujours le même qui vient. Vous ferez ça plus tard, dit-il. Bon. Je n'ai plus beaucoup de volonté, voyez-vous. Quand il vient chercher les nouvelles feuilles il rapporte celles de la semaine précédente. Elles sont marquées de signes que je ne comprends pas. D'ailleurs je ne les relis pas. Quand je n'ai rien fait il ne me donne rien, il me gronde. Cependant je ne travaille pas pour l'argent. Pour quoi alors? Je ne sais pas. Je ne sais pas grand'chose, franchement. La mort de ma mère, par exemple. Était-elle déjà morte à mon arrivée? Ou n'est-elle morte que plus tard? Je veux dire morte à enterrer. Je ne sais pas. Peut-être ne l'a-t-on pas enterrée encore. Quoi qu'il en soit, c'est moi qui ai sa chambre. Je couche dans son lit. Je fais dans son vase. J'ai

7

pris sa place. Je dois lui ressembler de plus en plus. Il ne me manque plus qu'un fils. J'en ai un quelque part peut-être. Mais je ne crois pas. Il serait vieux maintenant, presque autant que moi. C'était une petite boniche. Ce n'était pas le vrai amour. Le vrai amour était dans une autre. Vous allez voir. Voilà que j'ai encore oublié son nom. Il me semble quelquefois que j'ai même connu mon fils, que je me suis occupé de lui. Puis je me dis que c'est impossible. Il est impossible que j'aie pu m'occuper de quelqu'un. J'ai oublié l'orthographe aussi, et la moitié des mots. Cela n'a pas d'importance, paraît-il. Je veux bien. C'est un drôle de type, celui qui vient me voir. C'est tous les dimanches qu'il vient, paraît-il. Il n'est pas libre les autres jours. Il a toujours soif. C'est lui qui m'a dit que j'avais mal commencé, qu'il fallait commencer autrement. Moi je veux bien. J'avais commencé au commencement, figurez-vous, comme un vieux con. Voici mon commencement à moi. Ils vont quand même le garder, si j'ai bien compris. Je me suis donné du mal. Le voici. Il m'a donné beaucoup de mal. C'était le commencement, vous comprenez. Tandis que c'est presque la fin, à présent. C'est mieux, ce que je fais à présent? Je ne sais pas. La question n'est pas là. Voici mon commencement à moi. Ça doit signifier quelque chose, puisqu'ils le gardent. Le voici.

Cette fois-ci, puis encore une je pense, puis c'en sera fini je pense, de ce monde-là aussi. C'est le sens de l'avant-dernier. Tout s'estompe. Un peu plus et on sera aveugle. C'est dans la tête. Elle ne marche plus, elle dit, Je ne marche plus. On devient muet aussi et les bruits s'affaiblissent. A peine le seuil franchi c'est ainsi. C'est la tête qui doit en avoir assez. De sorte qu'on se dit, J'arriverai bien cette fois-ci, puis encore une autre peut-être, puis ce sera tout. C'est

8

avec peine qu'on formule cette pensée, car c'en est une, dans un sens. Alors on veut faire attention, considérer avec attention toutes ces choses obscures, en se disant, péniblement, que la faute en est à soi. La faute? C'est le mot qu'on a employé. Mais quelle faute? Ce n'est pas l'adieu, et quelle magie dans ces choses obscures auxquelles il sera temps, à leur prochain passage, de dire adieu. Car il faut dire adieu, ce serait bête de ne pas dire adieu, au moment voulu. Si l'on pense aux contours à la lumière de jadis c'est sans regret. Mais on n'y pense guère, avec quoi y penserait-on? Je ne sais pas. Il passe des gens aussi, dont il n'est pas facile de se distinguer avec netteté. Voilà qui est décourageant. C'est ainsi que je vis A et B aller lentement l'un vers l'autre, sans se rendre compte de ce qu'ils faisaient. C'était sur une route d'une nudité frappante, je veux dire sans haies ni murs ni bordures d'aucune sorte, à la campagne, car dans d'immenses champs des vaches mâchaient, couchées et debout, dans le silence du soir. J'invente peut-être un peu, j'embellis peut-être, mais dans l'ensemble c'était ainsi. Elles mâchent, puis avalent, puis après une courte pause appellent sans effort la prochaine bouchée. Un tendon du cou remue et les mâchoires recommencent à broyer. Mais c'est peut-être là des souvenirs. La route, dure et blanche, balafrait les tendres pâturages, montait et descendait au gré des vallonnements. La ville n'était pas loin. C'étaient deux hommes, impossible de s'y tromper, un petit et un grand. Ils étaient sortis de la ville, d'abord l'un, puis l'autre, et le premier, las ou se rappelant une obligation, était revenu sur ses pas. L'air était frais, car ils avaient leur manteau. Ils se ressemblaient, mais pas plus que les autres. Un grand espace les séparait d'abord. Ils n'auraient pas pu se voir, même en levant la tête et en se cherchant des yeux, à cause de ce grand espace, et puis à cause du vallonnement du terrain, qui faisait que la route était en vagues, peu profondes mais suffisamment, suffisamment. Mais le moment vint où ensemble ils dévalèrent vers le même creux et c'est dans ce creux qu'ils se rencontrèrent à la fin. Dire qu'ils se connaissaient, non, rien ne permet de l'affirmer. Mais au bruit peut-être de leurs pas, ou avertis par quelque obscur instinct, ils levèrent la tête et s'observèrent, pendant une bonne quinzaine de pas, avant de s'arrêter, l'un contre l'autre. Oui, ils ne se croisèrent point, mais ils firent halte, tout près l'un de l'autre, comme souvent le font, à la campagne, le soir, sur une route déserte, deux promeneurs qui s'ignorent, sans que cela ait rien d'extraordinaire. Mais ils se connaissaient peut-être. Quoi qu'il en soit, maintenant ils se connaissent et se reconnaîtront je pense, et se salueront, même au plus profond de la ville. Ils se tournèrent vers la mer qui, loin à l'est, au-delà des champs, montait haut dans le ciel pâlissant, et ils échangèrent quelques paroles. Puis chacun reprit son chemin, A vers la ville, B à travers des régions qu'il semblait mal connaître, ou pas du tout, car il avançait d'un pas mal assuré et s'arrêtait souvent pour regarder autour de lui, comme celui qui cherche à fixer dans son esprit des points de repère, car un jour, peut-être, il lui faudra revenir sur ses pas, on ne sait jamais. Les traîtres collines où avec effroi il s'engageait, sans doute ne les connaissait-il que pour les avoir vues de loin, de la fenêtre de sa chambre peut-être, ou du sommet d'un monument un jour de chagrin où, n'ayant rien de spécial à faire et cherchant dans l'altitude un réconfort, il avait payé ses trois ou six pence et gravi jusqu'à la plate-forme l'escalier en colimaçon. De là il devait tout voir, la plaine, la mer et puis ces mêmes collines que d'aucuns appellent montagnes, indigo

10

par endroits dans la lumière du soir, se pressant les unes derrière les autres à perte de vue, traversées par des vallées qu'on ne voit pas mais qu'on devine, à cause du dégradement des tons et puis à cause d'autres indices intraduisibles en mots et même impensables. Mais on ne les devine pas toutes, même de cette hauteur, et souvent là où on ne voit qu'un seul flanc, qu'une seule crête, en réalité il y en a deux, deux flancs, deux crêtes, séparés par une vallée. Mais ces collines, maintenant il les connaît, c'est-à-dire qu'ils les connaît mieux, et si jamais cela lui arrive de les contempler à nouveau de loin ce sera je pense avec d'autres yeux, et non seulement cela mais l'intérieur, tout cet espace intérieur qu'on ne voit jamais, le cerveau et le cœur et les autres cavernes où sentiment et pensée tiennent leur sabbat, tout cela bien autrement disposé. Il a l'air vieux et cela fait pitié de le voir aller tout seul après tant d'années, tant de jours et de nuits donnés sans compter à cette rumeur qui se lève à la naissance et même avant, à cet insatiable *Comment faire? Comment faire?*, tantôt bas, un murmure, tantôt net comme le *Et comme boisson?* du maître d'hôtel, et puis souvent se gonflant jusqu'au rugissement. Pour s'en aller tout seul en fin de compte, ou presque, par des chemins inconnus, à la nuit tombante, avec un bâton. C'était un grand bâton, il s'en servait pour se pousser en avant, et puis pour se défendre, le cas échéant, contre les chiens et les maraudeurs. Oui, la nuit tombait, mais l'homme était innocent, d'une grande innocence, il ne craignait rien, si, il craignait, mais il n'avait besoin de rien craindre, on ne pouvait rien contre lui, ou si peu. Mais ça, il l'ignorait sans doute. Moi-même, à condition d'y réfléchir, je l'ignorerais aussi. Il se voyait menacé, dans son corps, dans sa raison, et il l'était peut-être, malgré son innocence. Que vient

11

faire l'innocence là-dedans? Quel rapport avec les innombrables agents du malin? Ce n'est pas clair. Il portait un chapeau pointu, à ce qu'il me semblait. J'en fus frappé, il m'en souvient, comme je ne l'aurais pas été par une casquette, par exemple, ou par un melon. Je le regardai s'éloigner, gagné par son inquiétude, enfin par une inquiétude qui n'était pas nécessairement la sienne, mais dont il faisait en quelque sorte partie. C'était, qui sait, mon inquiétude à moi qui le gagnait lui. Il ne m'avait pas vu. J'étais juché au-dessus du niveau le plus élevé de la route et plaqué par-dessus le marché contre un rocher de la même couleur que moi, je veux dire gris. Qu'il aperçût le rocher, c'est probable. Il regardait autour de lui, je l'ai déjà fait remarquer, comme pour graver dans sa mémoire les caractéristiques du chemin, et il dut voir le rocher à l'ombre duquel j'étais tapi, à la façon de Belacqua, ou de Sordello, je ne me rappelle plus. Mais un homme, à plus forte raison moi, ça ne fait pas exactement partie des caractéristiques d'un chemin, car. Je veux dire que si par extraordinaire il doit un jour repasser par là, après un long laps de temps, vaincu, ou pour chercher une chose oubliée, ou pour brûler quelque chose, c'est le rocher qu'il cherchera des yeux, et non pas le hasard à son ombre de cette chose bougeante et fugitive qu'est la chair encore vivante. Non, il ne me vit certainement pas, pour les raisons que j'ai données et puis parce qu'il n'avait pas la tête à cela, ce soir-là, pas la tête aux vivants, mais plutôt à ce qui ne change pas de place, ou en change si lentement qu'un enfant s'en moquerait, sans parler d'un vieillard. Quoi qu'il en soit, je veux dire qu'il me vît ou qu'il ne me vît pas, je répète que je le regardai s'éloigner, aux prises (moi) avec la tentation de me lever et de le suivre, de le rejoindre même peut-être un jour, afin de mieux le connaître, afin d'être moi-même moins seul. Mais malgré cet élan vers lui de mon âme, au bout de son élastique, je le voyais mal, à cause de l'obscurité et puis aussi du terrain, dans les plis duquel il disparaissait de temps en temps, pour ré-émerger plus loin, mais surtout je crois à cause des autres choses qui m'appelaient et vers lesquelles également mon âme s'élançait à tour de rôle, sans méthode et affolée. Je parle naturellement des champs blanchissant sous la rosée et des animaux cessant d'y errer pour prendre leurs attitudes de nuit, de la mer dont je ne dirai rien, de la ligne de plus en plus affilée des crêtes, du ciel où sans les voir je sentais trembler les premières étoiles, de ma main sur mon genou et puis surtout de l'autre promeneur, A ou B, je ne me rappelle plus, qui rentrait sagement chez lui. Oui, vers ma main aussi, que mon genou sentait trembler et dont mes yeux ne voyaient que le poignet, le dos fortement veiné et la blancheur des premières phalanges. Mais ce n'est pas d'elle, je veux parler de cette main, que je veux parler à présent, chaque chose en son temps, mais de cet A ou B qui se dirige vers la ville d'où il vient de sortir. Mais au fond, son allure qu'avait-elle de spécialement urbain? Il était nu-tête, il portait des espadrilles, il fumait un cigare. Il se déplaçait avec une sorte de paresse flânante qui à tort ou à raison me semblait expressive. Mais tout cela ne prouvait rien, ne réfutait rien. Il était peut-être venu de loin, de l'autre bout de l'île même, il allait vers cette ville pour la première fois peut-être ou y retournait après une longue absence. Un petit chien le suivait, un poméranien je crois, mais je ne crois pas. Je n'en étais pas sûr au moment même et encore aujourd'hui je ne le suis pas, bien que j'y aie très peu réfléchi. Le petit chien suivait bien mal, à la façon des poméraniens, s'arrêtait, faisait de longues girations, laissait tomber, je veux dire abandonnait, puis recommençait un peu plus loin. La constipation chez les poméraniens est signe de bonne santé. A un moment donné, préétabli si vous voulez, moi je veux bien, le monsieur revint sur ses pas, prit le petit chien dans ses bras, ôta le cigare de sa bouche et plongea son visage dans la toison orangée. C'était un monsieur, cela se voyait. Oui, c'était un poméranien orangé, plus j'y songe plus j'en ai la conviction. Et pourtant. Or ce monsieur serait-il venu de loin, nu-tête, en espadrilles, un cigare à la bouche, suivi d'un poméranien? N'avait-il pas plutôt l'air issu des remparts, après un bon dîner, pour se promener et pour promener son chien, en rêvant et pétant, comme le font tant de citadins, quand il fait beau? Mais ce cigare n'était-il pas en réalité un brûle-gueule peut-être, et ces espadrilles des chaussures cloutées blanchies par la poussière, et ce chien qu'est-ce qui l'empêchait d'être un chien errant qu'on ramasse et prend dans ses bras, par compassion ou parce qu'on a erré longtemps seul sans autre compagnie que ces routes sans fin, que ces sables, galets, marais, bruyères, que cette nature qui relève d'une autre justice, que de loin en loin un codétenu qu'on voudrait aborder, embrasser, traire, allaiter, et qu'on croise, les yeux mauvais, de crainte qu'il ne se permette des familiarités. Jusqu'au jour où, n'en pouvant plus, dans ce monde qui pour vous est sans bras, vous attrapez dans les vôtres les chiens galeux, les portez le temps qu'il faut pour qu'ils vous aiment, pour que vous les aimiez, puis les jetez. Il en était peut-être là, malgré les apparences. Il disparut, la chose fumante à la main, la tête sur la poitrine. Je m'explique. Des objets en voie de disparition c'est bien à l'avance que je détourne mes regards. Les fixer jusqu'au dernier moment, non, je ne peux·pas. C'est en ce sens qu'il disparut. Les yeux ailleurs je

pensais à lui, je me disais, Il se rapetisse, se rapetisse.
Je me comprenais. Je savais que je pourrais le rejoindre, tout estropié que j'étais. Je n'avais qu'à le vouloir. Et cependant non, car je le voulais. Me lever,
gagner la route, me lancer en clopinant à sa pour-
suite, le héler, quoi de plus facile. Il entend mes cris,
se retourne, m'attend. Je suis tout contre lui, contre
le chien, haletant, entre mes béquilles. Il a un peu
peur, un peu pitié de moi. Je le dégoûte passablement. Je ne suis pas joli à voir, je ne sens pas bon. Ce
que je veux? Ah ce ton que je connais, fait de peur,
de pitié, de dégoût. Je veux voir le chien, voir
l'homme, de près, savoir ce qui fume, inspecter les
chaussures, relever d'autres indices. Il est bon, il me
dit ceci et cela, m'apprend des choses, d'où il vient,
où il va . Je le crois, je sais que c'est ma seule chance
de – ma seule chance, je crois tout ce qu'on me dit, je
ne m'y suis que trop refusé dans ma longue vie, maintenant je gobe tout, avec avidité. Ce dont j'ai besoin
c'est des histoires, j'ai mis longtemps à le savoir.
D'ailleurs je n'en suis pas sûr. Alors voilà, je suis fixé
sur certaines choses, je sais certaines choses sur lui,
des choses que j'ignorais, qui me tracassaient, des
choses même dont je n'avais pas souffert. Quelle langue. Je suis même capable d'avoir appris quel est son
métier, moi qui m'intéresse tellement aux métiers.
Dire que je fais mon possible pour ne pas parler de
moi. Dans un instant je parlerai des vaches, du ciel,
vous allez voir. Alors voilà, il me quitte, il est pressé.
Il n'avait pas l'air pressé, il flânait, je l'ai déjà fait
remarquer, mais après trois minutes d'entretien avec
moi il est pressé, il doit se dépêcher. Je le crois. Et je
suis à nouveau je ne dirais pas seul, non, ce n'est pas
mon genre, mais, comment dire, je ne sais pas, rendu
à moi, non, je ne me suis jamais quitté, libre, voilà,
je ne sais pas ce que ça veut dire mais c'est le mot que

j'entends employer, libre de quoi faire, de ne rien faire, de savoir, mais quoi, les lois de la conscience peut-être, de ma conscience, que par exemple l'eau monte à mesure qu'on s'y enfonce et qu'on ferait mieux, enfin aussi bien, d'effacer les textes que de noircir les marges, de les boucher jusqu'à ce que tout soit blanc et lisse et que la connerie prenne son vrai visage, un non-sens cul et sans issue. Je fis donc bien sans doute, enfin aussi bien, de ne pas me déranger de mon poste d'observation. Mais au lieu d'observer j'eus la faiblesse de retourner en esprit vers l'autre, vers l'homme au bâton. Ce fut alors à nouveau les murmures. Ramener le silence, c'est le rôle des objets. Je me disais, Qui sait s'il n'est pas simplement sorti prendre l'air, se décrisper, se dégourdir, se décongestionner le cerveau en faisant affluer le sang aux pieds, afin de s'assurer une bonne nuit, un heureux réveil, un lendemain enchanteur. Portait-il seulement une besace? Mais cette démarche, ces regards anxieux, cette massue, peut-on les concilier avec l'idée qu'on se fait de ce qu'on appelle un petit tour? Mais ce chapeau, c'était un chapeau de ville, suranné mais de ville, que le moindre vent emporterait au loin. A moins qu'il ne soit attaché sous le menton, au moyen d'un cordon ou d'un élastique. J'ôtai mon chapeau et le regardai. Un long lacet le relie, depuis toujours, à ma boutonnière, toujours la même, quelle que soit la saison. Je vis donc toujours. C'est bon à savoir. La main qui s'était saisie du chapeau et qui le tenait toujours, je l'éloignai autant que possible de moi et lui fis décrire des arcs. Ce faisant je regardai le revers de mon manteau et le vis s'ouvrir et se refermer. Je comprends maintenant pourquoi je ne portais jamais de fleur à la boutonnière, assez ample pourtant pour en recevoir tout un bouquet. Ma boutonnière était réservée à mon chapeau.

C'était mon chapeau que je fleurissais. Mais ce n'est ni de mon chapeau ni de mon manteau que je désire parler à présent, ce serait prématuré. J'en parlerai sans doute plus tard, quand il s'agira de dresser l'inventaire de mes biens et possessions. A moins que je ne les perde d'ici là. Mais même perdus ils auront leur place, dans l'inventaire de mes biens. Mais je suis tranquille, je ne les perdrai pas. Mes béquilles non plus je ne les perdrai pas. Mais je les jetterai peut-être un jour. Je devrais me trouver au sommet, ou sur les flancs, d'une éminence peu ordinaire, sinon comment aurais-je pu plonger mes regards sur tant de choses proches et lointaines, fixes et mouvantes. Mais que venait faire une éminence dans ce paysage à peine ondulé? Et moi qu'étais-je venu y faire? C'est ce que nous allons essayer de savoir. D'ailleurs ne prenons pas ces choses-là au sérieux. Il y a, paraît-il, de tout dans la nature et les lusus y abondent. Et je confonds peut-être plusieurs occasions différentes, et les heures, au fond, et le fond c'est mon habitat, oh pas le fin fond, quelque part entre l'écume et la fange. Et ce fut peut-être un jour A à tel endroit, puis un autre B à tel autre, puis un troisième le rocher et moi, et ainsi de suite pour les autres composants, les vaches, le ciel, la mer, les montagnes. Je ne peux le croire. Non, je ne mentirai pas, je le conçois facilement. Qu'à cela ne tienne, poursuivons, faisons comme si tout était surgi du même ennui, meublons, meublons, jusqu'au plein noir. Ce qui est sûr, c'est que l'homme au bâton ne repassa pas par là cette nuit-là, car je l'aurais entendu. Je ne dis pas que je l'aurais vu, je dis que je l'aurais entendu. Je dors peu et le peu que je dors je le dors le jour. Oh pas systémati-quement, dans ma vie démesurée j'ai tâté de tous les sommeils, mais à l'époque que je découvre je faisais mon somme le jour et, qui plus est, le matin. Qu'on ne vienne pas me parler de la lune, il n'y pas de lune dans ma nuit, et si cela m'arrive de parler des étoiles c'est par mégarde. Or de tous les bruits de cette nuit-là pas un ne fut celui de ces lourds pas incertains, de cette massue dont par moments il frappait la terre à la faire trembler. Que c'est agréable d'être confirmé, après une période plus ou moins longue de vacillation, dans ces premières impressions. C'est sans doute ce qui tempère les affres du trépas. Non pas que je le fusse de façon concluante, je veux dire confirmé dans ma première impression au sujet de — attendez — de B. Car les charrettes et tombereaux qui un peu avant l'aube passèrent avec un bruit de tonnerre, amenant au marché fruits, beurre et fromage, dans l'un d'eux il avait peut-être pris place, vaincu par la fatigue ou par le découragement, voire mort. Ou il avait pu rentrer en ville par un autre chemin, trop distant pour que je pusse entendre ce qui s'y passait, ou par des petits sentiers à travers champs, foulant silencieusement l'herbe et pilonnant le sol muet. Ce fut ainsi que je tirai cette nuit lointaine, partagé entre les murmures de mon être poliment perplexe et ceux si différents (tant que ça?) de tout ce qui reste et passe entre deux soleils. Pas une seule fois une voix humaine. Mais les vaches, au passage des paysans, appelant en vain pour qu'on vienne les traire. A et B, jamais je ne les revis. Mais je les reverrai peut-être. Mais saurai-je les reconnaître? Et suis-je sûr de ne jamais les avoir revus? Et qu'est-ce que j'appelle voir et revoir? Un instant de silence, comme lorsque le chef d'orchestre frappe sur son pupitre, lève les bras, avant le fracas des colles. De la fumée, des bâtons, de la chair, des cheveux, le soir, au loin, autour du désir d'un frère. Ces haillons je sais les susciter, pour en couvrir ma honte. Je me demande ce que ça veut dire. Mais je ne serai pas

18

toujours dans le besoin. Mais à propos du désir d'un frère je dirai que m'étant réveillé entre onze heures et midi (j'entendis l'angélus, rappelant l'incarnation, peu de temps après) je résolus d'aller voir ma mère. Il fallait, pour me résoudre à aller voir cette femme, des raisons présentant un caractère d'urgence, et ces raisons, puisque je ne savais quoi faire, ni où aller, ce fut pour moi un jeu d'enfant, d'enfant unique, de m'en remplir l'esprit, jusqu'à ce que toute autre préoccupation en fût bannie et que je me prisse à frémir à la seule idée que je pourrais en être empêché de m'y rendre, je veux dire chez ma mère, séance tenante. Je me levai par conséquent, ajustai mes béquilles et descendis sur la route, où je trouvai ma bicyclette (tiens je ne m'attendais pas à ça) à l'endroit même où j'avais dû la laisser. Cela me permet de remarquer que, tout estropié que j'étais, je montais à bicyclette avec un certain bonheur, à cette époque. Voici comment je m'y prenais. J'attachais mes béquilles à la barre supérieure du cadre, une de chaque côté, j'accrochais le pied de ma jambe raide (j'oublie laquelle, elles sont raides toutes les deux à présent) à la saillie de l'axe de la roue avant et je pédalais avec l'autre. C'était une bicyclette acatène, à roue libre, si cela existe. Chère bicyclette, je ne t'appellerai pas vélo, tu étais peinte en vert, comme tant de bicyclette de ta promotion, je ne sais pourquoi. Je la revois volontiers. J'aurais plaisir à la détailler. Elle avait une petite corne ou trompe au lieu du timbre à la mode de vos jours. Actionner cette corne était pour moi un vrai plaisir, une volupté presque. J'irai plus loin, je dirai que si je devais dresser le palmarès des choses qui ne m'ont pas trop fait chier au cours de mon interminable existence, l'acte de corner y occuperait une place honorable. Et quand je dus me séparer de ma bicyclette j'en enlevai

19

la corne et la gardai par-devers moi. Je l'ai toujours je crois, quelque part, et si je ne m'en sers plus, c'est qu'elle est devenue muette. Même les automobilistes d'aujourd'hui n'ont pas de cornes, dans le sens où je l'entends, ou rarement. Quand j'en repère une, dans la rue, par la vitre baissée d'une automobile en stationnement, souvent je m'arrête et l'actionne. Il faudrait récrire tout cela au plus-que-parfait. Parler de bicyclettes et de cornes, quel repos. Malheureusement ce n'est pas de cela qu'il s'agit mais de celle qui me donna le jour, par le trou de son cul si j'ai bonne mémoire. Premier emmerdement. J'ajouterai donc seulement que tous les cent mètres à peu près je m'arrêtais pour me reposer les jambes, non seulement les jambes. Je ne descendais pas à proprement dire de selle, je restai à califourchon, les deux pieds par terre, les bras sur le guidon, la tête sur les bras, et j'attendais de me sentir mieux. Mais avant de quitter ces sites enchanteurs, suspendus entre la montagne et la mer, abrités de certains vents et ouverts à tout ce que le midi apporte, dans ce pays damné, de parfums et de tiédeurs, je m'en voudrais de taire le terrible cri des râles qui courent la nuit dans les blés, dans les prairies, pendant la belle saison, en agitant leur crécelle. Cela me permet, par surcroît, de savoir quand débuta cet irréel voyage, pénultième d'une forme pâlissante entre formes pâlissantes, et que je déclare sans autre forme de procès avoir débuté dans la deuxième ou troisième semaine de juin, au moment c'est-à-dire pénible entre tous où sur ce qu'on appelle notre hémisphère l'acharnement du soleil atteint son maximum et que la clarté arctique vient pisser sur nos minuits. C'est alors que les râles se font entendre. Ma mère me voyait volontiers, c'est-à-dire qu'elle me recevait volontiers, car il y avait belle lurette qu'elle ne voyait plus rien. Je m'efforcerai d'en parler avec calme. Nous étions si vieux, elle et moi, elle m'avait eu si jeune, que cela faisait comme un couple de vieux compères, sans sexe, sans parenté, avec les mêmes souvenirs, les mêmes rancunes, la même expectative. Elle ne m'appelait jamais fils, d'ailleurs je ne l'aurais pas supporté, mais Dan, je ne sais pourquoi, je ne m'appelle pas Dan. Dan était peut-être le nom de mon père, oui, elle me prenait peut-être pour mon père. Moi je la prenais pour ma mère et elle elle me prenait pour mon père. Dan, tu te rappelles le jour où j'ai sauvé l'hirondelle. Dan, tu te rappelles le jour où tu as enterré la bague. Voilà de quelle façon elle me parlait. Je me rappelais, je me rappelais, je veux dire que je savais à peu près de quoi elle parlait, et si je n'avais pas toujours participé personnellement aux incidents qu'elle évoquait, c'était tout comme. Moi je l'appelais Mag, quand je devais lui donner un nom. Et si je l'appelais Mag c'était qu'à mon idée, sans que j'eusse su dire pourquoi, la lettre G abolissait la syllabe ma, et pour ainsi dire crachait dessus, mieux que toute autre lettre ne l'aurait fait. Et en même temps je satisfaisais un besoin profond et sans doute inavoué, celui d'avoir une ma, c'est-à-dire une maman, et de l'annoncer, à haute voix. Car avant de dire mag on dit ma, c'est forcé. Et da, dans ma région, veut dire papa. D'ailleurs pour moi la question ne se posait pas, à l'époque où je suis en train de me faufiler, je veux dire la question de l'appeler ma, Mag ou la comtesse Caca, car il y avait une éternité qu'elle était sourde comme un pot. Je crois qu'elle faisait sous elle, et sa grande et sa petite commission, mais une sorte de pudeur nous faisait éviter ce sujet, au cours de nos entretiens, et je ne pus jamais en acquérir la certitude. Du reste cela devait être bien peu de chose, quelques crottes de bique parcimo-

nieusement arrosées tous les deux ou trois jours. La
chambre sentait l'ammoniaque, oh pas que l'ammoniaque, mais l'ammoniaque, l'ammoniaque. Elle
savait que c'était moi, à mon odeur. Son visage par-
cheminé et poilu s'allumait, elle était contente de me
sentir. Elle articulait mal, dans un fracas de râtelier,
et la plupart du temps ne se rendait pas compte de ce
qu'elle disait. Tout autre que moi se serait perdu
dans ce babil cliquetant, qui ne devait s'arrêter que
pendant ses courts instants d'inconscience. D'ailleurs
je ne venais pas pour l'écouter. Je me mettais en
communication avec elle en lui tapotant le crâne. Un
coup signifiait oui, deux non, trois je ne sais pas, quatre argent, cinq adieu. J'avais eu du mal à dresser à
ce code son entendement ruiné et délirant, mais j'y
étais arrivé. Qu'elle confondît oui, non, je ne sais pas
et adieu, cela m'était indifférent, je les confondais
moi-même. Mais qu'elle associât les quatre coups
avec autre chose qu'avec l'argent, voilà ce à quoi il
fallait obvier à tout prix. Pendant la période de dres-
sage donc, en même temps que je lui frappais les
quatre coups sur le crâne, je lui fourrais un billet de
banque sous le nez ou dans la bouche. Petit naïf que
j'étais! Car elle semblait avoir perdu, sinon la notion
de la mensuration absolument, tout au moins la
faculté de compter au-delà de deux. Il y avait trop
loin pour elle, comprenez-vous, de un à quatre. Arrivée au quatrième coup elle se croyait seulement au
deuxième, les deux premiers s'étant effacés de sa
mémoire aussi complètement que s'ils n'avaient
jamais été ressentis, quoique je ne voie pas très bien
comment une chose jamais ressentie peut s'effacer de
la mémoire, et cependant cela arrive couramment.
Elle devait croire que je lui disais tout le temps non,
alors que rien n'était plus loin de mes intentions.
Éclairé par ces raisonnements je cherchai, et finis par

trouver, un moyen plus efficace pour insérer dans son esprit l'idée d'argent. Il consistait à substituer aux quatre coups de mon index un ou plusieurs (selon mes besoins) coups de poing, sur son crâne. Ça, elle le comprenait. D'ailleurs je ne venais pas pour l'argent. Je lui en prenais, mais je ne venais pas pour cela. Je ne lui en veux pas trop, à ma mère. Je sais qu'elle fit tout pour ne pas m'avoir, sauf évidemment le principal, et si elle ne réussit jamais à me décrocher, c'est que le destin me réservait à une autre fosse que celle d'aisance. Mais l'intention était bonne et cela me suffit. Non, cela ne me suffit pas, mais je lui en tiens compte, à ma mère, des efforts qu'elle fit pour moi. Et je lui pardonne de m'avoir un peu secoué dans les premiers mois et d'avoir gâté la seule période à peu près potable de mon énorme histoire. Et je lui tiens compte également de ne pas avoir recommencé, instruite par mon exemple, ou de s'être arrêtée à temps. Et si je dois chercher un jour un sens à ma vie, on ne sait jamais, c'est de ce côté que je gratterai d'abord, du côté de cette pauvre putain unipare et de moi dernier de mon engeance, je me demande laquelle. J'ajoute, avant d'en venir aux faits, car on dirait vraiment des faits, de ce distant après-midi d'été, qu'avec cette vieille femme sourde, aveugle, impotente et folle, qui m'appelait Dan et que j'appelais Mag, et avec elle seule, je — non, je ne peux pas le dire. C'est-à-dire que je pourrais le dire mais je ne le dirai pas, oui, il me serait facile de le dire, car ce ne serait pas vrai. Que voyais-je d'elle? Une tête toujours, quelquefois les mains, rarement les bras. Une tête toujours. Voilée de poils, de rides, de saleté, de bave. Une tête qui obscurcissait l'air. Non pas qu'il importe de voir, mais c'est un petit commencement. C'est moi qui prenais la clef sous l'oreiller, qui prenais l'argent dans le tiroir, qui remettais la clef sous l'oreiller. Mais je ne venais pas pour l'argent. Je crois qu'il y avait une femme qui venait chaque semaine. Une fois j'y posai mes lèvres, vaguement, précipitamment, sur cette petite poire grisâtre et ratatinée. Pouah. Cela lui fit-il plaisir? Je ne sais pas. Son caquetage s'arrêta un instant, puis reprit. Elle dut se demander ce qui lui arrivait. Elle se dit peut-être pouah. Je sentis une odeur terrible. Cela devait venir des intestins. Parfum d'antiquité. Oh je ne la critique pas, moi non plus je ne fleure pas l'Arabie. Décrirai-je la chambre? Non. J'en aurai l'occasion peut-être plus tard. Quand j'y chercherai asile, à bout d'expédients, toute honte bue, la queue dans le rectum, qui sait. Bon. Maintenant qu'on sait où l'on va, allons-y. Il est si bon de savoir où l'on va, dans les premiers temps. Ça vous enlève presque l'envie d'y aller. J'étais distrait, moi qui le suis si peu, car de quoi le serais-je, et quant à mes mouvements encore plus incertains qu'à l'ordinaire. La nuit avait dû me fatiguer, enfin m'affaiblir, et le soleil, se hissant de plus en plus à l'est, m'avait empoisonné, pendant que je dormais. Entre lui et moi, avant de fermer les yeux, j'aurais dû mettre la masse du rocher. Je confonds est et ouest, les pôles aussi, je les intervertis volontiers. Je n'étais pas dans mon assiette. Elle est profonde, mon assiette, une assiette à soupe, et il est rare que je n'y sois pas. C'est pourquoi je le signale. Je fis néanmoins quelques milles sans accroc et arrivai ainsi sous les remparts. Là je descendis de selle, conformément au règlement. Oui, pour entrer dans la ville et pour en sortir la police exige que les cyclistes descendent de selle, que les automobiles se mettent en première vitesse, que les hippomobiles n'avancent qu'au pas. La raison de cette ordonnance est je crois la suivante, que les voies d'accès, et bien entendu de sortie, de cette ville sont étroites et obscurcies par d'immenses voûtes, sans exception. C'est une bonne règle et j'y obtempère avec soin, malgré le mal que j'ai à avancer en me servant de mes béquilles et en poussant ma bicyclette en même temps. Je m'arrangeais. Il fallait y penser. Ainsi nous franchîmes cette passe difficile, ma bicyclette et moi, en même temps. Mais un peu plus loin je m'entendis interpeller. Je levai la tête et vis un agent de police. C'est là une façon elliptique de parler, car ce ne fut que plus tard, par voie d'induction, ou de déduction, je ne sais plus, que je sus ce que c'était. Que faites-vous là? dit-il. J'ai l'habitude de cette question, je la compris aussitôt. Je me repose, dis-je. Vous vous reposez, dit-il. Je me repose, dis-je. Voulez-vous répondre à ma question? s'écria-t-il. Voilà ce qui m'arrive régulièrement quand je suis acculé à la confabulation, je crois sincèrement avoir répondu aux questions qu'on me pose et en réalité il n'en est rien. Je ne rétablirai pas cette conversation dans tous ses méandres. Je finis par comprendre que ma façon de me reposer, mon attitude pendant le repos, à califourchon sur ma bicyclette, les bras sur le guidon, la tête sur les bras, attentait à je ne sais plus quoi, à l'ordre, à la pudeur. J'indiquai modestement mes béquilles et hasardai quelques bruits sur mon infirmité, qui m'obligeait à me reposer comme je le pouvais, plutôt que comme je le devais. Je crus comprendre alors qu'il n'y avait pas deux lois, l'une pour les bien portants et l'autre pour les invalides, mais une seule, à laquelle devaient se plier riches et pauvres, jeunes et vieux, heureux et tristes. C'était un beau parleur. Je fis remarquer que je n'étais pas triste. Qu'est-ce que j'avais dit là! Vos papiers, dit-il, je le sus un instant plus tard. Mais non, dis-je, mais non. Vos papiers! s'écria-t-il. Ah mes papiers. Or les seuls papiers que je porte sur moi, c'est un peu de papier

25

journal, pour m'essuyer, vous comprenez, quand je vais à la garde-robe. Oh je ne dis pas que je m'essuie chaque fois que je vais à la garde-robe, non, mais j'aime être en mesure de le faire, le cas échéant. Cela est naturel, il me semble. Affolé je sortis ce papier de ma poche et le lui mis sous le nez. Le temps était au beau. Nous prîmes par des petites rues ensoleillées, peu passantes, moi sautillant entre mes béquilles, lui poussant délicatement ma bicyclette, de sa main gantée de blanc. Je ne — je ne me sentais pas malheureux. Je m'arrêtai un instant, je pris cela sur moi, levai la main et touchai le dôme de mon chapeau. Il était brûlant. Je sentais se retourner sur notre passage des visages gais et calmes, visages d'hommes, de femmes, d'enfants. Il me sembla entendre, à un moment donné, une musique lointaine. Je m'arrêtai, pour mieux l'écouter. Avancez, dit-il. Écoutez, dis-je. Avancez, dit-il. On ne me permettait pas d'écouter de la musique. Cela aurait pu provoquer un attroupement. Il me donna une bourrade dans le dos. On m'avait touché, oh pas la peau, mais quand même, ma peau l'avait senti, ce dur poing d'homme, à travers ses couvertures. Tout en avançant de mon pas le meilleur je me donnais à cet instant doré, comme si j'avais été un autre. C'était l'heure du repos, entre le travail du matin et celui de l'après-midi. Les plus sages peut-être, allongés dans les squares ou assis devant leur porte, en savouraient les langueurs finissantes, oublieux des soucis récents, indifférents aux proches. D'autres au contraire en profitaient pour tirer des plans, la tête dans les mains. Y en avait-il un seul pour se mettre à ma place, pour sentir combien j'étais peu, à cette heure, celui dont j'avais l'air, et dans ce peu quelle puissance il y avait, d'amarres tendues à péter. C'est possible. Oui, je tirais vers ce faux profond, aux fausses allures de gravité et de paix, je m'y élançais de tous mes vieux poisons, en sachant que je ne risquais rien. Sous le ciel bleu, sous l'œil du gardien. Oublieux de ma mère, libéré des actes, fondu dans l'heure des autres, me disant répit, répit. Arrivé au poste, je fus introduit auprès d'un fonctionnaire étonnant. Vêtu en civil, en bras de chemise, il était vautré dans un fauteuil, les pieds sur son bureau, un chapeau de paille sur la tête et sortant de la bouche un objet mince et flexible que je n'arrivai pas à identifier. Ces détails, j'eus le temps de les enregistrer, avant qu'il me congédiât. Il écouta le rapport de son subordonné, puis se mit à m'interroger sur un ton qui, au point de vue de la correction, laissait de plus en plus à désirer, à mon idée. Entre ses questions et mes réponses, je parle de celles méritant qu'on les prît en considération, il y avait des intervalles plus ou moins longs et bruyants. J'ai si peu l'habitude qu'on me demande quelque chose que lorsqu'on me demande quelque chose je mets du temps à savoir quoi. Et le tort que j'ai, c'est qu'au lieu de réfléchir tranquillement à ce que je viens d'entendre, et que j'entends parfaitement bien, ayant l'ouïe assez fine, malgré sa vétusté, je me dépêche de répondre n'importe quoi, de crainte probablement que mon silence ne porte à son comble la colère de mon interlocuteur. Je suis un craintif, toute ma vie j'ai vécu dans la crainte, celle d'être battu. Les insultes, les invectives, je les supporte facilement, mais aux coups je n'ai jamais pu m'habituer. C'est drôle. Même les crachats me font encore de la peine. Mais qu'on soit un peu doux avec moi, je veux dire qu'on se retienne de me brutaliser, et il est rare que je n'arrive pas à donner satisfaction, en fin de compte. Or le commissaire se contentait de me menacer d'une règle cylindrique, de sorte qu'il eut l'avantage d'apprendre, peu à peu, que je n'avais pas de papiers dans le sens où ce mot avait un sens pour lui, ni occupation, ni domicile, que mon nom de famille m'échappait pour le moment et que je me rendais chez ma mère, aux crochets de qui j'agonisais. Pour ce qui était de l'adresse de cette dernière, je l'ignorais, mais savais très bien m'y rendre, même dans l'obscurité. Le quartier? Celui des abattoirs, mon prince, car de la chambre de ma mère, à travers les fenêtres fermées, plus fort que son babil, j'avais entendu le rugissement des bovins, ce mugissement violent, rauque et tremblé qui n'est pas celui des pâturages, mais celui des villes, des abattoirs et marchés aux bestiaux. Oui, réflexion faite je m'étais peut-être un peu avancé en disant que ma mère habitait près des abattoirs, car cela pouvait aussi bien être le marché aux bestiaux, près duquel elle habitait. Tranquillisez-vous, dit le commissaire, c'est le même quartier. Le silence qui suivit ces aimables paroles, je l'employai à me tourner vers la fenêtre, sans rien voir vraiment, car j'avais fermé les yeux, offrant seulement à cette douceur de bleu et d'or le visage et la gorge, et l'esprit vide aussi, ou presque, car je devais me demander si je n'avais pas envie de m'asseoir, après un si long temps debout, et me rappeler ce que j'avais appris à ce sujet, savoir que la position assise n'était plus pour moi, à cause de ma jambe courte et raide, qu'il n'y avait que deux positions pour moi, la verticale, affalé entre mes béquilles, couché debout, et l'horizontale, par terre. Et pourtant l'envie de m'asseoir me venait de temps en temps, me revenait d'un monde disparu. Et je n'y résistais pas toujours, tout averti que j'étais. Oui, ce sédiment mon esprit le sentait sûrement, bougeant on ne sait comment comme de petits graviers au fond d'une flaque, pendant que parmi mes traits et sur ma grande pomme d'Adam pesaient le ciel superbe et l'air d'été. Et tout d'un coup je me rappelai mon nom, Molloy. Je m'appelle Molloy, m'écriai-je, tout à trac, Molloy, ça me revient à l'instant. Rien ne m'obligeait à fournir ce renseignement, mais je le fournis, espérant sans doute faire plaisir. On me laissait garder mon chapeau, je me demande pourquoi. C'est le nom de votre maman, dit le commissaire, ça devait être un commissaire. Molloy, dis-je, je m'appelle Molloy. Est-ce là le nom de votre maman? dit le commissaire. Comment? dis-je. Vous vous appelez Molloy, dit le commissaire. Oui, dis-je, ça me revient à l'instant. Et votre maman? dit le commissaire. Je ne saisissais pas. S'appelle-t-elle Molloy aussi? dit le commissaire. S'appelle-t-elle Molloy? dis-je. Oui, dit le commissaire. Je réfléchis. Vous vous appelez Molloy, dit le commissaire. Oui, dis-je. Et votre maman, dit le commissaire, s'appelle-t-elle Molloy aussi? Je réfléchis. Votre maman, dit le commissaire, s'appelle —. Laissez-moi réfléchir! m'écriai-je. Enfin je m'imagine que cela devait se passer ainsi. Réfléchissez, dit le commissaire. Maman s'appelait-elle Molloy? Sans doute. Elle doit s'appeler Molloy aussi, dis-je. On m'emmena, dans la salle de garde je crois, et là on me dit de m'asseoir. On s'expliqua. J'abrège. J'obtins la permission, sinon de m'allonger sur un banc, du moins de rester debout, appuyé contre le mur. La salle était sombre et parcourue en tous sens par des gens se dépêchant, malfaiteurs, policiers, hommes de loi, prêtres et journalistes je suppose. Tout cela faisait sombre, de sombres formes se pressant dans un espace sombre. On ne faisait pas attention à moi et moi je le leur rendais bien. Alors comment pouvais-je savoir qu'ils ne faisaient pas attention à moi et comment pouvais-je le leur rendre puisqu'ils ne faisaient pas attention à moi? Je ne sais pas. Je le savais et le leur rendais, un point c'est tout.

Mais voilà que soudain devant moi surgit une grande et grosse femme vêtue de noir, de mauve plutôt. Je me demande encore aujourd'hui si ce n'était pas l'assistante sociale. Elle me tendait un bol plein d'un jus grisâtre qui devait être du thé vert saccahriné, lacté à la poudre, dans une soucoupe dépareillée. Ce n'était pas tout, car entre le bol et la soucoupe se dressait précairement une grande tranche de pain sec, dont je me suis à dire, avec une sorte d'angoisse, Elle va tomber, elle va tomber, comme si cela avait de l'importance, qu'elle tombât ou non. Un instant plus tard moi-même je tenais, dans mes mains trem- blantes, ce petit amas d'objets hétérogènes et bran- lants, où voisinaient le dur, le liquide et le mou, et sans comprendre comment le transfert venait de s'effectuer. Je vais vous dire une chose, quand les assistantes sociales vous offrent de quoi ne pas tour- ner de l'œil, à titre gracieux, ce qui pour elles est une obsession, on a beau reculer, elles vous poursui- vraient jusqu'aux confins de la terre, le vomitif à la main. Les salutistes ne valent guère mieux. Non, contre le geste charitable il n'existe pas de parade, à ma connaissance. On penche la tête, on tend ses mains toutes tremblantes et emmêlées et on dit merci, merci madame, merci ma bonne dame. A qui n'a rien il est interdit de ne pas aimer la merde. Le liquide débordait, le bol vacillait avec un bruit de dents qui claquent, ce n'était pas les miennes, je n'en avais pas, et le pain ruisselant se penchait de plus en plus. Jusqu'au moment où, comble de l'inquiétude, je jetai le tout loin de moi. Je ne le laissai pas tom- ber, non, mais d'une poussée convulsive des deux mains je l'envoyai s'écraser par terre, ou contre le mur, aussi loin de moi que mes forces le permet- taient. Je ne dirai pas la suite, car je suis las de cet endroit et je veux aller ailleurs. L'après-midi était

30

déjà fort avancé quand on me dit que je pouvais disposer. Recommandation me fut faite de me tenir mieux à l'avenir. Conscient de ma faute, sachant maintenant pour quels motifs on m'avait appréhendé, sensible aux irrégularités que mon interrogatoire avait mises à jour, je m'étonnai de retrouver si vite la liberté, si c'était bien elle, et sans qu'il fût question de la moindre sanction. Avais-je, sans le savoir, un protecteur en haut lieu? En avais-je imposé au commissaire, à mon insu? Avait-on réussi à joindre ma mère et à faire confirmer par elle, ou par les gens du quartier, une partie de mes dires? Estimait-on que ce n'était pas la peine de me poursuivre en correctionnelle? Châtier de façon systématique un être comme moi, ce n'est pas commode. Ça arrive, mais la sagesse le déconseille. Il est préférable de s'en remettre aux agents. Je ne sais pas. Si le port de papiers d'identité est de rigueur, pourquoi n'insistèrent-ils pas pour que je m'en munisse? Parce que cela coûte de l'argent et que je n'en avais pas? En ce cas n'auraient-ils pu saisir ma bicyclette? Probablement que non, sans un arrêt du tribunal. Tout cela est incompréhensible. Ce qui est certain, c'est que jamais plus je ne me suis reposé de cette façon, les pieds obscènement posés par terre, les bras sur le guidon et sur les bras la tête, abandonnée et brimbalante. C'était en effet un triste spectacle, et un triste exemple, pour les citadins, qui ont tellement besoin d'être encouragés, dans leur dur labeur, et de ne voir autour d'eux que des manifestations de force, de joie et de cran, sans quoi ils seraient capables de s'effondrer, en fin de journée, et de rouler par terre. On n'a qu'à m'apprendre en quoi consiste la bonne conduite pour que je me conduise bien, dans la mesure où mon physique le permet. Aussi n'ai-je cessé de m'améliorer, à ce point de vue, car je — j'étais intel-

31

ligent et vif. Et pour ce qui est de la bonne volonté, j'en débordais, de la bonne volonté exaspérée des anxieux. De sorte que mon répertoire d'attitudes admises n'a cessé de s'enrichir, depuis mes premiers pas jusqu'à mes derniers, exécutés l'année dernière. Et si je me suis toujours conduit comme un cochon, la faute n'en est pas à moi, mais à mes supérieurs, qui me corrigeaient seulement sur des points de détail au lieu de me montrer l'essence du système, comme cela se fait dans les grands collèges anglo-saxons, et les principes d'où découlent les bonnes manières et la façon de passer, sans se gourer, de ceux-là à celles-ci, et de remonter aux sources à partir d'une posture donnée. Car cela m'aurait permis, avant d'étaler en public certaines façons de faire relevant de la seule commodité du corps, tels le doigt dans le nez, la main sous les couilles, le mouchage sans mouchoir et la pissade ambulante, de m'en référer aux premières règles d'une théorie raisonnée. Oui, je n'avais à ce sujet que des notions négatives et empiriques, ce qui revient à dire que j'étais dans le noir, la plupart du temps, et d'autant plus profondément que mes observations, recueillies tout le long du siècle, me disposaient à mettre en doute jusqu'aux assises du savoir-vivre, même dans un espace restreint. Mais c'est seulement depuis que je ne vis plus que je pense, à ces choses-là et aux autres. C'est dans la tranquillité de la décomposition que je me rappelle cette longue émotion confuse que fut ma vie, et que je la juge, comme il est dit que Dieu nous jugera et avec autant d'impertinence. Décomposer c'est vivre aussi, je le sais, je le sais, ne me fatiguez pas, mais on n'y est pas toujours tout entier. D'ailleurs de cette vie-là aussi j'aurai peut-être la bonté de vous entretenir un jour, le jour où je saurai qu'en croyant savoir je ne faisais qu'exister et que la passion sans forme ni stations m'aura mangé jusqu'aux chairs putrides et qu'en sachant cela je ne sais rien, que je ne fais que crier comme je n'ai fait que crier, plus ou moins fort, plus ou moins ouvertement. Alors crions, c'est censé faire du bien. Oui, crions, cette fois-ci, puis encore une peut-être. Crions que le soleil déclinant donnait en plein sur la blanche façade du poste. On se serait cru en Chine. Une ombre complexe s'y dessinait. C'était moi et ma bicyclette. Je me mis à jouer, en gesticulant, en agitant mon chapeau, en faisant aller et venir la bicyclette devant moi, en avant, en arrière, en cornant. Je regardais le mur. On me regardait par les fenêtres grillagées, je sentais leurs yeux sur moi. L'agent de faction devant la porte me dit de filer. Je me serais calmé tout seul. L'ombre à la fin ce n'est guère plus amusant que le corps. Je demandai à l'agent d'avoir pitié de moi, de m'aider. Il ne saisissait pas. Je regrettais le casse-croûte de l'assistante sociale. Je sortis un caillou de ma poche et le suçai. Il était lisse, à force d'être sucé, par moi, et d'avoir été roulé, par la tempête. Un petit caillou rond et lisse dans la bouche, ça calme, rafraîchit, déjoue la faim, trompe la soif. L'agent venait vers moi, c'était ma lenteur qui lui déplaisait. Lui aussi on le regardait, des fenêtres. Quelque part on riait. En moi aussi il y avait quelqu'un qui riait. Je pris ma jambe malade dans mes mains et la fis passer par-dessus le cadre. Je partis. J'avais oublié où j'allais. Je m'arrêtai pour y réfléchir. Il est difficile de réfléchir en roulant, pour moi. Quand je veux réfléchir en roulant, je perds l'équilibre et je tombe. Je parle au présent, il est si facile de parler au présent, quand il s'agit du passé. C'est le présent mythologique, n'y faites pas attention. Je me tassais déjà dans ma stase de chiffon quand je me rappelai que ce n'était pas une chose à faire. Je repris mon chemin, ce chemin dont je ne savais rien, en tant que chemin, qui n'était qu'une surface claire ou foncée, égale ou cahoteuse, et toujours chère, à bien y réfléchir, et ce cher bruit de la chose qui s'écoule et qu'une brève poussière salue, quand il fait sec. Me voilà, sans me rappeler être sorti de la ville, sur les bords du canal. Le canal traverse la ville, je le sais, je le sais, il y en a même deux. Mais ces haies alors, ces champs? Ne te tourmente pas, Molloy. Soudain je vois, c'était ma jambe droite la raide, à cette époque. Peinant le long du chemin de halage je vis venir vers moi un attelage de petits ânes gris, sur l'autre rive, et j'entendis des cris de colère et des coups sourds. Je mis pied à terre pour mieux voir le chaland qui s'approchait, si doucement que l'eau n'en fut pas ridée. C'était une cargaison de bois et de clous, à destination de quelque charpentier sans doute. Mon regard accrocha le regard d'un âne, je baissai les yeux vers ses petits pas délicats et braves. Le cocher appuyait le coude sur le genou, la tête sur la main. Toutes les trois ou quatre bouffées, sans ôter la pipe de sa bouche, il crachait dans l'eau. Le soleil mettait à l'horizon ses couleurs de soufre et de phosphore, c'est vers elles que j'allais. Finalement je descendis de selle, gagnai en sautillant le fossé et m'y couchai, à côté de ma bicyclette. Je m'y couchai de tout mon long, les bras en croix. La blanche aubépine se penchait vers moi, malheureusement je n'aime pas l'odeur de l'aubépine. Dans le fossé l'herbe était épaisse et haute, j'enlevai mon chapeau et ramenai les longues tiges feuillues tout autour de mon visage. Alors je sentais la terre, l'odeur de la terre était dans l'herbe, que mes mains tressaient sur mon visage, de sorte que j'en fus aveuglé. J'en mangeai également un peu. Il me revint à la mémoire, de façon aussi incompréhensible que tout à l'heure mon nom, que j'étais parti aller voir ma mère, au matin de

34

cette journée finissante. Mes raisons? Je les avais oubliées. Mais je les connaissais, je croyais les connaître, je n'avais qu'à les retrouver pour que j'y vole, chez ma mère, sur les ailes de poule de la nécessité. Oui, du moment qu'on sait pourquoi tout devient facile, une simple question de magie. Connaître le saint, tout est là, n'importe quel con peut s'y vouer. Pour les détails, si on s'intéresse aux détails, il n'y a pas à se désespérer, on peut finir par frapper à la bonne porte, de la bonne manière. C'est pour l'ensemble qu'il ne semble pas exister de grimoire. Peut-être qu'il n'y a pas d'ensemble, sinon posthume. Pas besoin d'être bien malin pour trouver un calmant à la vie des morts. Qu'est-ce que j'attends, en ce cas, pour conjurer la mienne? Ça vient, ça vient, j'entends d'ici le coup de gueule qui va tout apaiser, même si ce n'est pas moi qui le pousse. En attendant, inutile de se savoir défunt, on ne l'est pas, on se tortille encore, les cheveux poussent, les ongles s'allongent, les entrailles se vident, tous les croquemorts sont morts. Quelqu'un a tiré les rideaux, soi-même peut-être. Pas le plus petit bruit. Où sont les mouches dont on a tant entendu parler? On se rend à l'évidence, ce n'est pas soi qui est mort, c'est tous les autres. Alors on se lève et on va chez sa mère, qui se croit vivante. Voilà mon impression. Mais il va falloir maintenant que je me sorte de ce fossé. J'y disparaîtrais volontiers, m'enfonçant de plus en plus sous l'influence des pluies. J'y reviendrai sans doute un jour, ou dans une dépression analogue, je fais confiance à mes pieds pour cela, comme sans doute un jour je retrouverai le commissaire et ses aides. Et si, trop changé pour les reconnaître, je ne précise pas que ce sont les mêmes, ne vous y trompez pas, ce seront les mêmes, quoique changés. Car camper un être, un endroit, j'allais dire une heure,

35

mais je ne veux offenser personne, et ensuite ne plus
s'en servir, ce serait, comment dire, je ne sais pas. Ne
pas vouloir dire, ne pas savoir ce qu'on veut dire, ne
pas pouvoir ce qu'on croit qu'on veut dire, et toujours dire ou presque, voilà ce qu'il importe de ne
pas perdre de vue, dans la chaleur de la rédaction.
Cette nuit-là ne fut pas comme l'autre, si elle l'avait
été je l'aurais su. Car cette nuit-là, que je passai au
bord du canal, quand j'essaie d'y penser je ne trouve
rien, pas de nuit proprement dite, seulement Molloy
dans le fossé, et un parfait silence, et de mes paupiè-
res closes la petite nuit où des taches claires naissent,
flamboient, s'éteignent, tantôt vides, tantôt peu-
plées, comme d'ordures de saints la flamme. Je dis
cette nuit, mais il y en eut plusieurs peut-être. Trahissons, trahissons, la traître pensée. Mais le matin, un
matin, je le retrouve, le matin déjà avancé, et le petit
somme que je fis alors, suivant mon habitude, et
l'espace redevenu sonore, et le berger qui me regardait dormir et sous les yeux de qui j'ouvris les yeux.
A côté de lui un chien haletant, qui me regardait
aussi, mais moins fixement que son maître, car de
temps en temps il s'arrêtait de me regarder pour se
mordiller furieusement les chairs, aux endroits probablement où les tiques le mettaient à contribution.
Me prenait-il pour un mouton noir empêtré dans les
ronces et attendait-il l'ordre de son maître pour me
sortir de là? Je ne crois pas. Je ne sens pas le mouton,
j'aimerais bien sentir le mouton, ou le bouc. Les premières choses qui s'offrent à moi, à mon réveil, je les
vois avec assez de netteté, et je les comprends, quand
elles ne sont pas trop difficiles. Puis dans mes yeux et
dans ma tête une pluie fine se met à tomber, comme
d'une pomme d'arrosoir. Voilà qui est important. Je
sus donc aussitôt que c'était un berger et son chien
que j'avais devant moi, au-dessus de moi plutôt, car

ils n'avaient pas quitté le chemin. Et le bêlement du troupeau aussi, inquiet de ne plus se sentir talonné, je l'identifiai sans peine. C'est à ce moment aussi que le sens des paroles m'est le moins obscur, de sorte que je dis, avec une tranquille assurance, Où les amenez-vous, aux champs ou à l'abattoir? J'avais dû perdre complètement le sens de la direction, comme si cela avait quelque chose à voir avec la question, la direction. Car même s'il se dirigeait vers la ville, qu'est-ce qui l'empêchait de la contourner, ou d'en sortir par une autre porte, pour gagner des pâturages reposés, et s'il s'en éloignait cela ne signifiait rien non plus, car ce n'est pas seulement dans les villes qu'il y a des abattoirs, mais il y en a partout, dans les campagnes aussi, chaque boucher a son abattoir et le droit d'abattre, selon ses besoins. Mais soit qu'il ne comprît pas, soit qu'il ne voulût pas répondre, il ne répondit pas, mais s'en alla sans un mot, sans un mot pour moi je veux dire, car il parla à son chien qui l'écouta attentivement, les oreilles dressées. Je me mis à genoux, non, ça ne va pas, je me mis debout et je regardai s'éloigner la petite caravane. Je l'entendis siffler, le berger, et je le vis qui s'affairait autour du troupeau, qui sans lui serait sans doute tombé dans le canal. Tout cela à travers une poussière étincelante et bientôt à travers cette bruine aussi qui chaque jour me livre à moi et me voile le reste et me voile à moi. Les bêlements s'apaisent, soit que les moutons fussent moins inquiets, soit par l'effet de leur éloignement, ou j'entendais peut-être moins distinctement que tout à l'heure, ce qui m'étonnerait, car j'ai l'ouïe assez fine toujours, à peine un peu émoussée vers l'aube, et s'il m'arrive de ne rien entendre pendant des heures c'est pour des raisons dont j'ignore tout, ou parce qu'autour de moi tout devient vraiment silencieux, de temps en temps, alors que pour les justes les bruits du monde ne s'arrêtent jamais. Et voilà comment débuta cette seconde journée, à moins que ce ne fût la troisième ou la quatrième, et ce fut un mauvais début, car il fit entrer en moi une perplexité de longue haleine, rapport à la destination de ces moutons, parmi lesquels il y avait des agneaux, et je me demandais souvent s'ils étaient bien arrivés dans quelque vaine pâture ou tombés, le crâne fracassé, dans un froissement des maigres pattes, d'abord à genoux, puis sur le flanc laineux, sous le merlin. Mais elles ont du bon aussi, les petites perplexités. Quel pays rural, mon Dieu, on voit des quadrupèdes partout. Et ce n'est pas fini, il y a encore les chevaux et les chèvres, pour ne mentionner qu'eux, je les sens qui me guettent, pour se mettre en travers de mon chemin. Je n'ai pas besoin de cela. Mais je ne perdais pas de vue le but de mon effort immédiat, savoir joindre ma mère le plus rapidement possible, et debout dans le fossé j'appelai à mon secours les bonnes raisons que j'avais pour y aller, sans perdre un instant. Et si j'étais capable de faire sans réflexion beaucoup de choses, ne sachant ce que j'allais faire que lorsque c'était fait, et encore, aller chez ma mère ne comptait pas parmi elles. Mes pieds, voyez-vous, ne me conduisaient jamais chez ma mère sans une injonction de plus haut, à cet effet. Le temps délicieux, délicieux, tout autre que moi s'en serait félicité. Mais moi je n'ai pas à me féliciter du soleil et j'évite de le faire. L'Égéen, assoiffé de chaleur, de lumière, je le tuai, il se tua, de bonne heure, en moi. Les pâles ombres des jours de pluie répondaient davantage à mon goût, non, je m'exprime mal, à mon humeur non plus, je n'avais ni goût ni humeur, je les perdis de bonne heure. Ce que je veux dire peut-être c'est que les pâles ombres, etc., me cachaient mieux, sans pour cela me paraître spécialement agréables. Mimétique malgré lui, voilà Molloy, vu sous un certain angle. Et pendant l'hiver je m'enveloppais, sous mon manteau, de bandelettes de papier journal, et je ne m'en dépouillais qu'au réveil de la terre, le vrai, en avril. Le Supplément littéraire du Times était excellent à cet effet, d'une solidité et non-porosité à toute épreuve. Les pets ne le déchiraient pas. Que voulez-vous, le gaz me sort du fondement à propos de tout et de rien, je suis donc obligé d'y faire allusion de temps en temps, malgré la répugnance que cela m'inspire. Un jour je les comptai. Trois cent quinze pets en dix-neuf heures, soit une moyenne de plus de seize pets l'heure. Après tout ce n'est pas énorme. Quatre pets tous les quarts d'heure. Ce n'est rien. Pas même un pet toutes les quatre minutes. Ce n'est pas croyable. Allons, allons, je ne suis qu'un tout petit péteur, j'ai eu tort d'en parler. Extraordinaire comme les mathématiques vous aident à vous connaître. D'ailleurs toute cette question de climat n'avait pas d'intérêt pour moi, je m'accommodais de toutes les sauces. J'ajouterai donc seulement qu'il faisait souvent du soleil le matin, dans cette région, jusqu'à dix heures dix heures et demie, et qu'à ce moment-là le ciel se couvrait et la pluie tombait, tombait jusqu'au soir. Alors le soleil sortait et se couchait, la terre trempée étincelait un instant, puis s'éteignait, privée de lumière. Me voilà donc à nouveau en selle, au cœur hébété une pointe d'inquiétude, celle du cancéreux obligé de consulter un dentiste. Car j'ignorais si j'étais sur le bon chemin. Il était rare que tous les chemins ne fussent pas bons pour moi. Mais quand j'allais chez ma mère il n'y avait qu'un bon chemin, celui qui y menait, ou l'un de ceux qui y menaient, car tous n'y menaient pas. J'ignorais si j'étais sur l'un des bons chemins et cela m'ennuyait, comme le fait tout rappel à la vie. Jugez donc de mon soulagement lorsque à cent pas devant moi je vis surgir les remparts familiers. Les ayant franchis, je me trouvai dans un quartier inconnu, moi qui connaissais cependant bien cette ville, où j'étais né et d'où je n'avais jamais réussi à m'éloigner de plus de quinze ou vingt milles, tant elle exerçait d'attraction sur moi, je ne sais pourquoi. De sorte que je n'étais pas loin de me demander si j'étais réellement dans la bonne ville, celle qui m'avait donné la nuit et qui encore enfermait quelque part ma mère, ou si je n'étais pas tombé, à la suite d'une fausse manœuvre, dans une autre ville dont j'ignorais jusqu'au nom. Car je ne connaissais que ma ville natale, n'ayant dans nulle autre jamais mis les pieds. Mais j'avais lu avec attention, à l'époque où je savais lire, des récits de voyageurs plus heureux que moi, où il était question d'autres villes aussi belles que la mienne, et même plus belles, quoique d'une autre beauté. Et cette ville, la seule qu'il m'ait été donné de connaître, j'en cherchai le nom, dans ma mémoire, avec l'intention, dès que je l'aurais trouvé, de m'arrêter et de dire à un passant, tout en me découvrant, Pardon, monsieur, c'est bien X ici, X étant le nom de ma ville. Ce nom que je cherchais, il me semblait bien qu'il commençait par un B ou par un P, mais malgré cet indice, ou à cause peut-être de sa fausseté, les autres lettres continuaient à m'échapper. Il y avait si longtemps que je vivais loin des mots, vous comprenez, qu'il me suffisait de voir ma ville par exemple, puisqu'il s'agit ici de ma ville, pour ne pas pouvoir, vous comprenez. C'est trop difficile à dire, pour moi. De même la sensation de ma personne s'enveloppait d'un anonymat souvent difficile à percer, nous venons de le voir je crois. Et ainsi de suite pour les autres choses qui me bafouaient les sens. Oui, même à cette époque, où

40

tout s'estompait déjà, ondes et particules, la condition de l'objet était d'être sans nom, et inversement. Je dis ça maintenant, mais au fond qu'en sais-je maintenant, de cette époque, maintenant que grêlent sur moi les mots glacés de sens et que le monde meurt aussi, lâchement, lourdement nommé? J'en sais ce que savent les mots et les choses mortes et ça fait une jolie petite somme, avec un commencement, un milieu et une fin, comme dans les phrases bien bâties et dans la longue sonate des cadavres. Et que je dise ceci ou cela ou autre chose, peu importe vraiment. Dire c'est inventer. Faux comme de juste. On n'invente rien, on croit inventer, s'échapper, on ne fait que balbutier sa leçon, des bribes d'un pensum appris et oublié, la vie sans larmes, telle qu'on la pleure. Et puis merde. Voyons. Incapable de me rappeler le nom de ma ville je pris la résolution de m'arrêter, au bord d'un trottoir, d'attendre un passant aux allures avenantes et instruites, d'ôter mon chapeau et de lui dire, avec le sourire, Pardon, monsieur, excusez-moi, monsieur, quel est le nom de cette ville, s'il vous plaît? Car une fois le mot lâché je saurais si c'était bien le mot que je cherchais, dans ma mémoire, ou un autre. Comme ça je serais fixé. Cette résolution, que j'arrivai à former tout en roulant, une absurde malchance en empêcha l'exécution. En effet mes résolutions avaient ceci de particulier, qu'à peine prises il survenait un incident incompatible avec leur mise en œuvre. C'est sans doute pour cela que je suis encore moins résolu à présent qu'à l'époque dont je parle et qu'à cette époque je l'étais relativement peu à côté de naguère. Mais à vrai dire (à vrai dire!) je n'ai jamais été particulièrement résolu, je veux dire sujet à prendre des résolutions, mais plutôt disposé à foncer tête baissée dans la merde, sans savoir qui chiait contre qui ni de quel

41

côté j'avais intérêt à me planquer. Mais de cette disposition non plus je ne tirais guère de satisfactions et si je ne m'en suis jamais guéri complètement ce n'est pas faute de l'avoir voulu. Le fait est, on dirait, que tout ce qu'on peut espérer c'est d'être un peu moins, à la fin, celui qu'on était au commencement, et par la suite. Car je n'eus pas plus tôt établi mon plan, dans ma tête, que je rentrai violemment dans un chien, je le sus plus tard, et tombai par terre, maladresse d'autant plus impardonnable que le chien, tenu en laisse, ne se trouvait pas sur la chaussée mais sur le trottoir, sagement se traînant aux côtés de sa maîtresse. Les précautions, c'est comme les résolutions, à prendre avec précaution. Cette dame devait croire ne rien laisser au hasard, pour ce qui était de la sécurité de son chien, alors qu'en réalité elle ne faisait que défier la nature tout entière, au même titre que moi avec mes folles prétentions de tirer quelque chose au clair. Mais au lieu de ramper à mon tour, en faisant valoir mon grand âge et mes infirmités, j'aggravai ma situation en voulant fuir. Je fus vite rejoint, par une petite meute de justiciers des deux sexes et de tous les âges, car j'aperçus des barbes blanches et des frimousses presque innocentes, et on s'appliquait déjà à me mettre en hachis lorsque la dame intervint. Elle dit en substance, elle me le dit plus tard et je le crus, Laissez ce pauvre vieillard tranquille. Il a tué Teddy, c'est une affaire entendue, Teddy que j'aimais comme un enfant, mais c'est moins grave que ça n'en a l'air, car je l'amenais justement chez le vétérinaire, pour que fin soit mise à ses souffrances. Car Teddy était vieux, aveugle, sourd, perclus de rhumatismes et faisait sous lui à chaque instant, jour et nuit, aussi bien dans la maison que dans le jardin. Ce pauvre vieillard m'a donc évité une course pénible, sans parler d'une dépense que je suis

mal en état de supporter, ayant pour seule ressource
la pension de guerre de mon cher défunt, mort pour
une patrie qui se disait la sienne et dont de son vivant
il ne retira jamais le moindre avantage, mais seulement des affronts et des bâtons dans les roues.
L'attroupement se dissipait déjà, le danger était
passé, mais la dame lancée. Vous me direz, dit-elle,
qu'il a mal fait de prendre la fuite, qu'il aurait dû me
faire des excuses, s'expliquer. D'accord. Mais on voit
qu'il n'a pas toute sa tête à lui, qu'il ne se possède
plus, pour des raisons que nous ignorons et qui nous
feraient peut-être honte à nous tous, si nous les
connaissions. Je me demande même s'il sait ce qu'il a
fait. Il se dégageait un tel ennui de cette voix égale
que je m'apprêtais à reprendre mon chemin lorsque
surgit devant moi l'indispensable sergent de ville. Il
abattit lourdement sur mon guidon sa grosse patte
velue et rouge, je le remarquai moi-même, et eut
paraît-il avec la dame la conversation suivante. Il
paraît que cet individu a écrasé votre chien, madame. C'est exact, sergent, et après? Non, je ne
peux pas rapporter ces échanges imbéciles. Je dirai
donc seulement que le sergent de ville lui aussi finit
par se disperser, le mot n'est pas trop fort, en grommelant, suivi des derniers badauds qui ne pouvaient
plus espérer que ça tournerait mal pour moi. Mais il
se retourna et dit, Enlevez votre chien immédiatement. Libre enfin de partir je me mis en posture de le
faire. Mais la dame, une madame Loy, autant le dire
tout de suite, ou Lousse, je ne sais plus, prénom dans
le genre de Sophie, me retint, par mes basques, en
disant, à supposer qu'à la dernière fois ce fût la
même phrase qu'à la première, monsieur, j'ai besoin
de vous. Et voyant à mon expression sans doute, qui
me trahit volontiers, que j'avais compris, elle dut se
dire, S'il comprend ça, il peut comprendre le reste.

43

Et elle ne se trompait pas, car au bout d'un certain temps je me trouvai en possession de certaines idées ou points de vue ne pouvant m'être venus que d'elle, à savoir qu'ayant tué son chien, je me devais de l'aider à le rapporter chez elle et à l'enterrer, qu'elle ne voulait pas porter plainte rapport à ce que j'avais fait, mais qu'on ne faisait pas toujours ce qu'on ne voulait pas, que je lui étais sympathique malgré mon aspect hideux et qu'elle se ferait un plaisir de me secourir, et je ne sais plus quoi encore. Ah oui, il paraissait que moi aussi j'avais besoin d'elle. Elle avait besoin de moi, pour l'aider à faire disparaître son chien, et moi j'avais besoin d'elle pour je ne sais quels motifs. Elle dut me les dire, car c'était là une insinuation que je ne pouvais décemment passer sous silence comme j'avais passé sous silence le reste, et je ne me gênai pas pour lui dire que je n'avais besoin ni d'elle ni de personne, ce qui était peut-être un peu exagéré, car je devais avoir besoin de ma mère, sinon pourquoi m'acharner à aller chez elle? C'est là une des raisons pour lesquelles j'évite de parler autant que possible. Car je dis toujours ou trop ou trop peu, ce qui me fait de la peine, tellement je suis épris de vérité. Et je ne quitterai pas ce sujet, sur lequel je n'aurai sans doute jamais l'occasion de revenir, tellement les nuages s'amoncellent, avant d'avoir fait la curieuse remarque que voici, qu'il m'arrivait souvent, du temps où je parlais encore, d'avoir trop dit en croyant avoir dit trop peu et d'avoir trop peu dit en croyant avoir dit trop. Je veux dire qu'à la réflexion, à la longue plutôt, mes excès de paroles s'avéraient pauvretés et inversement. Curieux renversement, n'est-ce pas, opéré par le simple passage du temps. Autrement dit, quoi que je dise, ce n'était jamais ni assez ni assez peu. Je ne me taisais pas, voilà, quoi que je dise je ne me taisais pas. Divine analyse, que cela vous aide à vous connaître et partant vos semblables, si vous vous en connaissez. Car en disant que je n'avais besoin de personne, ce n'était pas trop que je disais, mais une infime partie de ce que j'aurais dû dire, n'aurais su dire, aurais dû taire. Besoin de ma mère! Oui, proprement ineffable, l'absence de besoin où je périssais. De sorte qu'elle dut me dire, je parle maintenant à nouveau de Sophie, les raisons pour lesquelles j'avais besoin d'elle, puisque je m'étais permis de la contredire à ce sujet. Et en me donnant de la peine je les retrouverais sans doute, mais la peine, merci, ce n'est pas moi qui m'en donnerai. Et j'en ai assez de ce boulevard, ça devait être un boulevard, de ces justes qui passent, de ces agents qui guettent, de tous ces pieds, ces mains, foulant, portant, frustrés de cogner, de ces bouches qui n'osent hurler qu'à bon escient, de ce ciel qui se met à suinter, assez d'être dehors, cerné, visible. Un monsieur remuait le chien, du bout de sa badine. C'était un chien entièrement jaune, bâtard sans doute, je distingue mal entre chiens bâtards et de race. Il avait dû moins souffrir de sa mort que moi de ma chute. Et puis il était mort. Nous le mîmes en travers de la selle et partîmes je ne sais comment, nous aidant l'un l'autre je suppose, à maintenir le cadavre, à faire avancer la bicyclette, à avancer nous-mêmes, à travers la foule goguenarde. La maison de Sophie — non, je ne peux plus l'appeler ainsi, je vais essayer de l'appeler Lousse, Lousse tout court — la maison de Lousse n'était pas loin. Oh elle n'était pas près non plus, j'avais mon compte en y arrivant. C'est-à-dire que je ne l'avais pas réellement. On croit avoir son compte, mais il est rare qu'on l'ait réellement. C'est parce que je me savais arrivé que j'avais mon compte, j'aurais dû faire un mille de plus que je n'aurais eu mon compte qu'une heure plus tard.

Voilà comme on est. Cette maison, dois-je la décrire? Je ne crois pas. Je n'en ferai rien, c'est tout ce que je sais pour le moment. Peut-être plus tard au fur et à mesure que j'y pénétrerai. Et Lousse? Difficile d'y couper. Enterrons d'abord rapidement le chien. Ce fut elle qui creusa le trou, sous un arbre. On enterre toujours son chien sous un arbre, je ne sais pourquoi. C'est-à-dire que j'ai mon idée. Ce fut elle qui creusa le trou parce que moi, quoique le monsieur, je n'aurais pas pu, à cause de ma jambe. C'est-à-dire que j'aurais pu creuser avec un déplantoir, mais avec une bêche non. Car lorsqu'on bêche il y a une jambe qui supporte le poids du corps tandis que l'autre, se pliant, se dépliant, enfonce la bêche dans la terre. Or ma jambe malade, je ne sais plus laquelle, peu importe en l'occurrence, n'était en mesure ni de bêcher, car elle était raide, ni à elle seule de me servir de support, car elle se serait effondrée. Je ne disposais pour ainsi dire que d'une jambe, j'étais moralement unijambiste, et j'aurais été plus heureux, plus léger, amputé au niveau de l'aine. Et ils m'auraient enlevé quelques testicules à la même occasion que je ne leur aurais rien dit. Car mes testicules à moi, ballottant à mi-cuisse au bout d'un maigre cordon, il n'y avait plus rien à en tirer, à telle enseigne que je n'avais plus envie d'en tirer quelque chose, mais j'avais plutôt envie de les voir disparaître, ces témoins à charge à décharge de ma longue mise en accusation. Car ils m'accusaient de les avoir couillonnés, ils m'en congratulaient aussi, du fond de leur sacoche crevée, le droit plus bas que le gauche, ou inversement, je ne sais plus, frères de cirque. Et chose plus grave, ils me gênaient pour marcher et pour m'asseoir, comme si ma jambe malade n'y suffisait pas, et quand j'allais à bicyclette ils se cognaient partout. J'avais donc intérêt à ce qu'ils disparaissent et je m'en serais chargé moi-même, avec un couteau ou un sécateur, n'était la peur où je grelottais de la douleur physique et des plaies infectées. Oui, toute ma vie j'ai vécu dans la terreur des plaies infectées, moi qui ne m'infectais jamais, tellement j'étais acide. Ma vie, ma vie, tantôt j'en parle comme d'une chose finie, tantôt comme d'une plaisanterie qui dure encore, et j'ai tort, car elle est finie et elle dure à la fois, mais par quel temps du verbe exprimer cela? Horloge qu'ayant remontée l'horloger enterre, avant de mourir, et dont les rouages tordus parleront un jour de Dieu, aux vers. Mais au fond je devais avoir de l'attachement pour ces couillons, y tenir comme d'autres à leurs cicatrices, à l'album de photos de grand'mère. Ce n'étaient pas eux de toute façon qui m'empêchaient de bêcher, mais ma jambe. Ce fut Lousse qui creusa le trou pendant que moi je tenais le chien dans mes bras. Il était lourd déjà et froid, mais il n'avait pas encore commencé à puer. Il sentait mauvais, si vous voulez, mais mauvais comme un vieux chien, pas comme un chien crevé. Lui aussi avait creusé des trous, à cet endroit même peut-être. On l'enterra tel quel, sans boîte ni enveloppe d'aucune sorte, comme un chartreux, mais avec sa laisse et son collier. Ce fut elle qui le mit dans le trou, moi je ne peux pas me pencher, ni m'agenouiller, à cause de mon infirmité, et si jamais cela m'arrive, oublieux de mon personnage, de me pencher ou de m'agenouiller, n'en croyez rien, ce ne sera pas moi, mais un autre. Le jeter dans le trou, c'est tout ce que j'aurais pu faire, et ça je l'aurais fait volontiers. Cependant je ne le fis pas. Toutes les choses qu'on ferait volontiers, oh sans enthousiasme mais volontiers, qu'il n'y a aucune raison apparemment pour ne pas faire, et qu'on ne fait pas! Ne serait-on pas libre? C'est à examiner. Mais quelle fut ma contribution à cet enterrement? Ce fut elle qui fit le trou, qui mit le chien dedans, qui combla le trou. Je ne faisais en somme qu'y assister. J'y contribuais de ma présence. Comme si ç'avait été mon enterrement à moi. Et il l'était. C'était un mélèze. C'est le seul arbre que je puisse identifier avec certitude. Curieux qu'elle ait choisi, pour enterrer son chien dessous, le seul arbre que je puisse identifier avec certitude. Les aiguilles vert d'eau sont comme de soie et parsemées, il me semble, de petits points rouges. Le chien avait des tiques aux oreilles, j'ai l'œil pour ces choses-là, elles furent enterrées avec lui. Quand elle eut fini de fossoyer elle me passa la bêche et se recueillit. Je crus qu'elle allait pleurer, c'était le moment, mais elle rit au contraire. C'était peut-être sa façon à elle de pleurer. Ou c'était moi qui me trompais et elle pleurait réellement, avec un bruit de rigolade. Les pleurs et les ris, je ne m'y connais guère. Elle ne le verrait plus, son Teddy, qu'elle avait aimé comme un enfant. Je me demande pourquoi, ayant de toute évidence l'intention bien arrêtée d'enterrer son chien chez elle, elle n'avait pas fait venir le vétérinaire supprimer le chien sur place. Allait-elle vraiment chez le vétérinaire au moment où son chemin croisa le mien? Ou l'avait-elle affirmé dans le seul but d'atténuer ma culpabilité? Les visites à domicile coûtent plus cher évidemment. Elle m'amena dans le salon et me donna à boire et à manger, de bonnes choses certainement. Malheureusement, je n'aimais pas beaucoup les bonnes choses à manger. Mais je m'enivrais volontiers. Si elle vivait dans la gêne, cela ne se voyait pas. Cette gêne-là, je la sens tout de suite. Voyant le mal que j'avais à me tenir assis elle avança une chaise pour ma jambe raide. Tout en me servant elle me tenait des discours dont je ne saisissais pas le centième. De sa propre main elle enleva mon chapeau, partit avec, pour le pendre quelque part à une patère sans doute, et sembla étonnée quand le lacet brisa son élan. Elle avait un perroquet, très joli, toutes les couleurs les plus appréciées. Je le comprenais mieux que sa maîtresse. Je ne veux pas dire que je le comprenais mieux qu'elle ne le comprenait, je veux dire que je le comprenais mieux que je ne la comprenais elle. Il disait de temps en temps, Putain de conasse de merde de chiaison. Il avait dû appartenir à une personne française avant d'appartenir à Lousse. Les animaux changent souvent de propriétaire. Il ne disait pas grand'chose d'autre. Si, il disait aussi, Fuck! Ce n'était pourtant pas une personne française qui lui avait appris à dire, Fuck! Peut-être qu'il l'avait trouvé tout seul, ça ne m'étonnerait pas. Lousse essayait de lui faire dire, Pretty Polly! Je crois que c'était trop tard. Il écoutait, la tête de côté, réfléchissait, puis disait, Putain de conasse de merde de chiaison. On voyait qu'il faisait un effort. Lui aussi, elle l'enterrerait un jour. Dans sa cage probablement. Moi aussi, si j'étais resté, elle m'aurait enterré. Si j'avais son adresse je lui écrirais, qu'elle vienne m'enterrer. Je m'endormis. Je me réveillai dans un lit, déshabillé. On avait poussé l'impudence jusqu'à me nettoyer, à en juger par l'odeur que je dégageais, ne dégageais plus. J'allai à la porte. Fermée à clef. A la fenêtre. Grillagée. Il ne faisait pas encore tout à fait nuit. Que peut-on essayer lorsqu'on a essayé la porte et la fenêtre? La cheminée peut-être. Je cherchai mes vêtements. Je trouvai un commutateur et le tournai. Sans résultat. Quelle histoire! Tout cela me laissait passablement indifférent. Je trouvai mes béquilles, contre un fauteuil. On trouvera étrange que j'aie pu faire les mouvements que j'ai indiqués, sans leur secours. Je trouve cela étrange. On ne se rappelle pas tout de suite qui on est, au réveil. Je trouvai sur une chaise un vase de nuit blanc avec un rouleau de papier hygiénique dedans. On ne laissait rien au hasard. Je raconte ces instants avec une certaine minutie, cela me soulage de ce qui va venir, je le sens. J'approchai un fauteuil d'une chaise, m'assis dans celui-là, posai sur celle-ci ma jambe raide. La chambre était pleine à craquer de chaises et de fauteuils, ils grouillaient autour de moi, dans la pénombre. Il y avait aussi des guéridons, tabourets, commodes, etc., en abondance. Étrange impression d'encombrement s'évanouissant avec le jour, qui alluma également le lustre, car j'avais laissé le contact. Il me manquait des poils sur le visage, je le sus en y promenant une main angoissée. On m'avait rasé, on avait taillé mes bribes de barbe. Comment mon sommeil avait-il pu résister à tant de familiarités? Mon sommeil si léger d'habitude. A cette question je trouvai un certain nombre de réponses. Mais je ne savais laquelle était la bonne. Elles étaient peut-être toutes mauvaises. Ma barbe ne pousse vraiment que sur le menton et sur le fanon. Là où de jolis poils poussent aux autres, à moi il n'en pousse pas. Telle quelle on l'avait rognée, ma barbe. On l'avait peut-être teinte aussi, rien ne prouvait le contraire. Je me croyais nu dans le fauteuil, mais je finis par comprendre que je portais une chemise de nuit d'une extrême légèreté. On serait venu m'annoncer mon immolation pour l'aube que cela m'aurait paru naturel. Ce qu'on peut être bête. Il me semblait aussi qu'on m'avait parfumé, à la lavande peut-être. Je connais mal les parfums. Je me dis, Si ta pauvre mère pouvait te voir. J'aime assez les formules. Elle me semblait loin, ma mère, loin de moi, et cependant j'en étais un peu plus proche que la nuit précédente, si mes calculs étaient exacts. Mais l'étaient-ils? Si

50

j'étais dans la bonne ville, j'avais fait des progrès. Mais l'étais-je? Si par contre j'étais dans une autre ville, d'où ma mère serait nécessairement absente, alors j'avais perdu du terrain. Je dus m'endormir, car voilà qu'une énorme lune s'encadrait dans la fenêtre. Deux barreaux la partageaient en trois parties, dont la médiane restait constante tandis que peu à peu la droite gagnait ce que perdait la gauche. Car la lune allait de gauche à droite ou la chambre allait de droite à gauche, ou les deux à la fois peut-être, ou elles allaient toutes les deux de gauche à droite, seulement la chambre moins vite que la lune, ou de droite à gauche, seulement la lune moins vite que la chambre. Mais peut-on parler de droite et de gauche dans ces conditions? Que des mouvements d'une grande complexité fussent en train, cela semblait certain, et cependant quelle chose simple apparemment que cette grande lumière jaune qui voguait lentement derrière mes barreaux et que mangeait peu à peu le mur opaque, jusqu'à l'éclipser. Et alors sa calme course s'inscrivait sur les murs, sous forme de clarté rayée de haut en bas et que pendant quelques instants firent trembler des feuilles, si c'étaient des feuilles, et qui disparut à son tour, me laissant dans l'obscurité. Qu'il est difficile de parler de la lune avec retenue! Elle est si con, la lune. Ça doit être son cul qu'elle nous montre toujours. On voit que je m'intéressais à l'astronomie, autrefois. Je ne veux pas le nier. Puis ce fut la géologie qui me fit passer un bout de temps. Ensuite c'est avec l'anthropologie que je me fis brièvement chier et avec les autres disciplines, telle la psychiatrie, qui s'y rattachent, s'en détachent et s'y rattachent à nouveau, selon les dernières découvertes. Ce que j'aimais dans l'anthropologie, c'était sa puissance de négation, son acharnement à définir l'homme, à l'instar de Dieu, en termes de ce qu'il n'est pas. Mais je n'ai jamais eu à ce propos que des idées fort confuses, connaissant mal les hommes et ne sachant pas très bien ce que cela veut dire, être. Oh j'ai tout essayé. Ce fut enfin à la magie qu'échut l'honneur de s'installer dans mes décombres, et encore aujourd'hui, quand je m'y promène, j'en retrouve des vestiges. Mais le plus souvent c'est un endroit sans plan ni limite et dont il n'est jusqu'aux matériaux qui ne me soient incompréhensibles, sans parler de leur disposition. Et la chose en ruine, je ne sais pas ce que c'est, ce que c'était, ni par conséquent s'il ne s'agit pas moins de ruines que de l'inébranlable confusion des choses éternelles, si c'est là l'expression juste. C'est en tout cas un lieu sans mystère, la magie l'a abandonné, le trouvant sans mystère. Et si je n'y vais pas volontiers, j'y vais peut-être un peu plus volontiers qu'ailleurs, étonné et tranquille, j'allais dire comme dans un rêve, mais pas du tout, pas du tout. Mais ce lieu n'est pas de ceux où l'on va, mais de ceux où l'on se trouve, quelquefois, sans savoir comment, et qu'on ne quitte pas comme on veut, et où l'on se trouve sans plaisir aucun, mais avec moins de déplaisir peut-être qu'aux endroits dont on peut s'éloigner, en se donnant du mal, endroits mystérieux, meublés des mystères connus. J'écoute et m'entends dicter un monde figé en perte d'équilibre, sous un jour faible et calme sans plus, suffisant pour y voir, vous comprenez, et figé lui aussi. Et j'entends murmurer que tout fléchit et ploie, comme sous des faix, mais ici il n'y a pas de faix, et le sol aussi, peu propre à porter, et le jour aussi, vers une fin qui ne semble devoir jamais être. Car quelle fin à ces solitudes où la vraie clarté ne fut jamais, ni l'aplomb, ni la simple assise, mais toujours ces choses penchées glissant dans un éboulement sans fin, sous un ciel sans mémoire de matin ni espoir de soir. Ces choses, quelles choses, d'où venues, de quoi faites? Et il paraît qu'ici rien ne bouge, ni n'a jamais bougé, ni ne bougera jamais, sauf moi, qui ne bouge pas non plus, quand j'y suis, mais regarde et me fais voir. Oui, c'est un monde fini, malgré les apparences, c'est sa fin qui le suscita, c'est en finissant qu'il commença, est-ce assez clair? Et moi aussi je suis fini, quand j'y suis, mes yeux se ferment, mes souffrances cessent et je finis, ployé comme ne le peuvent les vivants. Et j'écouterais encore ce souffle lointain, depuis longtemps tu et que j'entends enfin, que j'apprendrais d'autres choses encore, à ce sujet. Mais je ne l'écouterai plus, pour le moment, car je ne l'aime pas, ce souffle lointain, et même je le crains. Mais c'est un son qui n'est pas comme les autres, qu'on écoute, lorsqu'on le veut bien, et que souvent on peut faire taire, en s'éloignant ou en se bouchant les oreilles, mais c'est un son qui se met à vous bruire dans la tête, on ne sait comment, ni pourquoi. C'est avec la tête qu'on l'entend, les oreilles n'y sont pour rien, et on ne peut l'arrêter, mais il s'arrête tout seul, quand il veut. Que je l'écoute ou ne l'écoute pas, cela n'a donc pas d'importance, je l'entendrai toujours, le tonnerre ne saurait m'en délivrer, jusqu'à ce qu'il cesse. Mais rien ne m'oblige à en parler, du moment que cela ne fait pas mon affaire. Et cela ne fait pas mon affaire, pour le moment. Non, ce qui fait mon affaire en ce moment, c'est d'en finir avec cette histoire de lune qui est restée inachevée, moi je le sais. Et si je dois en finir moins bien que si j'avais toute ma tête à moi, j'en finirai quand même, du mieux que je pourrai, du moins je le crois. Cette lune donc, réflexion faite, elle me remplit soudain de stupeur, d'étonnement si l'on préfère. Oui, j'y réfléchissais à ma façon, avec indifférence, je la revoyais en quelque sorte, dans ma tête, lorsqu'un grand effroi s'empara de moi. Et estimant que cela valait quand même la peine que j'y mette le nez, je l'y mis et ne tardai pas à faire la découverte suivante, entre autres, mais je ne retiens que la suivante, que cette lune qui venait de passer fière et pleine devant ma fenêtre, la veille ou l'avant-veille, l'avant-veille, je l'avais vue toute jeunette et mince, renversée sur le dos, un copeau. Et je m'étais dit, Tiens, il a attendu la nouvelle lune pour se lancer sur des chemins inconnus, conduisant vers le sud. Et puis un peu plus tard, Si j'allais voir maman demain. Car tout se tient, par l'opération du saint-esprit, comme on dit. Et si je n'ai pas mentionné cette circonstance à sa place, c'est qu'on ne peut pas tout mentionner à sa place, mais il faut choisir, entre les choses qui ne valent pas la peine d'être mentionnées et celles qui le valent encore moins. Car si l'on voulait tout mentionner, on n'en finirait jamais, et tout est là, finir, en finir. Oh je le sais, même en ne mentionnant que quelques-unes des circonstances en présence, on n'en finit pas davantage, je le sais, je le sais. Mais on change de merde. Et si toutes les merdes se ressemblent, ce qui n'est pas vrai, ça ne fait rien, ça fait du bien de changer de merde, d'aller dans une merde un peu plus loin, de temps en temps, de papillonner quoi, comme si l'on était éphémère. Et si on se trompe, et on se trompe, je veux dire en rapportant des circonstances qu'on eût mieux fait de taire et en en taisant d'autres, à juste titre si vous voulez mais, comment dire, sans raison, à juste titre mais sans raison, telle cette nouvelle lune, c'est souvent de bonne foi, d'excellente foi. S'était-il donc écoulé, entre la nuit sur la montagne, celle de mes deux larrons et de la décision prise d'aller voir ma mère, et la présente, plus de temps que je ne l'avais supposé, à savoir quinze jours pleins ou presque. En ce cas ces quinze jours pleins ou presque, qu'étaient-ils devenus et où étaient-ils passés? Et comment concevoir la possibilité, quelle que fût leur teneur, de les faire tenir dans l'enchaînement si rigoureux d'incidents dont je venais de faire les frais? N'y avait-il pas plutôt intérêt à supposer, soit que la lune vue l'avant-veille, loin d'être nouvelle comme je l'avais cru, était à la veille d'être pleine, soit que la lune vue de la maison Lousse, loin d'être pleine, comme elle m'était apparue, ne faisait en réalité qu'entamer son premier quartier, soit enfin qu'il s'agissait de deux lunes aussi éloignées de la nouvelle que de la pleine et se ressemblant tellement, sous le rapport de la courbure, que l'œil nu avait du mal à les départager, et que tout ce qui se mettait en travers de ces hypothèses n'était que fumée et illusion? C'est de toute façon avec ces considérations que je parvins à me calmer et à retrouver, devant les espiègleries de la nature, cette ataraxie qui vaut ce qu'elle vaut. Et il me revint également à l'esprit, que le sommeil gagnait à nouveau, que mes nuits étaient sans lune et que la lune n'avait rien à y voir, dans mes nuits, de sorte que cette lune que je venais de voir se traînant à travers la fenêtre, me renvoyant à d'autres nuits à d'autres lunes, je ne l'avais jamais vue, j'avais oublié qui j'étais (il y avait de quoi) et parlé de moi comme j'aurais parlé d'un autre, s'il m'avait fallu absolument parler d'un autre. Oui, cela m'arrive et cela m'arrivera encore d'oublier qui je suis et d'évoluer devant moi à la manière d'un étranger. C'est alors que je vois le ciel différent de ce qu'il est et que la terre aussi revêt de fausses couleurs. Cela a l'air d'un repos, mais il n'en est rien, je glisse content dans la lumière des autres, celle qui jadis devait être la mienne, je ne dis pas le contraire, puis c'est l'angoisse du retour, je ne dirai pas où, je ne peux pas, à l'absence peut-être, il faut y retourner, c'est tout ce que je sais, il ne fait pas bon y rester, il ne fait pas bon la quitter. Le lendemain j'exigeai mes vêtements. Le valet partit aux renseignements. Il revint avec la nouvelle qu'on les avait brûlés. Je continuai à inspecter la chambre. C'était à vue de nez un cube parfait. A travers la haute fenêtre je voyais des branches. Elles se balançaient doucement, mais pas tout le temps, de brusques secousses les agitaient par moments. Je remarquai que le lustre était allumé. Mes vêtements, dis-je, mes béquilles. J'oubliais que mes béquilles étaient là, contre le fauteuil. Il me quitta à nouveau, en laissant la porte ouverte. Par la porte je vis une grande fenêtre, plus grande que la porte qu'elle débordait de toutes parts, et opaque. Le valet revint et me dit que mes vêtements avaient été envoyés à la teinturerie, pour être délustrés. Il apportait mes béquilles, ce qui aurait dû me paraître étrange, mais qui me parut naturel au contraire. J'en pris une et me mis à en frapper les meubles, mais pas très fort, juste assez fort pour les renverser, sans les casser. Ils étaient moins nombreux que dans la nuit. A vrai dire je les poussais plus que je ne les frappais, c'était des estocades, des bottes, que je leur envoyais, ce qui n'est pas pousser non plus, mais c'est davantage pousser que frapper. Mais, me rappelant qui j'étais, je jetai bientôt ma béquille et m'immobilisai au milieu de la chambre, décidé à ne plus rien demander et à ne plus faire semblant d'être en colère. Car si je voulais mes vêtements, et je croyais les vouloir, ce n'était pas une raison pour simuler la colère lorsqu'on me les refusait. Et à nouveau seul, je repris mon inspection de la chambre et j'allais lui trouver d'autres propriétés lorsque le valet revint et me dit qu'on avait envoyé chercher mes vêtements et que je les aurais sous peu. Puis il se mit à redresser les meubles que j'avais renversés et à les remettre en place, en les époussetant au fur et à mesure avec un plumeau qu'il eut soudainement à la main. Et bientôt je me mis à l'aider de mon mieux, histoire de montrer que je n'étais pas fâché contre personne. Et si je ne pouvais faire grand'chose, à cause de ma jambe raide, je faisais néanmoins ce que je pouvais, c'est-à-dire que je m'emparais des meubles au fur et à mesure qu'il les redressait et procédais avec une minutie maniaque à leur mise en bonne place, reculant les bras en l'air pour mieux juger de l'effet et puis me précipitant pour y apporter des modifications imperceptibles. Et ramassant les pans de ma chemise de nuit je leur envoyais des coups pétulants. Mais dans cette mimique non plus je ne pus me maintenir et je m'immobilisai brusquement au milieu de la pièce. Mais, le voyant prêt à partir, je fis un pas vers lui et dis, Ma bicyclette. Et cette phrase, je la répétai jusqu'à ce qu'il eût l'air de comprendre. Ce valet, menu et sans âge, je ne sais pas à quelle race il appartenait, pas à la blanche assurément. C'était un oriental peut-être, c'est vague un oriental, un enfant du levant. Il portait un pantalon blanc, une chemise blanche et un gilet jaune, on aurait dit un daim, avec des boutons dorés, et des sandales. Il est rare que je prenne connaissance avec une telle netteté de ce que portent les gens et je suis heureux de pouvoir vous en faire profiter. Cela s'explique peut-être du fait que pendant toute cette matinée, il n'était question pour ainsi dire que de vêtements, des miens. Et je me disais peut-être en substance, Regardez-moi celui-là, tranquille dans ses vêtements à lui, tandis que moi je flotte dans une chemise de nuit étrangère, et de femme probablement, car elle était rose et transparente et garnie de rubans, de fronces et de dentelles. La chambre par contre, je la voyais mal, chaque fois que j'en reprenais l'inspection elle me paraissait changée, et cela s'appelle mal voir dans l'état actuel de nos connaissances. Les branches même semblaient changer de place, comme douées d'une vitesse orbitale propre, et dans la grande fenêtre opaque la porte ne tenait plus, mais s'était légèrement déplacée vers la droite ou vers la gauche, je ne sais plus, de manière à recevoir dans son encadrement un pan de mur blanc, sur lequel je pouvais provoquer de faibles ombres en faisant certains mouvements. Mais qu'à tout cela il y eût des explications naturelles, je veux bien en convenir, car les ressources de la nature sont infinies apparemment. C'était moi qui n'étais pas assez naturel pour pouvoir m'insérer avec aisance dans cet ordre de choses et en apprécier les finesses. Mais j'avais l'habitude de voir le soleil se lever au sud et de ne plus savoir où j'allais, tellement tout tournait avec inconséquence et arbitraire, ni ce que je quittais, ni ce qui m'accompagnait. Se rendre chez sa mère dans ces conditions, vous avouerez que ce n'est pas commode, moins commode que d'aller chez les Lousse, sans le vouloir, ou au poste, ou dans les autres endroits qui m'attendent, je le sens. Mais le valet m'ayant apporté mes vêtements, dans un papier qu'il déplia devant moi, je constatai que mon chapeau n'y était pas, ce qui me fit dire, Mon chapeau. Et quand il eut compris ce que je voulais il s'en alla et revint peu de temps après avec mon chapeau. Plus rien ne manquait alors, sinon le lacet pour attacher le chapeau à la boutonnière, mais cela je désespérais de le lui faire comprendre et par conséquent n'en soufflai mot. Un vieux lacet, ça se trouve toujours, ce n'est pas éternel, un lacet, comme le sont les vêtements proprement dits. Quant à la bicyclette, j'avais bon espoir qu'elle m'attendait quelque part en bas, même peut-être devant le perron, prête à m'emporter loin de ces lieux horribles. Et je ne voyais pas quel intérêt j'aurais à y faire à nouveau allusion, à nous imposer à lui et à moi cette nouvelle épreuve, quand il y avait moyen de nous l'épargner. Ces considérations me traversèrent l'esprit avec une certaine rapidité. Les poches, quatre en tout, de mes vêtements, je les visitai devant le valet et constatai que leur contenu n'était pas au complet. La pierre à sucer notamment n'y était plus. Mais les pierres à sucer, cela se trouve assez facilement sur nos plages, à condition de savoir où les chercher, et je jugeai préférable de ne rien dire à ce sujet, d'autant plus qu'au bout d'une heure de discussion il aurait pu aller me chercher une pierre au jardin complètement insuçable. Cette décision aussi je la pris pour ainsi dire instantanément. Quant aux autres objets qui avaient disparu, à quoi bon en parler, puisque je ne savais pas exactement lesquels. Et on me les avait peut-être pris au commissariat, à mon insu, ou je les avais peut-être perdus lors de ma chute ou à un autre moment, par voie de jet peut-être, car il m'arrivait de jeter tout ce que j'avais sur moi, dans un mouvement de dépit. Alors à quoi bon en parler. Je me décidai cependant à affirmer hautement qu'il me manquait un couteau, un beau couteau, et je le fis tant et si bien que je reçus un beau couteau à légumes, inoxydable soi-disant, mais je ne mis pas longtemps à l'oxyder, et qui s'ouvrait et se refermait par-dessus le marché, à l'encontre de tous les couteaux à légumes que j'avais connus, et qui avait un cran d'arrêt qui se révéla bientôt impuissant à arrêter quoi que ce soit, d'où blessures innombrables, tout le long de mes doigts coincés entre le manche en vraie corne d'Irlande soi-disant et la lame rouge de rouille et tellement émoussée qu'il s'agissait à vrai dire moins de blessures que de contusions. Et si je parle si longuement de ce couteau, c'est que je l'ai toujours quelque part je crois, parmi mes possessions, et qu'en ayant parlé longuement à cet endroit, je n'aurai plus à en parler quand viendra le moment, s'il vient jamais, de faire l'inventaire de mes possessions, et j'en serai soulagé d'autant, à un moment où j'aurai besoin d'être soulagé, je le sens. Car sur ce que j'ai perdu il est naturel que je m'étende moins que sur ce que je n'ai pu perdre, cela va de soi. Et si je n'ai pas toujours l'air de me conformer à ce principe, c'est qu'il m'échappe, de temps en temps, et disparaît, au même titre que si je ne l'avais jamais dégagé. Phrase démente, peu importe. Car je ne sais plus très bien ce que je fais, ni pourquoi, ce sont là des choses que je comprends de moins en moins, je ne m'en cache pas, car pourquoi m'en cacher, et vis-à-vis de qui, de vous, à qui on ne cache rien? Et puis faire me remplit d'un tel, je ne sais pas, impossible à exprimer, pour moi, en ce moment, après un si long temps, vous comprenez, que je ne m'arrête pas pour savoir en vertu de quel principe. Et d'autant moins que quoi que je fasse, c'est-à-dire quoi que je dise, ce sera toujours en quelque sorte la même chose, oui, en quelque sorte. Et si je parle de principes, alors qu'il n'y en a pas, je n'y peux rien. Il doit y en avoir quelque part. Et si faire toujours la même chose en quelque sorte n'est pas la même chose que se conformer au même principe, je n'y peux rien non plus. D'ailleurs comment savoir si on s'y conforme ou non? Et comment avoir envie de le savoir? Non, tout ça ne vaut pas qu'on s'y arrête, et cependant on s'y arrête, inconscient des valeurs. Et les choses qui valent la peine, on ne s'y arrête pas, on les laisse, pour la même raison, ou par sagesse, sachant que ces histoires de valeurs ne sont pas pour vous, qui ne savez plus très bien ce que vous faites, ni pourquoi, et qui devez continuer à l'ignorer, sous peine de, je me demande de quoi, oui, je me le demande. Car pire que ce que je fais, sans savoir quoi, ni pourquoi, voilà une chose dont je n'ai jamais pu avoir la moindre idée, et cela ne m'étonne pas, car je n'ai jamais essayé. Car j'aurais pu concevoir pire que ce que j'avais que je m'y serais précipité, pour l'avoir, tel que je me connais. Et ce que j'ai, ce que je suis, ça me suffit, ça m'a toujours suffi, et pour mon petit amour d'avenir aussi je suis tranquille, je ne suis pas près de m'ennuyer. Alors je m'habillai, m'étant au préalable assuré qu'on n'avait rien changé à l'état de mes vêtements, c'est-à-dire que je mis mon pantalon, mon manteau, mon chapeau et mes chaussures. Mes chaussures. Elles me montaient jusque là où j'aurais eu des mollets si j'avais eu des mollets et à moitié elles se boutonnaient, ou se seraient boutonnées, si elles avaient eu des boutons, et à moitié se laçaient, et je les ai toujours, je crois, quelque part. Puis je repris mes béquilles et quittai la chambre. Toute la journée s'était consumée dans ces niaiseries et c'était à nouveau la brune. J'examinai, en descendant l'escalier, la fenêtre que j'avais vue à travers la porte. Elle donnait à l'escalier son jour, jour bistre et violent. Lousse était dans le jardin, en train de tripatouiller la tombe de son chien. Elle y semait de l'herbe, comme si l'herbe ne s'y serait pas semée toute seule. Elle profitait de ce que la chaleur était tombée. Me voyant, elle vint vers moi avec cordialité et me donna à boire et à manger. Je me restaurai debout, en cherchant ma bicyclette des yeux. Elle parlait. Vite rassasié, je me mis à la recherche de ma bicyclette. Elle me suivit. Je finis par la trouver, ma bicyclette, appuyée contre un buisson d'une grande mollesse qui en mangeait la moitié. Je jetai mes béquilles et la pris dans mes mains, à la selle et au guidon, avec l'intention de lui faire faire quelques tours de roue, en avant, en arrière, avant de l'enfourcher et de m'en aller pour toujours de ces lieux maudits. Mais j'eus beau pousser et tirer, les roues ne tournaient pas. On aurait cru les freins serrés à bloc, ce qui n'était pourtant pas le cas, car ma bicyclette n'avait pas de freins. Et me sentant soudain envahi d'une grande fatigue, malgré l'heure qui était celle de ma vitalité maxima, je rejetai la bicyclette dans le buisson et me couchai par terre, sur le gazon, insoucieux de la rosée, je n'ai jamais craint la rosée. Ce fut alors que Lousse, profitant de ma défaillance, s'accroupit à côté de moi et se mit à me faire des propositions, auxquelles je dois avouer avoir distraitement prêté l'oreille, n'ayant rien d'autre à faire, voire ne pouvant rien faire d'autre, et sans doute avait-elle mis dans ma bière un produit quelconque destiné à m'amollir, à amollir Molloy, de sorte que je n'étais pour ainsi dire plus qu'une masse de cire en état de fusion. Et de ces propositions, qu'elle énonçait lentement, en répétant plusieurs fois chaque article, je finis par dégager ce qui suit et qui en constituait sans doute l'essentiel. Je ne pouvais empêcher qu'elle eût de la sympathie pour moi, elle non plus. Je resterais chez elle, où je ferais comme chez moi. J'aurais à boire et à manger, à fumer aussi si je fumais, à titre gracieux, et ma vie s'écoulerait sans soucis. Je remplacerais en quelque sorte le chien que j'avais tué et qui lui tenait lieu d'enfant. J'aiderais dans le jardin, dans la maison, quand je voudrais, si je voulais. Je ne sortirais pas dans la rue, car une fois dans la rue je ne saurais plus rentrer. Je choisirais le rythme de vie qui me conviendrait le mieux, me levant, me couchant et prenant mes repas aux heures qu'il me plairait. Si je ne voulais pas être propre, avoir des vêtements décents, me laver, etc., rien ne m'y obligerait. Elle en aurait du chagrin, mais qu'est-ce que c'était, son chagrin à elle à côté de mon chagrin à moi? Tout ce qu'elle demandait, c'était de me sentir chez elle, avec elle, et de pouvoir contempler de temps en temps ce corps extraordinaire, dans ses stations et dans ses allées.et venues. Je l'interrompais de temps en temps, pour lui demander dans quelle ville je me trouvais. Mais soit qu'elle ne sût me comprendre, soit qu'elle préférât me laisser dans l'ignorance, elle ne répondait pas à cette question, mais poursuivait son discours, revenant avec une patience infinie sur ce qu'elle venait de dire, puis lentement, doucement, s'engageant plus avant dans l'exposé des avantages que j'aurais à fixer ma résidence chez elle et qu'elle aurait, elle, à m'avoir. Jusqu'à ce que plus rien n'existât que cette voix monotone, dans la nuit s'épaississant et l'odeur de la terre humide et d'une fleur très parfumée que sur le moment je ne pus identifier, mais que j'identifiai plus tard comme étant celle du spic. Il y en avait des plates-bandes partout, dans ce jardin, car Lousse aimait le spic, elle dut me le dire elle-même, sinon je ne l'aurais pas su, elle l'aimait au-delà de toutes les autres herbes et fleurs, à cause de son odeur, et puis aussi à cause de ses épis et de sa couleur. Et j'aurais conservé le sens de l'odorat que l'odeur du spic me ferait toujours penser à Lousse, selon le mécanisme bien connu de l'association. Et ce spic, elle le récoltait dès qu'il venait à maturité je suppose, le faisait sécher et en confectionnait des sachets qu'elle mettait dans ses armoires pour en parfumer ses mouchoirs ainsi que son linge de corps et de maison. Mais néanmoins, de temps en temps, j'entendais sonner l'heure, aux clochers et horloges, de plus en plus longuement, puis soudain très brièvement, puis à nouveau de plus en plus longuement. C'est vous dire le temps qu'elle mit à m'avoir, sa patience et son endurance physique, car

63

pendant tout ce temps elle restait accroupie ou age-
nouillée à côté de moi, alors que moi j'étais tranquillement allongé sur le gazon, tantôt sur le dos, tantôt
sur le ventre, tantôt sur un côté, tantôt sur l'autre. Et
elle n'arrêtait pas de parler tandis que moi je
n'ouvrais la bouche que pour demander, de loin en
loin, et de plus en plus faiblement, dans quelle ville
nous étions. Et sûre de son affaire enfin, ou simplement consciente d'avoir fait tout ce qui était en son
pouvoir et qu'insister davantage ne servirait à rien,
elle se leva et s'en alla je ne sais où, car moi je restai
là où j'étais, à regret, mais modérément. Car en moi
il y a toujours eu deux pitres, entre autres, celui qui
ne demande qu'à rester là où il se trouve et celui qui
s'imagine qu'il serait un peu moins mal plus loin. De
sorte que j'étais toujours servi, en quelque sorte,
quoi que je fisse, dans ce domaine. Et je leur cédais à
tour de rôle, à ces tristes compères, pour leur permettre de comprendre leur erreur. Et cette nuit-là il
n'était pas question de lune, ni d'autre lumière, mais
ce fut une nuit d'écoute, une nuit donnée aux menus
bruissements et soupirs qui agitent les petits jardins
de plaisance la nuit, faits du timide sabbat des feuilles
et des pétales et de l'air qui y circule différemment
qu'ailleurs, où il y a moins de contrainte, et différemment que pendant le jour qui permet de surveiller et
de sévir, et d'autre chose qui n'est pas clair, n'étant
ni l'air ni ce qu'il meut. C'est peut-être le bruit lointain toujours le même que fait la terre et que les
autres bruits cachent, mais pas pour longtemps. Car
ils ne rendent pas compte de ce bruit qu'on entend
lorsqu'on écoute vraiment, quand tout semble se
taire. Et il y avait un autre bruit, celui de ma vie que
faisait sienne ce jardin chevauchant la terre des abîmes et des déserts. Oui, il m'arrivait d'oublier non
seulement qui j'étais, mais que j'étais, d'oublier

64

d'être. Alors je n'étais plus cette boîte fermée à laquelle je devais de m'être si bien conservé, mais une cloison s'abattait et je me remplissais de racines et de tiges bien sages par exemple, de tuteurs depuis longtemps morts et que bientôt on brûlerait, du campos de la nuit et de l'attente du soleil, et puis du grincement de la planète qui avait bon dos, car elle roulait vers l'hiver, l'hiver la débarrasserait de ces croûtes dérisoires. Ou j'étais de cet hiver le calme précaire, la fonte des neiges qui ne changent rien et les horreurs du recommencement. Mais cela ne m'arrivait pas souvent, la plupart du temps je restais dans ma boîte qui ne connaissait ni saisons ni jardins. Et ça valait mieux. Mais là-dedans il faut faire attention, se poser des questions, par exemple celle de savoir si on est toujours, et si non, quand ça prit fin, et si oui combien de temps ça va durer encore, n'importe quoi qui vous empêche de perdre le fil du songe. Moi je me posais volontiers des questions, l'une après l'autre, rien que pour les contempler. Non, pas volontiers, par raison, afin de me croire toujours là. Et cependant ça ne me disait rien d'être toujours là. J'appelais ça réfléchir. Je réfléchissais presque sans arrêt, je n'osais pas m'arrêter. C'est peut-être à cela que je devais mon innocence. Elle était un peu défraîchie et comme mangée aux bords, mais j'étais content de l'avoir, oui, assez content. Merci assez, comme me dit un jour un gamin dont j'avais ramassé la bille, je ne sais pourquoi, rien ne m'y obligeait, et il aurait sans doute préféré la ramasser lui-même. Ou peut-être ne fallait-il pas la ramasser. Et l'effort que ça me coûta, à cause de ma jambe raide! Les mots s'inscrivent dans ma mémoire pour toujours, sans doute parce que je les saisis du premier coup, ce qui ne m'arrivait pas souvent. Non pas que je fusse dur d'oreille, car j'avais l'oreille assez fine, et, les bruits ne comportant pas de sens bien arrêté, je les percevais peut-être mieux que personne. Alors de quoi s'agissait-il? D'un défaut de l'entendement peut-être, qui ne se mettait à résonner que percuté à plusieurs reprises, ou qui résonnait si l'on veut, mais à un niveau inférieur à celui de la ratiocination, si cela peut se concevoir, et cela peut se concevoir, puisque je le conçois. Oui, les mots que j'entendais, et je les entendais très bien, ayant l'oreille assez fine, je les entendais la première fois, et même encore la seconde, et souvent jusqu'à la troisième, comme des sons purs, libres de toute signification, et c'est probablement une des raisons pour lesquelles la conversation m'était indiciblement pénible. Et les mots que je prononçais moi-même et qui devaient presque toujours se rattacher à un effort de l'intelligence, souvent ils me faisaient l'effet d'un bourdonnement d'insecte. Et cela explique pourquoi j'étais peu causeur, ce mal que j'avais à comprendre non seulement ce que les autres me disaient, mais aussi ce que moi je leur disais à eux. Il est vrai qu'avec beaucoup de patience on finissait par s'entendre, mais s'entendre à quel sujet, je vous le demande, et pour quel résultat. Et aux rumeurs de la nature aussi, et des ouvrages des hommes, je réagissais, je crois, à ma façon et ne songeais pas à en tirer des leçons. Et mon œil aussi, le bon, devait être mal relié à l'araignée, car je nommais difficilement ce qui s'y réflétait, souvent avec netteté. Et sans aller jusqu'à dire que je voyais le monde sens dessus dessous (ç'aurait été trop simple), il est certain que je le voyais d'une manière exagérément formelle, sans pour cela être le moindrement esthète, ni artiste. Et n'ayant qu'un seul œil, sur les deux, qui fonctionnât à peu près convenablement, je saisissais mal la distance qui me séparait de l'autre monde, et souvent j'avançais la main vers ce qui se trouvait franchement hors de sa portée et souvent je me cognais contre des solides à peine visibles à l'horizon. Mais même lorsque j'avais mes deux yeux j'étais ainsi, il me semble, mais peut-être que non, car il y a loin de cette période de ma vie et j'en garde un souvenir plus qu'imparfait. Et à bien y réfléchir, mes tentatives de goût et d'odorat ne valaient guère mieux, je sentais et dégustais sans savoir exactement quoi, ni même si c'était bon ou si c'était mauvais, et rarement deux fois de suite la même chose. J'aurais été, je crois un excellent mari, incapable de me lasser de mon épouse et ne la trompant que par distraction. Maintenant, vous dire pourquoi je restai avec Lousse, pendant un bon moment, cela m'est impossible. C'est-à-dire que j'y arriverais sans doute, en me donnant de la peine. Mais pourquoi m'en donnerais-je? Pour établir de façon irréfragable qu'il m'était impossible de faire autrement? Car c'est à cela que j'aboutirais fatalement. Moi j'avais aimé l'image de ce vieux Geulincx, mort jeune, qui m'accordait la liberté, sur le noir navire d'Ulysse, de me couler vers le levant, sur le pont. C'est une grande liberté pour qui n'a pas l'âme des pionniers. Et sur la poupe, penché sur le flot, esclave tristement hilare, je regarde l'orgueilleux et inutile sillon. Qui, ne m'éloignant de nulle patrie, ne m'emporte vers nul naufrage. Donc un bon moment chez Lousse. C'est vague, un bon moment, quelques mois peut-être, une année peut-être. Je sais qu'il faisait à nouveau chaud le jour de mon départ, mais cela ne voulait rien dire, dans ma région, où il semblait faire chaud ou froid ou simplement doux à n'importe quel moment de l'année et où les jours n'allaient pas en pente douce, non, pas en pente douce. Ça a peut-être changé depuis. Je sais donc seulement qu'il faisait à peu près le même temps lors de mon départ que lors de mon arrivée, dans la mesure où j'étais capable de savoir le temps qu'il faisait. Et il y avait si longtemps que j'étais dehors, par tous les temps, que je les distinguais assez bien les uns des autres, mon corps les distinguait et semblait même avoir ses préférences. Je crois que j'occupai plusieurs chambres, l'une après l'autre, ou par alternance, je ne sais pas. Dans ma tête il est plusieurs fenêtres, ça j'en suis sûr, mais c'est peut-être toujours la même, diversement ouverte sur l'univers processionnant. La maison ne bougeait pas, voilà peut-être ce que je veux dire en parlant de ces différentes chambres. Jardin et maison étaient immobiles, grâce à je ne sais quel mécanisme de compensation, et moi, quand je restais tranquille, ce que je faisais la plupart du temps, j'étais immobile aussi, et quand je me déplaçais, c'était avec une extrême lenteur, comme dans une cage hors du temps comme on dit, dans le jargon des écoliers, et bien entendu hors de l'espace aussi. Car être hors de l'un sans être hors de l'autre, c'était pour des plus malins que moi, qui n'étais pas malin, mais plutôt ballot. Mais je peux me tromper entièrement. Et ces diverses fenêtres qui s'ouvrent dans ma tête, quand je me courbe sur cette période, existaient peut-être réellement et existent peut-être toujours, malgré que je n'y sois plus, je veux dire en train de les regarder, de les ouvrir et de les refermer, ou tapi au fond de la pièce de m'étonner des objets qui s'y encadrent. Mais je ne m'appesantirai point sur cet épisode d'une brièveté en somme dérisoire et si pauvre d'étoffe. Car je n'aidais ni dans la maison ni dans le jardin et ne savais rien des travaux qui s'y effectuaient, jour et nuit, et dont les bruits me parvenaient, bruits sourds et secs aussi et puis souvent celui de l'air brassé avec force, à ce qu'il me semblait, et qui était peut-être tout simplement celui de la combustion. Je préférais le jardin à la maison, à en juger par les longues heures que j'y passais, car j'y passais la plus grande partie de la journée et de la nuit, qu'il fît beau ou qu'il fît mauvais. Des hommes s'y affairaient continuellement, occupés à je ne sais quels travaux. Car le jardin restait sensiblement le même, jour après jour, abstraction faite des menus changements dus au cycle habituel des naissances, vies et morts. Et au milieu de ces hommes j'errais comme une feuille morte à ressorts, ou je me couchais par terre, et alors ils m'enjambaient avec précaution comme si j'avais été un parterre de fleurs précieuses. Oui, c'était sans doute aux fins d'empêcher le jardin de changer d'aspect qu'ils s'y acharnaient de la sorte. Ma bicyclette avait de nouveau disparu. Quelquefois il me venait l'envie de la chercher, pour la revoir et pour me faire une idée plus nette de son état ou pour rouler un peu sur les allées et sentiers qui reliaient entre elles les différentes parties du jardin. Mais cette envie, au lieu d'essayer de lui donner satisfaction, je restais à la contempler, si j'ose dire, à la contempler qui peu à peu se ratatinait et finalement disparaissait, comme la fameuse peau de chagrin, seulement beaucoup plus rapidement. Car il semble y avoir deux façons de se comporter en présence des envies, l'active et la contemplative, et quoiqu'elles donnent le même résultat toutes les deux, c'est à la deuxième qu'allaient mes préférences, question de tempérament sans doute. Le jardin s'entourait d'une haute muraille, à la crête hérissée de morceaux de verre en forme de nageoire. Mais, chose absolument inattendue sans doute, un guichet à claire-voie s'y insérait et donnait libre accès à la rue, car il n'était pas fermé à clef, j'en avais la quasi-certitude, pour l'avoir ouvert et refermé sans la moindre difficulté à plusieurs reprises, aussi bien de jour que de nuit, et pour avoir vu d'autres que moi le franchir, dans les deux sens. Je mettais le nez dehors, puis vite je rentrais. Encore quelques remarques. Jamais je ne vis de femme dans cette enceinte, et par enceinte j'entends non seulement le jardin, comme je le devrais sans doute, mais la maison aussi, mais uniquement des hommes, à l'exception de Lousse évidemment. Ce que je voyais et ne voyais pas, cela ne voulait pas dire grand'chose évidemment, mais je le signale quand même. Lousse, je la voyais peu, elle ne se montrait guère, à moi, par discrétion peut-être, craignant de m'effaroucher. Mais je crois qu'elle m'épiait beaucoup, cachée derrière les buissons, ou les rideaux, ou tapie au fond d'une pièce au premier, à l'aide de jumelles peut-être. Car n'avait-elle pas dit qu'elle désirait avant tout me voir, aussi bien allant et venant que figé dans le repos? Et pour bien voir il faut le trou de la serrure, le petit pertuis parmi les feuilles, tout ce qui empêche d'être vu et en même temps ne livre de l'objet que des fragments à la fois. Non? Oui, elle m'inspectait, morceau par morceau, et sans doute jusque dans l'intimité de mon coucher, mon sommeil et mon lever, les matins où je me couchais. Car sous ce rapport je restais fidèle à mon habitude, qui était de dormir le matin, quand je dormais. Car il m'arrivait de ne pas dormir du tout, pendant plusieurs jours, sans en ressentir le moindre inconvénient. Car ma veille était une sorte de sommeil. Et je ne dormais pas toujours au même endroit, mais tantôt je dormais dans le jardin, qui était grand, et tantôt je dormais dans la maison, qui était grande aussi, vraiment extrêmement spacieuse. Et cette incertitude quant aux heures et aux lieux de mon sommeil devait remplir Lousse d'aise, j'imagine, et lui faire passer son temps de façon fort agréable. Mais il est inutile d'insister sur cette période de ma vie. A force d'appeler ça ma vie je vais finir par y croire. C'est le principe de la publicité. Cette période de ma vie. Elle me fait penser, quand j'y pense, à de l'air dans une conduite d'eau. J'ajouterai donc seulement que cette femme continuait à m'empoisonner à petit feu, en introduisant je ne sais quels produits toxiques soit dans ce qu'elle me donnait à boire, soit dans ce qu'elle me donnait à manger, et peut-être les deux, ou un jour l'un, un jour l'autre. C'est une grave accusation que je profère là et je ne le fais pas à la légère. Et je le fais sans ressentiment, oui, je l'accuse sans ressentiment d'avoir ajouté à mes aliments des poudres et des liquides malfaisants et sans goût. D'ailleurs ils auraient eu un goût que cela n'aurait rien changé à l'affaire, j'aurais tout avalé avec la même bonhomie exactement. Ce fameux relent d'amandes, par exemple, ce n'est pas lui qui m'aurait coupé l'appétit. Mon appétit! Parlons-en un peu. Quelle chose extraordinaire que mon appétit. Je l'avais très petit, je mangeais comme un oiseau, mais le peu que je mangeais je l'engloutissais avec une frénésie qu'on attribue plutôt aux gros mangeurs, et à tort, car les gros mangeurs en général mangent avec lenteur et méthode, cela se déduit de la notion même de gros mangeur. Tandis que moi je me jetais sur le plat unique, en avalais la moitié ou le quart en deux bouchées de poisson de proie, je veux dire sans mastiquer (avec quoi aurais-je mastiqué?), puis le poussais loin de moi avec dégoût. On aurait dit que je mangeais pour vivre! De même j'engouffrais cinq ou six pots de bière coup sur coup, puis ne buvais rien pendant une semaine. Que voulez-vous, on est ce qu'on est, en partie tout au moins. Rien ou peu à faire. Quant aux produits qu'elle insinuait ainsi dans mes divers systèmes, je ne saurais dire si c'étaient des stimulants ou si ce n'étaient pas plutôt des déprimants. A vrai dire, au point de vue de la cénesthésie s'entend, je me sentais à peu de choses près comme d'habitude, soit — attention, je vais lâcher le morceau — d'une nervosité si frémissante que j'en perdais en quelque sorte la sensibilité, pour ne pas dire la connaissance, et flottais au fond d'une torpeur miséricordieuse traversée de brefs et abominables éclairs, c'est comme j'ai l'honneur de vous le dire. Que pouvaient contre un équilibre pareil les misérables molys de la Lousse, administrés à doses infinitésimales probablement, pour faire durer le plaisir. Que cela restât entièrement sans effet, non, je n'irai pas jusque-là. Car de temps en temps je me surprenais à faire un petit bond droit en l'air, de deux ou trois pieds au moins, au moins, moi qui ne bondissais jamais. Cela ressemblait à de la lévitation. Et il m'arrivait aussi, chose moins surprenante, alors que je marchais, ou même appuyé contre un support quelconque, de m'effondrer tout d'un coup, à la manière d'un pantin dont on lâche les ficelles, et de rester un bon moment par terre, littéralement désossé. Oui, cela me paraissait moins étrange, car j'étais coutumier de ces affaiblissements, mais avec ceci en moins, que je les sentais venir et prenais mes dispositions, comme le fait un épileptique averti de l'approche d'une crise. Je veux dire que sachant que j'allais tomber, je m'allongeais, ou je me calais debout avec une telle habileté que rien moins qu'un tremblement de terre ne m'aurait pu déloger, et j'attendais. Mais ces précautions je ne les prenais pas toujours, préférant la chute à la corvée de me coucher ou de me caler. Tandis que les chutes que je faisais chez Lousse, je n'avais pas le temps de les déjouer. Mais elles me surprenaient quand même moins, elles étaient davantage de mon ressort, que les petits bonds. Car même enfant je ne me souviens pas d'avoir bondi, ni la rage ni la douleur ne me faisaient bondir, même enfant, aussi peu qualifié que je sois pour parler de cette époque. Mes plats, il me semble que je les mangeais comment, quand et où cela m'arrangeait le mieux. Je n'avais jamais à les réclamer. On me les apportait, là où je me trouvais, sur un plateau. Je vois encore le plateau, je peux le revoir presque à volonté, il était rond, avec un petit bord, pour empêcher les choses de tomber, et recouvert de laque rouge, craquelé par endroits. Il était petit aussi, comme il convenait à un plateau n'ayant à recevoir qu'une seule assiette et un morceau de pain. Car le peu que je mangeais, je me le fourrais dans la bouche avec mes mains, et les bouteilles que je vidais à la régalade, on me les apportait à part, dans un panier. Mais ce panier ne me fit aucune impression, ni bonne ni mauvaise, et je ne saurais dire comment il était fait. Et souvent, m'étant éloigné pour une raison ou pour une autre de l'endroit où l'on m'avait apporté ces provisions, je ne savais plus les retrouver, quand l'envie me prenait de consommer. Alors je cherchais partout, souvent avec bonheur, car je connaissais assez bien les endroits susceptibles de m'avoir reçu, mais souvent aussi en vain. Ou je ne cherchais pas, préférant avoir faim et soif que de me donner le mal de chercher sans savoir à l'avance que j'allais trouver, ou le mal de réclamer qu'on m'apporte un autre plateau et un autre panier, ou les mêmes, à l'endroit où j'étais. Alors je regrettais ma pierre à sucer. Et quand je dis préférer par exemple, ou regretter, il ne faut pas supposer que j'optais pour le moindre mal, et l'adoptais, car ce serait une erreur. Mais, ne sachant exactement ce que je faisais ou évitais, je le faisais et évitais sans soupçonner qu'un jour, beaucoup plus tard, je serais obligé de revenir sur tous ces actes et omissions, pâlis et enjolivés par l'éloignement, pour les entraîner dans la pollution eudémoniste. Mais je dois dire que chez Lousse ma santé se maintenait, à peu près. C'est-à-dire que ce que j'avais de détraqué déjà se détraquait de plus en plus, petit à petit, comme il fallait s'y attendre. Mais il ne s'alluma aucun nouveau foyer de souffrance ou d'infection, à part naturellement ceux créés par l'extension des pléthores et déficiences déjà en place. A vrai dire il est difficile de rien affirmer avec certitude à ce sujet. Car les désordres à venir, telle par exemple la chute des doigts de mon pied gauche, non, je me trompe, de mon pied droit, qui peut savoir à quel moment exactement j'en accueillis, oh bien malgré moi, les funestes semences? Tout ce que je peux dire, par conséquent, et je m'efforce de ne pas dire davantage, c'est que pendant mon séjour chez Lousse il ne se déclara rien, sur le plan pathologique, de frappant ou d'inattendu, rien que je n'eusse pu prévoir si j'avais pu, rien de comparable avec la soudaine perte de la moitié de mes doigts de pied. Car c'est là une chose que je n'aurais jamais pu prévoir et dont je n'ai jamais pénétré le sens, je veux dire le rapport avec mes autres malaises, faute de connaissances médicales probablement. Car tout se tient, dans la longue folie du corps, je le sens. Mais ce n'est pas la peine que je prolonge le récit de cette tranche de ma, mon, de mon existence, car elle n'a pas de signification, à mon sens. C'est un pis sur lequel j'ai beau tirer, il n'en sort que des bulles et des postillons. Je n'ajouterai donc que les quelques remarques suivantes, et dont la première est celle-ci, que Lousse était une femme extraordinairement plate, au physique s'entend, à tel point que je me demande encore ce soir, dans le silence tout relatif de ma dernière demeure, si elle n'était pas plutôt un

74

homme ou tout au moins un androgyne. Elle avait le faciès légèrement velu, ou est-ce moi qui l'imagine, pour la commodité du récit? Je l'ai si peu vue, la malheureuse, si peu regardée aussi. Et sa voix n'était-elle pas d'une gravité douteuse? C'est ainsi qu'elle m'apparaît à présent. Ne te tourmente pas, Molloy, homme ou femme, qu'est-ce que cela peut faire? Mais je ne peux m'empêcher de me poser la question que voici. Une femme aurait-elle pu m'arrêter dans mon élan vers ma mère? Sans doute. Mieux, une telle rencontre était-elle possible, je veux dire entre moi et une femme? Les hommes, j'en ai frôlé quelques-uns, mais les femmes? Eh bien, je ne veux plus le cacher, oui, j'en ai frôlé une. Je ne parle pas de ma mère, elle j'ai fait plus que la frôler. Et puis nous allons laisser ma mère en dehors de ces histoires, si vous voulez bien. Mais d'une autre, qui aurait pu être ma mère, et même je crois ma grand'mère, si le hasard n'en avait décidé autrement. Le voilà qui parle maintenant de hasard. C'est elle qui me fit connaître l'amour. Elle s'appelait du nom paisible de Ruth je crois, mais je ne peux le certifier. Peut-être qu'elle s'appelait Édith. Elle avait un trou entre les jambes, oh pas la bonde que j'avais toujours imaginée, mais une fente, et je mettais, elle mettait plutôt, mon membre soi-disant viril dedans, non sans mal, et je poussais et ahanais jusqu'à ce que j'émisse ou que j'y renonçasse ou qu'elle me suppliât de me désister. Un jeu de con à mon avis et avec ça fatiguant, à la longue. Mais je m'y prêtais d'assez bonne grâce, sachant que c'était l'amour, car elle me l'avait dit. Elle se penchait par-dessus le cosy, à cause de ses rhumatismes, et je l'enfilais par derrière. C'était la seule position qu'elle pût supporter, à cause de son lumbago. Moi je trouvais cela naturel, car j'avais vu les chiens, et je fus étonné quand elle me confia qu'on pouvait s'y prendre autrement. Je me demande ce qu'elle voulait dire exactement. Peut-être qu'après tout elle me mettait dans son rectum. Cela m'était souverainement égal, vous pensez bien. Mais est-ce le vrai amour, dans le rectum? Voilà ce qui me chiffonne. N'aurais-je jamais connu l'amour, après tout? C'était une femme éminemment plate aussi et elle avançait à petits pas raides, appuyée sur une canne d'ébène. C'était peut-être un homme aussi, encore un. Mais en ce cas nos testicules ne se seraient-ils pas entre-choqués, pendant que nous frétillions? Elle tenait les siens serrés dans sa main peut-être, exprès pour y obvier. Elle portait d'amples et orageux jupons, volants et autres dessous que je ne saurais nommer. Tout cela se soulevait en moutonnant et froufroutant, puis, la liaison établie, s'abattait en lentes cascades dessus. De sorte que je ne voyais rien sinon cette nuque jaune et tendue à se rompre que je mordillais par moments, telle est la puissance de l'instinct. Nous liâmes connaissance dans un terrain vague, je le reconnaîtrais entre mille, et pourtant ça se ressemble, les terrains vagues. J'ignore ce qu'elle était venue y faire. Moi je remuais mollement des détritus, en me disant probablement, car à cet âge je devais avoir encore des idées générales, Voilà ma vie. Elle n'avait pas de temps à perdre, moi je n'avais rien à perdre, j'aurais fait l'amour avec une chèvre, pour connaître l'amour. Elle avait un appartement coquet, non, pas coquet, ça vous donnait envie de trouver votre place et de ne plus vous relever. Il me plaisait. Il était plein de petits meubles, sous nos coups désespérés le cosy avançait sur ses roulettes, tout tombait autour de nous, c'était le pandémonium. Nos rapports n'étaient pas sans tendresse, elle me coupait d'une main tremblotante les ongles des pieds et moi je lui frottais la croupe avec du baume Bengué. Notre idylle fut de courte durée. Pauvre Édith, je hâtai sa fin peut-être. Enfin ce fut elle qui prit les devants, dans le terrain vague, en passant sa main sur ma braguette. Plus précisément, moi j'étais courbé sur un tas d'ordures, espérant y trouver de quoi me dégoûter d'avoir faim, et elle, m'abordant par derrière, passa sa canne entre mes jambes et entreprit d'en flatter mes parties. Elle me donnait de l'argent après chaque partie, à moi qui aurais accepté de connaître l'amour, et de l'approfondir, à titre bénévole. Ce n'était pas une femme pratique. J'aurais préféré il me semble un orifice moins sec et moins large, cela m'aurait donné une plus haute idée de l'amour je crois. Enfin. Entre pouce et index on est autrement mieux. Mais l'amour n'a sans doute cure de pareilles contingences. Et ce n'est point peut-être lorsqu'on est bien, mais lorsque son membre affolé cherche une paroi où se frotter, et l'onction d'un peu de muqueuse, et n'en rencontrant point ne bat pas en retraite, et conserve sa tuméfaction, c'est alors que naît le véritable amour et qu'il s'envole, haut au-dessus des questions de basse pointure. Et lorsqu'on y ajoute un peu de pédicure et de massage, n'ayant rien directement à voir avec l'extase proprement dite, alors j'ai l'impression que plus aucun doute n'est permis, à ce sujet. La seule chose qui m'ennuie, à ce sujet, c'est l'indifférence avec laquelle j'appris sa mort, une nuit que je me trascinais chez elle, indifférence adoucie il est vrai par le chagrin de voir tarir une source de revenus. Elle mourut en prenant un tub tiède, comme elle en avait l'habitude avant de me recevoir. Cela la ramollissait. Quand je pense qu'elle aurait pu attendre d'être dans mes bras! Le tub se renversa et l'eau sale se répandit partout et jusque chez la voisine d'en dessous, qui donna l'alarme. Tiens, je ne croyais pas si bien connaître cette histoire. Ça devait être une femme quand même, le contraire se serait su, dans le quartier. Il est vrai que pour tout ce qui touchait aux questions sexuelles on était extraordinairement fermé, dans ma région. Je ne sais pas comment ça se passe aujourd'hui. Et il est fort possible que le fait d'avoir trouvé un homme là où il aurait fallu trouver une femme fût aussitôt refoulé et oublié, par les quelques-uns qui eurent le malheur de le savoir. Comme il se peut que tout le monde fût au courant, et en parlât, moi seul excepté. Mais il y a une chose qui me tracasse, quand je m'interroge à ce sujet, et c'est la question de savoir si toute ma vie s'est écoulée sans amour ou si je l'ai vraiment connu, avec Ruth. Ce que je peux certifier c'est que je ne cherchai jamais à renouveler l'expérience, ayant sans doute l'intuition que cela avait été parfait et unique, dans son genre, achevé et inimitable, et qu'il importait d'en garder le souvenir, pur de tout pastiche, dans mon cœur, quitte à recourir de temps en temps aux prétendus bons offices de la soi-disant jouissance dite solitaire. Ne me parlez pas de la boniche, j'ai eu tort d'en parler, c'était bien avant, j'étais malade, peut-être qu'il n'y eut jamais de boniche, dans ma vie. Molloy, ou la vie sans boniche. Tout cela pour indiquer que le fait d'avoir rencontré Lousse et de l'avoir même fréquentée, dans un sens, ne prouvait rien quant à son sexe. Et je veux bien continuer à croire que c'était une vieille femme, veuve et desséchée, et que Ruth en était une autre, car elle aussi parlait de son défunt mari et de l'impossibilité où il était de satisfaire ses légitimes fureurs. Et il y a des jours, comme ce soir, où elles se confondent dans ma mémoire et que je suis tenté de n'y voir qu'une seule et même vioque, aplatie et enragée par la vie. Et Dieu me pardonne, pour vous livrer le fond de mon effroi, l'image de ma mère vient quelquefois se joindre aux leurs, ce qui est proprement insupportable, de quoi se croire en pleine crucifixion, je ne sais pourquoi ni ne tiens à le savoir. Mais je quittai Lousse enfin, par une nuit chaude et sans air, sans lui dire adieu, ce qui aurait été cependant la moindre des choses, et sans qu'elle essayât de me retenir autrement que par des sortilèges sans doute. Mais elle dut me voir partir, me lever, prendre mes béquilles et m'en aller, me lançant à travers les airs, sur leur point d'appui. Et elle dut voir le guichet se refermer derrière moi, car il se refermait tout seul, grâce à un ressort de traction, et me savoir parti, pour de bon. Car elle savait comment je faisais quand j'allais au guichet et que je ne faisais que mettre le nez dehors, pour le rentrer une seconde après. Et elle n'essaya pas de me retenir mais elle alla s'asseoir peut-être à côté de la tombe de son chien, qui était aussi la mienne dans un sens, et que soit dit en passant elle n'avait point semée d'herbes, comme je l'avais cru, mais de toutes sortes de petites fleurs multicolores et de plantes herbacées, sélectionnées de telle sorte que lorsque les unes s'éteignaient les autres s'allumaient, je le sens. Je lui laissai ma bicyclette que je m'étais pris à ne plus aimer, la soupçonnant d'être le véhicule d'une agence maléfique et la cause peut-être de mes récents malheurs. Je l'aurais quand même prise avec moi si j'avais su où elle était et qu'elle était en état de rouler. Mais ces choses je ne les savais pas. Et j'avais peur, en m'en occupant, d'user la petite voix qui disait, Barre-toi, Molloy, prends tes béquilles et barre-toi, et que j'avais mis si longtemps à comprendre, car il y avait longtemps que je l'entendais. Et je la comprenais peut-être de travers, mais je la comprenais et c'était là la nouveauté. Et il me semblait aussi que ce départ n'était pas forcément définitif et qu'il pourrait me ramener, par des boucles complexes et informes, à son foyer, un jour. Et je ne suis pas encore tout à fait au bout de ma course peut-être. Dans la rue il faisait du vent, c'était un autre monde. Ne sachant où j'étais ni partant dans quelle direction j'aurais intérêt à me diriger je pris celle du vent. Et lorsque bien suspendu entre mes béquilles je me lançais en avant, je le sentais qui m'aidait, ce petit vent qui soufflait je ne savais de quel quartier. Et quant aux étoiles, ne m'en parlez pas, je les distingue mal et ne sais les déchiffrer, malgré mes études d'astronomie. Mais j'entrai dans le premier abri venu et j'y restai jusqu'à l'aube, car je savais que le premier policier ne manquerait pas de me barrer le chemin et de me demander ce que je faisais là, question à laquelle je n'ai jamais su trouver la bonne réponse. Mais cela ne devait pas être un vrai abri et je n'y restai point jusqu'à l'aube, car un homme y pénétra peu de temps après moi et m'en chassa. Et cependant il y avait de la place pour deux. C'était je crois une sorte de gardien de nuit, c'était un homme sans aucun doute, il devait avoir le gardiennage de je ne sais quels travaux d'excavation. Je vois un braséro. Le fond de l'air, comme on dit, devait être frais. J'allai par voie de conséquence plus loin et m'installai sur les marches d'un escalier, dans une maison pauvre, puisqu'elle n'avait pas de porte ou que la porte ne fermait pas, je ne sais pas. Bien avant l'aube cette pauvre maison commença à se vider. Des gens descendirent l'escalier. Je me collai contre le mur. On ne fit pas attention à moi, personne ne me fit de mal. Moi aussi je sortis à la fin, quand je le jugeai prudent, et j'errai dans la ville, à la recherche d'un monument de connaissance, qui me permît de dire, Je suis dans ma ville, après tout, j'y ai été tout le temps. La ville se réveillait, les seuils s'animaient, le bruit atteignait déjà un volume respectable. Mais visant un passage étroit entre deux hauts immeubles je regardai autour de moi, puis m'y glissai. Seules de petites fenêtres y donnaient, de part et d'autre, une à chaque étage. Disposées symétriquement elles se faisaient face. C'étaient les fenêtres des cabinets sans aucun doute. Il y a quand même de temps en temps des choses qui s'imposent à l'entendement avec la force d'axiomes, sans qu'on sache pourquoi. Le passage était sans issue, donc pas un vrai passage mais plutôt une impasse. Au bout il y avait deux renfoncements, non, ce n'est pas le mot, en face l'un de l'autre, jonchés tous les deux de détritus divers et d'excréments, de chien et de maître, les uns secs et inodores, les autres encore humides. Ah ces papiers que personne ne lira plus, peut-être n'a jamais lus. On devait s'accoupler là la nuit et échanger des serments. J'entrai dans l'un des recoins, non plus, et m'appuyai contre le mur. J'aurais préféré m'allonger et rien ne me disait que je ne le ferais pas. Mais pour le moment je me contentais de m'appuyer contre le mur, les pieds loin du mur, dans une posture glissante, mais j'avais d'autres points d'appui, les bouts de mes béquilles. Mais quelques minutes plus tard je traversai l'impasse pour aller dans l'autre chapelle, voilà, où il me semblait que je serais un peu mieux, et m'y disposai dans la même attitude d'hypoténuse. Et d'abord il me sembla que j'y étais en effet un peu mieux. Mais j'acquis peu à peu la certitude que tel n'était pas le cas. Il tombait une pluie fine et j'enlevai mon chapeau pour en faire profiter mon crâne tout ridé et crevassé et brûlant, brûlant. Mais je l'enlevai également parce qu'il me rentrait dans la nuque, à cause de la poussée du mur. J'avais donc deux bonnes raisons pour l'enlever et il n'en était pas de trop, une seule ne m'y aurait jamais décidé je crois. Je le jetai d'un geste insouciant et généreux et il revint vers moi, au bout de son cordon ou lacet, et après quelques sursauts s'immobilisa, contre mon flanc. Je me mis enfin à réfléchir, c'est-à-dire à écouter plus fort. Peu de chances qu'on me trouvât là, j'étais tranquille pour aussi longtemps que je pourrais endurer la tranquillité. L'espace d'un instant j'envisageai de m'installer là, d'en faire mon gîte et mon refuge, l'espace d'un instant. Je pris dans ma poche le couteau à légumes et m'appliquai à m'en ouvrir le poignet. Mais la douleur eut vite fait de me vaincre. Je criai d'abord, puis je m'arrêtai, refermai le couteau et le remis dans ma poche. Ma déception ne fut pas grande, au fond je n'avais pas escompté d'autre résultat. Voilà. Cela m'a toujours attristé de récidiver, mais la vie est faite de récidives, on dirait, et la mort aussi doit être une sorte de récidive, ça ne m'étonnerait pas. Ai-je dit que le vent était tombé ? Une pluie fine qui tombe, ça écarte en quelque sorte toute idée de vent. J'ai des genoux énormes, je viens de les voir, en me levant un instant. Mes deux jambes sont raides comme la justice et cependant je me lève de temps en temps. Qu'est-ce que vous voulez. Ainsi de temps en temps je rappellerai mon existence actuelle dont celle que je conte ne peut donner qu'une faible idée. Mais de loin en loin seulement, afin qu'on puisse se dire, le cas échéant, Se peut-il vraiment que ça vive encore ? Ou encore, Mais c'est un journal intime, ça va bientôt s'arrêter. Que j'aie des genoux énormes, que je me lève encore de temps en temps, on ne voit pas très bien d'abord quelle signification cela peut avoir. J'en fais état d'autant plus volontiers. Sorti donc enfin de l'impasse, où à moitié debout à moitié couché je venais peut-être de faire un court somme, car c'était mon heure pour cela, je me dirigeai, tenez-vous bien, vers le soleil, faute de mieux, le vent étant tombé. Ou plutôt vers le quartier le moins sombre du ciel qu'un vaste nuage recouvrait du zénith jusqu'aux horizons. C'est de ce nuage que tombait la pluie à laquelle j'ai fait allusion. Voyez comme tout se tient. Et quant à décider quel quartier du ciel était le moins sombre, ce n'était pas chose facile. Car à première vue le ciel paraissait uniformément sombre. Mais en me donnant de la peine, car dans la vie je me donnais de la peine de temps en temps, j'arrivai à un résultat, c'est-à-dire que je pris une décision, à ce sujet. Si bien que je pus reprendre mon chemin, en me disant, Je vais vers le soleil, c'est-à-dire en principe vers l'est, ou peut-être le sud-est, car je ne suis plus chez Lousse, mais à nouveau en plein dans l'harmonie préétablie, qui fait une si douce musique, qui est une si douce musique, pour qui sait l'entendre. Les gens allaient et venaient d'un pas le plus souvent agacé et précipité, qui à l'abri de son parapluie, qui sous la protection peut-être un peu moins efficace du manteau imperméable. Et j'en voyais aussi qui s'étaient réfugiés sous des arbres et sous des voûtes. Et parmi ceux qui, plus courageux ou moins fragiles, allaient et venaient, et parmi ceux qui s'étaient arrêtés pour se faire moins tremper, ils étaient nombreux qui se disaient, Je ferais mieux de faire comme eux, entendant par eux la catégorie dont ils ne faisaient pas partie, du moins je le suppose. Comme il devait y en avoir beaucoup aussi qui se félicitaient de leur savoir-faire, tout en tempêtant contre le mauvais temps qui les obligeait à y recourir. Mais visant un jeune vieillard d'aspect misérable, grelottant tout seul sous un petit auvent, je me rappelai soudain le projet conçu le jour de ma rencontre avec Lousse et avec son chien et que cette rencontre m'avait empêché de mener à chef. J'allai donc me poster à côté du vieillard, en prenant, je l'espérais, l'air de celui qui se dit, Celui-là est un malin, je vais faire comme lui. Mais avant que j'eusse eu le temps de lui adresser la parole, que je voulais naturelle et partant pas immédiate, il sortit sous la pluie et s'éloigna. Car il s'agissait d'une parole susceptible, de par son contenu, sinon d'offenser tout au moins d'étonner. Et c'est pourquoi il importait de la placer au bon moment et sur un ton bien ajusté. Je m'excuse de ces détails, mais tout à l'heure nous irons plus vite, beaucoup plus vite. Sans préjuger d'une rechute dans des passages méticuleux et puants. Mais qui à leur tour donneront naissance à de grandes fresques, brossées avec dégoût. A l'homo mensura il faut du staffage. Me voilà donc seul à mon tour sous l'auvent. Je ne m'attendais pas à ce qu'on vînt s'y mettre, à côté de moi, et cependant je n'excluais pas cette possibilité. C'est là une assez bonne caricature de mon état d'esprit à ce moment-là. Résultat, je restais là où j'étais. J'avais emporté de chez Lousse un peu d'argenterie, oh pas grand'chose, des cuillers à café massives pour la plupart, et puis d'autres menus objets dont je ne saisissais pas l'utilité mais qui semblaient devoir avoir de la valeur. Parmi ces derniers il y en avait un qui me hante encore, de temps en temps. Il consistait en deux X réunis, au niveau de l'intersection, par une barre, et ressemblait à une minuscule chèvre de bûcheron, avec cette différence pourtant, que les X de la vraie chèvre ne sont pas des X parfaits, mais tronqués par en haut, tandis que les X du petit objet dont je parle étaient parfaits, c'est-à-dire composés chacun de deux V identiques, l'un supérieur ouvert en haut, comme tous les V d'ailleurs, et l'autre inférieur ouvert en bas, ou plus précisément de quatre V rigoureusement pareils, les deux que je viens de nommer et puis deux autres, l'un à droite, l'autre à

gauche, ayant l'ouverture à droite et à gauche respectivement. Mais peut-être est-il déplacé de parler ici
de droite et de gauche, d'inférieur et de supérieur.
Car ce petit objet ne semblait pas avoir de base à proprement parler, mais il se tenait avec une égale stabi-
lité sur n'importe laquelle de ses quatre bases et sans
rien changer à son aspect, ce qui n'est pas le cas de la
vraie chèvre. Cet étrange instrument, je l'ai encore
quelque part je crois, n'ayant jamais pu me résoudre
à le monnayer, même dans l'extrémité de mon
besoin, car je n'arrivais pas à comprendre à quoi il
pouvait bien servir ni même à ébaucher une
hypothèse à ce sujet. Et de temps en temps je le sortais de ma poche et le fixais, d'un regard étonné et je
ne dirais pas affectueux, car j'étais incapable d'affection. Mais pendant un certain temps il m'inspira une
sorte de vénération je crois, car je tenais pour certain
que ce n'était pas un objet de vertu, mais qu'il avait
une fonction des plus spécifiques et qui me resterait
toujours cachée. Je pouvais donc l'interroger sans fin
et sans danger. Car ne rien savoir, ce n'est rien, ne
rien vouloir savoir non plus, mais ne rien pouvoir
savoir, savoir ne rien pouvoir savoir, voilà par où
passe la paix, dans l'âme du chercheur incurieux.
C'est alors que la vraie division commence, de vingt-
deux par sept par exemple, et que les cahiers
s'emplissent des vrais chiffres enfin. Mais je ne voudrais rien affirmer à ce sujet. Ce qui par contre me
paraît indéniable, c'est que, vaincu par l'évidence,
par une très forte probabilité plutôt, je sortis de sous
l'auvent et me mis à me balancer lentement en avant,
à travers les airs. La démarche du béquillard, cela a,
cela devrait avoir, quelque chose d'exaltant. Car
c'est une série de petits vols, à fleur de terre. On
décolle, on atterrit, parmi la foule des ingambes, qui
n'osent soulever un pied de terre avant d'y avoir

cloué l'autre. Et il n'est jusqu'à leur course la plus joyeuse qui ne soit moins aérienne que mon clopinement. Mais ce sont là des raisonnements, basés sur l'analyse. Et quoique le souci de ma mère me fût toujours présent à l'esprit, et le désir de savoir si j'étais dans son voisinage, ils commençaient de l'être moins, peut-être à cause de l'argenterie que j'avais dans mes poches, mais je ne crois pas, et puis aussi parce que c'étaient là d'anciens soucis et que l'esprit ne peut pas toujours remuer les mêmes soucis, mais il a besoin de changer de soucis de temps en temps, afin de pouvoir reprendre les anciens au moment voulu, avec une vigueur accrue. Mais est-ce le cas ici de parler d'anciens soucis et de nouveaux? Je ne pense pas. Mais il me serait difficile d'en administrer la preuve. Ce que je peux affirmer, sans crainte de — sans crainte, c'est qu'il me devenait indifférent notamment de savoir dans quelle ville j'étais et si j'allais bientôt rejoindre ma mère afin de régler l'affaire qui nous intéressait. Et même la nature de cette affaire perdait de sa conscience, pour moi, sans toutefois se dissiper entièrement. Car ce n'était pas une petite affaire, et j'y tenais. Toute ma vie j'y avais tenu, je crois. Oui, dans la mesure où je pouvais tenir à quelque chose, toute une telle vie durant, j'avais tenu à régler cette affaire entre ma mère et moi, mais je n'avais pu le faire. Et tout en me disant que le temps pressait et qu'il serait bientôt trop tard, qu'il l'était peut-être déjà, pour procéder au règlement en question, je me sentais qui dérivais vers d'autres soucis, d'autres spectres. Et bien plus que de savoir dans quelle ville j'étais il me tardait à présent d'en sortir, fût-ce la bonne, celle où ma mère avait tant attendu et attendait peut-être toujours. Et il me semblait qu'en allant en ligne droite je finirais par en sortir, forcément. C'est donc à cela que je m'appliquai, de toute ma science, en tenant compte du déplacement vers la droite de la faible clarté qui me guidait. Et je m'y acharnai tant et si bien que j'arrivai en effet aux remparts, à la nuit tombante, ayant fait sans doute un quart de cercle pour le moins, faute d'avoir su naviguer. Mais il faut dire aussi que je ne m'étais pas ménagé les arrêts, histoire de me reposer, mais des arrêts de courte durée, car je me sentais talonné, à tort sans doute. Mais à la campagne c'est une autre justice, et d'autres justiciers, les premiers temps. Et les remparts franchis je dus reconnaître que le ciel se dégageait, avant de se draper dans l'autre linceul, celui de la nuit. Oui, le grand nuage s'effilochait, pour laisser percer çà et là un ciel pâle et mourant. Et le soleil, sans être exactement visible comme disque, se signalait par des flammèches jaunes et roses, s'élançant vers le zénith, retombant, s'élançant à nouveau, toujours plus faibles et plus claires, et vouées à s'éteindre à peine allumées. Ce phénomène, si je peux me fier au souvenir de mes observations, était caractéristique de ma région. Cela se passe autrement aujourd'hui peut-être. Quoique je ne voie pas très bien, n'étant jamais sorti de ma région, de quel droit je parle de ses caractéristiques. Non, je ne me suis jamais échappé, et même les limites de ma région, je les ignorais. Mais je les croyais assez reculées. Mais cette croyance n'était basée sur rien de sérieux, c'était une simple croyance. Car si ma région avait fini à portée de mes pas, il me semble qu'une sorte de dégradement me l'aurait fait pressentir. Car les régions ne finissent pas brusquement, que je sache, mais se fondent insensiblement les unes dans les autres. Et je n'ai jamais rien remarqué de la sorte. Mais aussi loin que je sois allé, dans un sens comme dans un autre, cela a toujours été le même ciel, et la même terre, exactement, jour après jour, et nuit après nuit. D'autre part, si les régions se fondent insensiblement les unes dans les autres, ce qui reste à prouver, il est possible que je sois maintes fois sorti de la mienne, en croyant y être toujours. Mais je préférais m'en tenir à ma simple croyance, celle qui me disait, Molloy, ta région est d'une grande étendue, tu n'en es jamais sorti et tu n'en sortiras jamais. Et où que tu erres, entre ses lointaines limites, ce sera toujours la même chose, très précisément. Ce qui donnerait à croire que mes déplacements ne devaient rien aux endroits qu'ils faisaient disparaître, mais qu'ils étaient dus à autre chose, à la roue voilée qui me portait, par d'imprévisibles saccades, de fatigue en repos, et inversement, par exemple. Mais à présent je n'erre plus, nulle part, et même je ne bouge presque pas, et pourtant rien n'est changé. Et les confins de ma chambre, de mon lit, de mon corps, sont aussi loin de moi que ceux de ma région, du temps de ma splendeur. Et le cycle continue, cahotant, des fuites et bivouacs, dans une Égypte sans bornes, sans enfant et sans mère. Et quand je regarde mes mains, sur le drap, qu'elles se plaisent déjà à froisser, elles ne sont pas à moi, moins que jamais à moi, je n'ai pas de bras, c'est un couple, elles jouent avec le drap, c'est peut-être des jeux amoureux, elles vont peut-être monter l'une sur l'autre. Mais cela ne dure pas, je les ramène peu à peu vers moi, c'est le repos. Et pour mes pieds c'est la même chose, quelquefois, quand je les vois au pied du lit, l'un avec doigts, l'autre sans. Et cela est autrement digne de remarque. Car mes jambes, qui remplacent ici mes bras de tout à l'heure, sont raides toutes les deux à présent et d'une grande simplicité, et je ne devrais pas pouvoir les oublier comme je peux oublier mes bras, qui sont pour ainsi dire intacts. Et cependant je les oublie et je regarde le couple qui s'observe, loin de moi. Mais mes pieds, quand ils redeviennent tels, je ne les ramène pas vers moi, car je ne peux pas, mais ils restent là, loin de moi, quoique moins loin que tout à l'heure. Fin du rappel. Mais on dirait qu'une fois franchement sorti de la ville, et m'étant retourné pour la regarder, dans une partie de son ensemble, on dirait qu'à ce moment-là j'aurais dû me rendre compte si cela avait été bien ma ville ou non. Il n'en fut rien, je la regardai en vain, et peut-être sans l'interroger en aucune façon, et simplement pour solliciter le destin, en me retournant. Peut-être que je feignais de la regarder, tout simplement. Je n'avais pas le sentiment de regretter ma bicyclette, non, vraiment pas. Cela ne me répugnait pas trop d'avancer comme je l'ai dit, oscillant en rase-mottes, dans l'obscurité, par les petits chemins déserts de la campagne. Et je me disais que j'avais peu de chances d'être inquiété et que c'était plutôt moi qui inquiéterais les autres, s'ils me voyaient. C'est le matin qu'il faut se cacher. Les gens se réveillent, frais et dispos, assoiffés d'ordre, de beauté et de justice, exigeant la contrepartie. Oui, de huit ou neuf jusqu'à midi, c'est le passage dangereux. Mais vers midi cela se tasse, les plus implacables sont repus, ils rentrent, tout n'est pas parfait mais on a fait du bon travail, il y a eu des rescapés mais ils ne sont pas bien dangereux, chacun suit ses rats. Au début de l'après-midi cela peut reprendre, après le banquet, les célébrations, les congratulations, les allocutions, mais ce n'est rien à côté de la matinée, du sport pas plus. Évidemment vers les quatre ou cinq heures il y a l'équipe de nuit, les vigiles, qui commence à s'agiter. Mais déjà c'est la fin du jour, les ombres se rallongent, les murs se multiplient, on rase les murs, sagement courbé, prêt à l'obséquiosité, n'ayant rien à cacher, ne se cachant que par peur, ne regardant ni à droite ni à gauche, se cachant mais pas au point d'exciter les colères, prêt à se montrer, à sourire, à écouter, à ramper, nauséabond sans être pestilentiel, moins rat que crapaud. Puis c'est la vraie nuit, dangereuse elle aussi, mais favorable à qui la connaît, à qui sait s'y ouvrir comme la fleur au soleil, à qui lui-même est nuit, jour et nuit. Non, elle n'est pas fameuse non plus, la nuit, mais à côté du jour elle est fameuse, et notamment à côté de la matinée elle est indiscutablement fameuse. Car l'épuration qui s'y poursuit est assurée par des techniciens, pour la plupart. Ils ne font que ça, le gros de la population n'y participe pas, préférant dormir, toutes choses considérées. On lynche le jour, car le sommeil est sacré, et surtout le matin, entre le petit déjeuner et le repas de midi. Mon premier soin donc, au bout de quelques milles dans l'aube déserte, fut de chercher un endroit où dormir, car le sommeil aussi est une sorte de protection, si paradoxal que cela puisse paraître. Car le sommeil, s'il excite l'instinct de capture, semble apaiser celui de la mise à mort immédiate et sanglante, n'importe quel chasseur vous le dira. Pour le monstre qui se déplace, ou qui guette, tapi dans son repaire, on est sans pitié, alors que celui qui se laisse surprendre en dormant a des chances de bénéficier d'autres sentiments, qui font baisser le canon et rengainer le criss. Car le chasseur n'est qu'un faible et un sentimental au fond, avec des réserves de douceur et de compassion qui ne demandent qu'à déborder. Et c'est au doux sommeil de l'épuisement, ou de la terreur, que mainte bête malfaisante, et digne d'extermination, doit de pouvoir attendre tranquillement la fin de ses jours au jardin zoologique, où souvent éclate l'innocente joie des enfants et celle plus raisonnée des adultes, les dimanches et jours de fête. Et en ce qui me concerne personnellement, j'ai toujours préféré l'esclavage à la mort, ou plutôt à la mise à mort. Car la mort est une condition dont je n'ai jamais pu me faire une représentation satisfaisante et qui ne peut donc entrer légitimement en ligne de compte, dans le bilan des maux et des biens. Tandis que sur la mise à mort j'avais des notions qui m'inspiraient confiance, à tort ou à raison, et auxquelles il me semblait loisible de me référer, en certaines circonstances. Oh ce n'étaient pas des notions comme les vôtres, c'étaient des notions comme les miennes, tout en sursauts, en sueurs et en tremblements, où il n'entrait pas un atome de bon sens ou de sang-froid. Mais je m'en contentais. Mais, pour vous faire entrevoir jusqu'où allait la confusion de mes idées sur la mort, je vous dirai franchement que je n'excluais pas la possibilité qu'elle fût encore pire que la vie, en tant que condition. Je trouvais donc normal de ne pas m'y précipiter et, quand je m'oubliais au point de m'y essayer, de m'arrêter à temps. C'est ma seule excuse. Je me coulai donc dans un trou quelconque probablement et j'attendis, moitié dormant, moitié soupirant, geignant et riant, ou en passant les mains sur mon corps, pour voir s'il n'y avait pas de changement, que la frénésie matinale se calmât. Puis je repris mes spirales. Et quant à dire ce que je devins, et où j'allai, dans les mois sinon les années qui suivirent, je n'en ai pas l'intention. Car je commence à en avoir assez de ces inventions et d'autres m'appellent. Mais afin de noircir encore quelques pages je dirai que je passai quelque temps au bord de la mer, sans incident. Il y a des gens à qui la mer ne réussit pas, qui préfèrent la montagne ou la plaine. Personnellement je n'y suis pas plus mal qu'ailleurs. Une grande partie de ma vie a déferlé devant cette immensité frissonnante, au bruit des vagues grandes et petites et des griffes du ressac. Que

91

dis-je devant, de plain-pied avec, étalée sur le sable ou dans une grotte. Dans le sable j'étais à mon affaire, le faisant couler entre mes doigts, y creusant des trous que je comblais aussitôt ou qui se comblaient tout seuls, le jetant en l'air à pleines mains, m'y roulant. Et la grotte, où la nuit entraient les feux des fanaux, je savais comment faire pour ne pas y être plus mal qu'ailleurs. Et que ma terre n'allât pas plus loin, d'un côté au moins, n'était point fait pour me déplaire. Et sentir qu'il y avait au moins un sens où je ne pouvais aller, sans me tremper d'abord et ensuite me noyer, m'était doux. Car je me suis toujours dit, Apprends à marcher d'abord, ensuite tu prendras des leçons de natation. Mais n'allez pas croire que ma région s'arrêtât au littoral, ce serait une grave erreur. Car elle était cette mer aussi, ses récifs et ses îles lointaines, et ses abîmes cachés. Et moi aussi je m'y étais promené, dans une sorte d'esquif sans rames, mais j'avais confectionné une pagaie. Et je me demande parfois si j'en suis jamais revenu, de cette promenade. Car si je me vois mettre à la mer, et voguer longtemps sur les flots, je ne vois pas le retour, la danse sur les brisants, et je n'entends pas grincer sur la grève la frêle carène. Je profitai de ce séjour pour m'approvisionner en pierres à sucer. C'étaient des cailloux mais moi j'appelle ça des pierres. Oui, cette fois-ci, j'en fis une réserve importante. Je les distribuai avec équité entre mes quatre poches et je les suçais à tour de rôle. Cela posait un problème que je résolus d'abord de la façon suivante. J'avais mettons seize pierres, dont quatre dans chacune de mes quatre poches qui étaient les deux poches de mon pantalon et les deux poches de mon manteau. Prenant une pierre dans la poche droite de mon manteau, et la mettant dans ma bouche, je la remplaçais dans la poche droite de mon manteau par

92

une pierre de la poche droite de mon pantalon, que je remplaçais par une pierre de la poche gauche de mon pantalon, que je remplaçais par une pierre de la poche gauche de mon manteau, que je remplaçais par la pierre qui était dans ma bouche, dès que j'avais fini de la sucer. Ainsi il y avait toujours quatre pierres dans chacune de mes quatre poches, mais pas tout à fait les mêmes pierres. Et quand l'envie me reprenait de sucer je puisais à nouveau dans la poche droite de mon manteau, avec la certitude de ne pas y prendre la même pierre que la dernière fois. Et, tout en la suçant, je réarrangeais les autres pierres, comme je viens de l'expliquer. Et ainsi de suite. Mais cette solution ne me satisfaisait qu'à moitié. Car il ne m'échappait pas que cela pouvait être, par l'effet d'un hasard extraordinaire, toujours les mêmes quatre pierres qui circulaient. Et en ce cas, loin de sucer les seize pierres à tour de rôle, je n'en suçais en réalité que quatre, toujours les mêmes à tour de rôle. Mais je les brassais bien dans mes poches, avant de faire sucette, et en le faisant, avant de procéder aux transferts, dans l'espoir de généraliser la circulation des pierres, de poche en poche. Mais ce n'était là qu'un pis-aller dont ne pouvait longtemps se contenter un homme comme moi. Je me mis donc à chercher autre chose. Et tout d'abord je me demandai si je ne ferais pas mieux de transférer les pierres quatre à quatre, au lieu d'une à une, c'est-à-dire, pendant que je suçais, de prendre les trois pierres qui restaient dans la poche droite de mon manteau et de mettre à leur place les quatre de la poche droite de mon pantalon, et à la place de celles-ci les quatre de la poche gauche de mon pantalon, et à la place de celles-ci les quatre de la poche gauche de mon manteau, et finalement à la place de ces dernières les trois de la poche droite de mon manteau plus celle,

dès que j'aurais fini de sucer, qui était dans ma bouche. Oui, il me semblait d'abord qu'en faisant ainsi
j'arriverais à un meilleur résultat. Mais je dus changer d'avis, à la réflexion, et m'avouer que la circulation des pierres par groupes de quatre revenait à la
même chose exactement que leur circulation par uni-
tés. Car si j'étais assuré de trouver chaque fois, dans
la poche droite de mon manteau, quatre pierres totalement différentes de celles qui les y avaient immédiatement précédées, la possibilité n'en subsistait pas
moins que je tombe toujours sur la même pierre, à
l'intérieur de chaque groupe de quatre, et que par
conséquent, au lieu de sucer les seize à tour de rôle,
comme je le désirais, je n'en suce effectivement que
quatre, toujours les mêmes, à tour de rôle. Il fallait
donc chercher ailleurs dans le mode de circulation.
Car de quelque façon que je fisse circuler les pierres,
je tombais toujours sur le même aléa. Il était évident qu'en augmentant le nombre de mes poches
j'augmentais du même coup mes chances de profiter
de mes pierres comme j'entendais le faire, c'est-à-
dire l'une après l'autre jusqu'à épuisement du nombre. J'aurais eu huit poches, par exemple, au lieu des
quatre que j'avais, que le hasard le plus malveillant
n'aurait pu empêcher que sur mes seize pierres j'en
suce au moins huit, à tour de rôle. Pour tout dire il
m'aurait fallu seize poches pour être tout à fait tranquille. Et pendant longtemps je m'arrêtai à cette conclusion, qu'à moins d'avoir seize poches, chacune
avec sa pierre, je n'arriverais jamais au but que je
m'étais proposé, à moins d'un hasard extraordinaire.
Et s'il était concevable que je double le nombre de
mes poches, ne fût-ce qu'en divisant chaque poche
en deux, au moyen de quelques épingles doubles sup-
posons, les quadrupler me semblait dépasser mes
possibilités. Et je ne tenais pas à me donner du mal

pour une demi-mesure. Car je commençais à perdre le sens de la mesure, depuis le temps que je me débattais dans cette histoire, et à me dire, Ce sera tout ou rien. Et si j'envisageai un instant d'établir une proportion plus équitable entre mes pierres et mes poches en ramenant celles-là au nombre de celles-ci, ce ne fut qu'un instant. Car ç'aurait été m'avouer vaincu. Et assis sur la grève, devant la mer, les seize pierres étalées devant mes yeux, je les contemplais avec colère et perplexité. Car autant je m'asseyais difficilement sur une chaise, ou dans un fauteuil, à cause de ma jambe raide vous comprenez, autant je m'asseyais facilement par terre, à cause de ma jambe raide et de ma jambe raidissante, car c'est vers cette époque que ma bonne jambe, bonne dans le sens qu'elle n'était pas raide, se mit à raidir. Il me fallait un support sous le jaret, vous comprenez, et même sous toute la longueur de la jambe, le support de la terre. Et pendant que je regardais ainsi mes pierres, en ruminant des martingales toutes aussi défectueuses les unes que les autres, et en écrasant des poignées de sable, de sorte que le sable coulait entre mes doigts et retombait sur la plage, oui, pendant que je tenais ainsi en haleine l'esprit et une partie du corps, un jour soudain il me vint à celui-là, dans une lueur, que je pourrais arriver à mes fins sans augmenter le nombre de mes poches, ni réduire celui de mes pierres, mais simplement en sacrifiant le principe de l'arrimage. Cette proposition, qui se mit soudain à chanter au-dedans de moi, comme un verset d'Ésaïe, ou de Jérémie, je mis quelque temps à en pénétrer la signification, et notamment me demeura longtemps obscur le terme arrimage, que je ne connaissais pas. Mais en fin de compte je crus deviner que le terme arrimage ne pouvait signifier rien d'autre, rien de mieux, que la répartition des seize

95

pierres en quatre groupes de quatre, un groupe dans chaque poche, et que c'était le refus d'envisager une autre répartition que celle-ci qui avait faussé tous mes calculs jusqu'alors et rendu le problème insoluble. Et c'est à partir de cette interprétation, qu'elle fût la bonne ou non, que je pus enfin aboutir à une solution, solution certes peu élégante, mais solide, solide. Maintenant, qu'il existât, qu'il existe même toujours, à ce problème d'autres solutions, aussi solides que celle que je vais essayer de décrire, mais plus élégantes, je veux bien le croire, je le crois même fermement. Et je crois aussi qu'avec un peu plus d'entêtement, un peu plus de résistance, j'aurais pu les trouver moi-même. Mais j'étais fatigué, fatigué, et je me contentais lâchement de la première solution qui en fût une, à ce problème. Et sans récapituler les étapes, les affres, par où je passai avant d'y déboucher, la voici, ma solution, dans toute sa hideur. Il n'y avait qu'à (qu'à!) mettre par exemple, pour commencer six pierres dans la poche droite de mon manteau, car c'est toujours cette poche-là qui débite, cinq dans la poche droite de mon pantalon, et cinq enfin dans la poche gauche de mon pantalon, ça faisait le compte, deux fois cinq plus six seize, et aucune, car il n'en restait aucune, dans la poche gauche de mon manteau, qui pour l'instant demeurait vide, vide de pierres s'entend, car son contenu habituel y était toujours, ainsi que des objets de passage. Car où croyez-vous que je cachais mon couteau à légumes, mon argenterie, ma corne et le reste, que je n'ai pas encore nommé, que je ne nommerai peut-être jamais? Bon. Maintenant je peux commencer à sucer. Regardez-moi bien. Je prends une pierre dans la poche droite de mon manteau, la suce, ne la suce plus, la mets dans la poche gauche de mon manteau, la vide (de pierres). Je prends une deuxième pierre dans la poche droite de mon manteau, la suce, la met dans la poche gauche de mon manteau. Et ainsi de suite jusqu'à ce que la poche droite de mon manteau soit vide (à part son contenu habituel et de passage) et que les six pierres que je viens de sucer, l'une après l'autre, soient toutes dans la poche gauche de mon manteau. M'arrêtant alors, et me concentrant, car il s'agit de ne pas faire une connerie, je transfère dans la poche droite de mon manteau, où il n'y a plus de pierres, les cinq pierres de la poche droite de mon pantalon, que je remplace par les cinq pierres de la poche gauche de mon pantalon, que je remplace par les six pierres de la poche gauche de mon manteau. Voilà donc qu'il n'y a à nouveau plus de pierres dans la poche gauche de mon manteau, tandis que la poche droite de mon manteau en est à nouveau pourvue, et de la bonne façon, c'est-à-dire de pierres autres que celles que je viens de sucer et que je mets à sucer à leur tour, l'une après l'autre, et à transférer au fur et à mesure dans la poche gauche de mon manteau, ayant la certitude, autant qu'on peut l'avoir dans cet ordre d'idées, que je ne suce pas les mêmes pierres que tout à l'heure, mais d'autres. Et quand la poche droite de mon manteau est à nouveau vide (de pierres), et que les cinq que je viens de sucer se trouvent toutes sans exception dans la poche gauche de mon manteau, alors je procède à la même redistribution que tantôt, ou à une redistribution analogue, c'est-à-dire que je transfère à la poche droite de mon manteau, à nouveau disponible, les cinq pierres de la poche droite de mon pantalon, que je remplace par les six pierres de la poche gauche de mon pantalon, que je remplace par les cinq pierres de la poche gauche de mon manteau. Et me voilà prêt à recommencer. Dois-je continuer? Non, car il est clair qu'au bout de la prochaine série, de suçages et de transferts, la situation initiale se sera rétablie, c'est-à-dire que j'aurai à nouveau les six premières pierres dans la poche débiteuse, les cinq suivantes dans la poche droite de mon pantalon et les cinq dernières enfin dans la poche gauche du même, et que mes seize pierres ont été sucées une première fois dans une succession impeccable, sans qu'une seule ait été sucée deux fois, sans qu'une seule soit restée insucée. Il est vrai qu'en recommençant je ne pouvais guère espérer sucer mes pierres dans le même ordre que la première fois et que la première, septième et douzième du premier cycle par exemple pouvaient très bien n'être que la sixième, onzième et seizième respectivement du second, pour mettre les choses au pis. Mais c'était là un inconvénient que je ne pouvais éviter. Et si dans les cycles pris ensemble il devait régner une confusion inextricable, du moins à l'intérieur de chaque cycle j'étais tranquille, enfin aussi tranquille qu'on peut l'être, dans ce genre d'activité. Car pour que chaque cycle fût pareil, quant à la succession des pierres dans ma bouche, et Dieu sait si j'y tenais, il m'aurait fallu soit seize poches soit des pierres numérotées. Et plutôt que de me faire douze poches en plus ou de numéroter les pierres, je préférais me contenter de la tranquillité toute relative dont je jouissais à l'intérieur de chaque cycle pris séparément. Car ce n'était pas tout de numéroter les pierres, mais il m'aurait fallu, chaque fois que je mettais une pierre dans la bouche, me rappeler le bon numéro et le chercher dans mes poches. Ce qui m'aurait fait passer le goût de la pierre, en très peu de temps. Car je n'aurais jamais été sûr de ne pas me tromper, à moins d'avoir eu une sorte de registre, où j'aurais pointé mes pierres, à mesure que je les suçais. Ce dont je me croyais incapable. Non, la seule solution parfaite aurait été les seize poches,

98

symétriquement disposées, chacune avec sa pierre. Alors je n'aurais eu besoin ni de numéros ni de réflexion, mais seulement, pendant que je suçais une pierre donnée, de faire avancer les quinze autres, chacune d'une poche, travail assez délicat si vous voulez, mais dans mes possibilités, et de puiser dans la même poche quand j'avais envie de sucer. Ainsi j'aurais été tranquille, non seulement à l'intérieur de chaque cycle pris séparément, mais pour l'ensemble des cycles aussi, dussent-ils être sans fin. Mais ma solution à moi, toute imparfaite qu'elle était, j'étais plutôt content de l'avoir trouvée tout seul, oui, assez content. Et si elle était moins solide que je ne l'avais cru, dans la première chaleur de la découverte, son inélégance restait entière. Et elle était surtout inélégante en ceci, à mon avis, que la répartition inégale des pierres m'était pénible, physiquement. Il est vrai qu'une sorte d'équilibre s'établissait à un moment donné, au début de chaque cycle, à savoir après la troisième sucette et avant la quatrième, mais cela ne durait pas longtemps. Et le reste du temps je sentais le poids des pierres qui me tiraillait, tantôt à droite, tantôt à gauche. C'était donc à quelque chose de plus qu'à un principe que je renonçais, en renonçant à l'arrimage, c'était à un besoin physique. Mais sucer les pierres comme je l'ai dit, pas n'importe comment, mais avec méthode, c'était je crois un besoin physique aussi. C'étaient donc deux besoins physiques qui se confrontaient, inconciliables. Ce sont des choses qui arrivent. Mais au fond je me moquais éperdument de me sentir en déséquilibre, tiraillé à droite, à gauche, en avant, en arrière, comme cela m'était parfaitement égal aussi de sucer chaque fois une pierre différente ou toujours la même, fût-ce dans les siècles des siècles. Car elle avaient toutes le même goût exactement. Et si j'en avais ramassé seize, ce n'était pas pour m'en lester de telle ou telle façon, ou pour les sucer à tour de rôle, mais simplement pour en avoir une petite provision, pour ne pas en manquer. Mais en manquer au fond je m'en foutais aussi, quand je n'en aurais plus je n'en aurais plus, je ne m'en sentirais pas plus mal, ou si peu. Et la solution à laquelle je finis par me rallier, ce fut de foutre toutes mes pierres en l'air, sauf une, que je gardais tantôt dans une poche, tantôt dans une autre, et que naturellement je ne tardai pas à perdre, ou à jeter, ou à donner, ou à avaler. C'était une partie assez sauvage de la côte. Je ne me rappelle pas y avoir été sérieusement molesté. Le point noir que j'étais, dans la pâle immensité des sables, comment lui vouloir du mal? On s'en approchait, oui, pour voir ce que c'était, si ce n'était pas un objet de valeur, provenant d'un naufrage et rejeté par la tempête. Mais en voyant que l'épave vivait, convenablement quoique pauvrement vêtue, on s'en détournait. De vieilles femmes, des jeunes aussi ma foi, venues là pour ramasser du bois, s'excitaient à ma vue, les premiers temps. Mais c'étaient toujours les mêmes et j'avais beau changer de place, elles finirent toutes par savoir ce que j'étais et elles gardaient leurs distances. Je crois que l'une d'elles un jour, se détachant de ses compagnes, vint m'offrir à manger et que je la regardai sans répondre, jusqu'à ce qu'elle se retirât. Oui, il me semble qu'il se produisit à cette époque un incident quelconque dans ce genre. Mais je confonds peut-être avec un autre séjour, antérieur, car ce sera celui-ci mon dernier, mon avant-dernier, il n'y aura jamais de dernier, au bord de la mer. Quoi qu'il en soit, je vois une femme qui, tout en venant vers moi, s'arrête de temps en temps et se retourne vers ses compagnes. Serrées comme des brebis elles la regardent s'éloigner et lui font des signes d'encouragement, en riant sans doute, car je crois entendre rire, au loin. Puis je la vois de dos, elle rebrousse chemin, et c'est maintenant vers moi qu'elle se retourne, mais sans s'arrêter. Mais je fonds peut-être en une seule deux occasions, et deux femmes, l'une qui vient vers moi, timidement, suivie des cris et des rires de ces compagnes, et l'autre qui s'éloigne, d'un pas plutôt décidé. Car les gens qui venaient vers moi, la plupart du temps je les voyais venir de loin, c'est l'un des avantages des plages. Je les voyais comme des points noirs au loin, je pouvais surveiller leur manège en me disant, Il se rapetisse, ou, Il s'agrandit. Oui, être pris au dépourvu, c'était pour ainsi dire impossible, car je me tournais souvent vers la terre aussi. Je vais vous dire une chose, je voyais mieux au bord de la mer! Oui, fouillant dans tous les sens ces étendues pour ainsi dire sans objet, sans verticale, mon bon œil fonctionnait mieux et quant au mauvais il y avait des jours où lui aussi devait se détourner. Et non seulement je voyais mieux, mais il m'était moins difficile d'affubler d'un nom les rares choses que je voyais. Ce sont là quelques-uns des avantages et des désavantages du bord de la mer. Ou c'était peut-être moi qui changeais, pourquoi pas? Et le matin, dans ma grotte, et même quelquefois la nuit, quand soufflait la tempête, je me sentais passablement à l'abri, des éléments et des êtres. Mais là aussi il y a un prix à payer. Dans sa boîte, dans les grottes, là aussi il y a un prix à payer. Et qu'on paie volontiers, pendant quelque temps, mais qu'on ne peut pas payer toujours. Car acheter toujours la même chose, avec son petit viager, ce n'est pas possible. Et il est malheureusement d'autres besoins que celui de pourrir en paix, ce n'est pas le mot, je parle naturellement de ma mère, dont l'image, depuis quelque temps en veilleuse, recommençait maintenant à me travailler.

Je regagnai donc l'intérieur, car ma ville n'est pas précisément au bord de la mer, quoi qu'on ait pu dire à ce sujet. Et pour y accéder il fallait passer par l'intérieur, du moins moi je ne connaissais pas d'autre chemin. Mais entre ma ville et la mer il y avait une sorte de marais que, d'aussi loin qu'il m'en souvienne, et certains de mes souvenirs plongent profondément dans le passé immédiat, il était toujours question de drainer, au moyen de canaux sans doute, ou de transformer en un vaste ouvrage portuaire, ou de doter de cités ouvrières sur pilotis, enfin d'exploiter d'une façon ou d'une autre. Et du même coup on aurait supprimé le scandale que constituait, aux portes de leur grande cité, un marais puant et fumant, où s'engouffrait chaque année un nombre incalculable de vies humaines, les statistiques m'échappent pour le moment et m'échapperont sans doute toujours, tellement cet aspect de la question me laisse indifférent. Et qu'on ait bel et bien commencé les travaux et que certains chantiers même aient pu résister jusqu'à nos jours au découragement, aux échecs, à la lente extermination de leurs effectifs et à l'inertie des pouvoirs publics, je ne songerai jamais à le nier. Mais de là à affirmer que la mer venait laver les pieds de ma ville, il y a une marge. Et pour ma part je ne m'associerai jamais à une telle perversion (de la vérité), à moins d'y être obligé ou d'avoir besoin que les choses soient ainsi. Et ce marais je le connaissais un peu, pour y avoir risqué avec précaution ma vie, à plusieurs reprises, à une période de ma vie plus riche en illusions que celle que j'échafaude ici, plus riche c'est-à-dire en certaines illusions, en d'autres plus pauvre. De sorte qu'il n'y avait pas moyen d'aborder ma ville directement, par voie de mer, mais il fallait débarquer bien au nord ou au sud et se lancer sur les routes, vous vous rendez compte, car les chemins de fer étaient encore à l'état de projet, vous vous rendez compte. Et maintenant ma progression, toujours lente et pénible, l'était plus que jamais, à cause de ma jambe courte et raide, celle qui depuis longtemps me faisait l'impression d'avoir atteint les limites de la rigidité, mais allez vous faire foutre, car elle se faisait plus raide que jamais, chose que j'aurais crue impossible, et en même temps se raccourcissait chaque jour davantage, mais surtout à cause de l'autre jambe, qui elle aussi devenait rapidement raide, de souple qu'elle avait été, mais ne se raccourcissait pas encore, malheureusement. Car lorsque les deux jambes se raccourcissent en même temps, et à la même cadence, ce n'est pas terrible, non. Mais quand il y en a une qui se raccourcit, tandis que l'autre reste stationnaire, alors ça commence à être inquiétant. Oh je ne m'inquiétais pas exactement, mais j'étais embêté, voilà. Car je ne savais plus sur quel pied me poser, entre mes voltiges. Essayons de voir un peu clair dans ce dilemme. La jambe déjà raide, suivez-moi bien, elle me faisait mal, c'est une affaire entendue, et c'était l'autre qui normalement me servait de pivot, ou de pilier. Mais voilà que cette dernière, du fait de son raidissement sans doute, qui n'allait pas sans un certain branle-bas parmi les nerfs et tendons, commençait à me faire encore plus mal que l'autre. Quelle histoire, pourvu que je ne me foute pas dedans. Car l'ancienne souffrance, vous comprenez, je m'y étais en quelque sorte habitué, oui, en quelque sorte. Mais la nouvelle, quoique de la même famille exactement, je n'avais pas encore eu le temps de m'y ajuster. N'oublions pas non plus qu'ayant une mauvaise jambe et puis une autre, à peu près bonne, je pouvais ménager celle-là, et en réduire les souffrances au minimum, au maximum, en me servant exclusivement de celle-ci, grâce à mes béquilles. Mais je n'avais plus cette ressource! Car je n'avais plus une jambe mauvaise et une à peu près bonne, mais à présent elles étaient mauvaises toutes les deux. Et la plus mauvaise, à mon sentiment, était celle qui jusqu'alors avait été bonne, enfin relativement bonne, et dont je n'avais pas encore encaissé l'altération. De sorte que, dans un sens, si vous voulez, j'avais toujours une mauvaise jambe et une bonne, ou plutôt une moins mauvaise, sauf que la moins mauvaise à présent n'était plus la même que par le passé. C'était donc sur l'ancienne mauvaise que souvent j'avais envie de m'appuyer, entre mes coups de béquille. Car si elle restait extrêmement sensible, elle l'était quand même moins que l'autre, ou elle l'était tout autant, si l'on veut, mais ne me faisait pas cet effet, à cause de son ancienneté. Mais je ne pouvais pas! Quoi? M'appuyer dessus. Car elle se raccourcissait, ne l'oublions pas, tandis que l'autre, tout en se raidissant, ne se raccourcissait pas encore, ou avec un tel retard sur sa camarade que c'était tout comme, tout comme, je suis perdu, ça ne fait rien. Si encore j'avais pu la plier, au genou, ou même à la hanche, j'aurais pu la rendre artificiellement aussi courte que l'autre, le temps d'atterrir sur la vraie courte, avant de reprendre mon élan. Mais je ne le pouvais pas! Quoi? La plier. Car comment la plier, puisqu'elle était raide? J'étais donc obligé de faire travailler la même jambe que par le passé, quoiqu'elle fût devenue, sur le plan de la sensation tout au moins, la plus mauvaise des deux et celle qui avait le plus besoin d'être ménagée. Quelquefois il est vrai, quand j'avais le bonheur de tomber sur une route convenablement cambrée, ou en tirant profit d'un fossé pas trop profond ou de toute autre dénivellation pouvant servir, je m'arrangeais pour donner à ma jambe courte une temporaire rallonge et pour la faire travailler, à la place de l'autre. Mais il y avait si longtemps qu'elle n'avait travaillé qu'elle ne savait plus s'y prendre. Et je crois qu'une colonne d'assiettes m'aurait été d'un meilleur soutien qu'elle, elle qui m'avait si bien soutenu, quand j'étais une larve. D'ailleurs il intervenait là, je veux dire quand j'exploitais ainsi les accidents du terrain, un autre élément de déséquilibre, je parle de mes béquilles, qu'il m'aurait fallu l'une courte et l'autre longue, pour m'empêcher d'obliquer de la verticale. Non? Je ne sais pas. Du reste mes chemins à moi étaient pour la plupart de petits sentiers dans la forêt, ça se conçoit, où les divergences de niveau, si elles ne manquaient pas, étaient trop confuses et suivaient des tracés trop erratiques pour pouvoir m'être utiles. Mais au fond, que ma jambe pût chômer ou qu'elle dût travailler, y avait-il une si grande différence, quant à la douleur? Je ne pense pas. Car celle qui ne faisait rien, sa souffrance était constante et monotone. Tandis que celle qui s'obligeait à ce surcroît de souffrance qu'était le travail connaissait cette diminution de souffrance qu'était le travail suspendu, l'espace d'un instant. Mais je suis humain, je crois, et ma progression s'en ressentait, de cet état de choses, et de lente et pénible qu'elle avait toujours été, quoi que j'aie pu en dire, se transformait, sauf votre respect, en véritable calvaire, sans limite de stations ni espoir de crucifixion, je le dis sans fausse modestie, et sans Simon, et m'astreignait à des haltes fréquentes. Oui, ma progression m'obligeait à m'arrêter de plus en plus souvent, c'était le seul moyen de progresser, m'arrêter. Et quoiqu'il n'entre pas dans mes chancelantes intentions de traiter à fond, comme ils le méritent pourtant, ces brefs instants de l'expiation immémoriale, j'en toucherai néanmoins quelques

105

mots, j'aurai cette bonté, afin que mon récit, si clair par ailleurs, ne s'achève pas dans l'obscurité, dans l'obscurité de ces immenses futaies, de ces frondaisons géantes, où je clopine, écoute, m'allonge, me relève, écoute, clopine, en me demandant parfois, ai-je besoin de le signaler, si je vais jamais revoir le jour haï, enfin peu aimé, tendu pâlement entre les derniers troncs, et ma mère, pour régler notre affaire, et si je ne ferais pas mieux, enfin aussi bien, de me pendre à une branche, avec une liane. Car le jour, franchement je n'y tenais pas, et ma mère, pouvais-je espérer qu'elle m'attendait toujours, depuis le temps? Et ma jambe, mes jambes. Mais les idées de suicide avaient peu de prise sur moi, je ne sais plus pourquoi, je croyais le savoir, mais je vois que non. L'idée de strangulation en particulier, aussi tentante qu'elle soit, j'en suis toujours venu à bout, après une courte lutte. Je vais vous dire une chose, je n'ai jamais rien eu aux voies respiratoires, à part naturellement les misères inhérentes à ce système. Oui, les jours où l'air, qui contient de l'oxygène paraît-il, ne voulait plus descendre en moi ni, descendu enfin, se laisser expulser, je pourrais les compter, j'aurais pu les compter. Ah oui, mon asthme, combien de fois j'ai été tenté d'y mettre fin, en me tranchant une carotide ou la trachée-artère. Mais j'ai tenu bon. Le bruit me trahissait, je devenais violet. Cela me prenait surtout la nuit, ce dont j'ignorais si je devais être content ou mécontent. Car si la nuit les brusques changements de couleur tirent moins à conséquence, par contre le moindre bruit inhabituel se fait alors davantage remarquer, à cause du silence de la nuit. Mais ce n'étaient là que des crises, et c'est peu de chose, les crises, en regard de tout ce qui ne s'arrête jamais, qui ne connaît ni flux ni reflux, à la surface de plomb, aux infernales profondeurs. Pas un mot, pas

un mot contre les crises, qui m'empoignaient, me tor-
daient et enfin gentiment me jetaient, sans me signaler aux tiers. Et j'enroulais mon manteau autour de
ma tête, ce qui étouffait l'obscène bruit de l'étouffement, ou je camouflais celui-ci en quinte de toux,
universellement admise et approuvée et dont le seul
inconvénient est qu'elle risque de provoquer la compassion. Et c'est peut-être le moment de faire remarquer, puisqu'il n'est jamais trop tard pour bien faire,
qu'en disant que ma progression se ralentissait, par
suite de la défaillance de ma bonne jambe, je
n'exprime qu'une infime partie de la vérité. Car en
vérité j'avais d'autres points faibles, par-ci, par-là,
qui eux aussi devenaient de plus en plus faibles,
comme c'était à prévoir. Mais ce qui n'était pas à prévoir, c'était la rapidité avec laquelle leur faiblesse
augmentait, depuis mon départ du bord de la mer.
Car tant que j'étais resté au bord de la mer mes
points faibles, tout en augmentant de faiblesse,
comme il fallait s'y attendre, n'en augmentaient
qu'insensiblement. De sorte que j'aurais été bien en
peine d'affirmer, en me sentant le trou du cul par
exemple, Tiens, il va beaucoup plus mal qu'hier, on
ne dirait plus le même trou. Je m'excuse de revenir
encore sur ce honteux orifice, c'est ma muse qui le
veut. Peut-être faut-il y voir moins la tare qui est
nommée que le symbole de celles que je tais, dignité
due peut-être à sa centralité et à ses allures de trait
d'union entre moi et l'autre merde. On le méconnaît,
à mon avis, ce petit trou, on l'appelle celui du cul et
on affecte de le mépriser. Mais ne serait-il pas plutôt
le vrai portail de l'être, dont la célèbre bouche ne
serait que l'entrée de service? Rien n'y pénètre, ou si
peu, qui ne soit rejeté sur-le-champ, ou peu s'en faut.
Presque tout lui répugne qui lui vient du dehors et
pour ce qui lui arrive du dedans on ne peut pas dire

qu'il se mette particulièrement en frais non plus. Ne sont-ce pas là des choses significatives? L'histoire en jugera. Mais j'essaierai nonobstant de lui faire un peu moins de place à l'avenir. Et cela me sera facile, car l'avenir, n'en parlons pas, il n'est guère incertain. Et pour ce qui est de laisser de côté l'essentiel, je m'y connais je crois, et d'autant mieux pour n'avoir sur ce phénomène que des renseignements contradictoires. Mais, pour en revenir à mes points faibles, je répète qu'au bord de la mer ils s'étaient développés normalement, oui, je n'avais rien remarqué d'anormal. Soit que je n'y fisse pas suffisamment attention, tout entier que j'étais à la métamorphose de mon excellente jambe, soit qu'il n'y eût réellement rien de spécial à signaler, à ce propos. Mais à peine eus-je quitté la plage, talonné par la crainte de me réveiller un beau jour, loin de ma mère, et mes deux jambes aussi rigides que mes béquilles, qu'ils firent un bond en avant, mes points faibles, et de faibles se firent littéralement mourants, avec tous les inconvénients que cela comporte, quand il ne s'agit pas de points vitaux. Je situe à cette époque le lâche abandon de mes doigts de pied, pour ainsi dire en rase campagne. Vous me direz que cela fait partie de mes histoires de jambes, que cela n'avait pas d'importance, puisque de toute façon je ne pouvais mettre à terre le pied en question. D'accord. Mais savez-vous seulement de quel pied il s'agit? Non. Moi non plus. Attendez, je vais vous le dire. Mais vous avez raison, ce n'était pas là un point faible proprement dit, mes doigts de pied, je les croyais en très bon état, à part quelques cors, oignons et ongles incarnés et un penchant à la crampe. Non, mes véritables points faibles étaient ailleurs. Et si je n'en dresse pas séance tenante la liste impressionnante c'est que je ne la dresserai jamais. Et en effet je ne la dresserai jamais, si, peut-être que si. Et puis je ne voudrais pas donner une fausse idée de ma santé qui, sans être ce qu'on appelle brillante, ou insolente, était au fond d'une robustesse inouïe. Car sinon comment aurais-je atteint l'énorme âge que j'ai atteint ? Grâce à des qualités morales ? A une hygiène appropriée ? Au grand air ? A la sous-alimentation ? Au manque de sommeil ? A la solitude ? A la persécution ? Aux longs hurlements muets (dangereux de hurler) ? A l'envie quotidienne que la terre m'engloutisse ? Allez, allez. Le destin est rancunier, mais pas à ce point. Regardez maman. De quoi a-t-elle crevé, à la fin ? Je me le demande. Ça ne m'étonnerait pas qu'on l'ait enterrée vivante. Ah elle me les a bien passées, la vache, ses indéfectibles saloperies de chromosomes. Que je sois hérissé de boutons, depuis l'âge le plus tendre, la belle affaire ! Le cœur bat, et comment. Que j'aie les uretères — non, pas un mot à ce sujet. Et les capsules. Et la vessie. Et l'urètre. Et le gland. Santa Maria. Je vais vous dire une chose, je ne pisse plus, parole d'honneur. Mais mon prépuce, sat verbum, suinte l'urine, jour et nuit, enfin je crois que c'est de l'urine, ça sent le rognon. Moi qui avais perdu le sens de l'odorat. Peut-on parler de pisser dans ces conditions ? Voyons. Ma sueur également, et je ne fais que suer, a une odeur bizarre. Et je crois que ma salive, toujours abondante, en charrie aussi. Ah je m'en débarrasse, de mes déchets, ce n'est pas à moi que l'urémie fermera les yeux. Moi aussi on m'inhumerait vivant, en désespoir de cause, s'il y avait une justice. Et cette liste, de mes points faibles, que je ne ferai jamais, de crainte de m'achever, je la ferai peut-être un jour, quand il s'agira de faire l'inventaire de mes biens et possessions. Car ce jour-là, si jamais il se lève, j'aurai moins peur de m'achever qu'aujourd'hui. Car aujourd'hui, si je ne me sens pas

précisément au début de ma course, je n'ai pas la
prétention non plus de me croire aux abords de l'arrivée. Par conséquent je me réserve, en vue du sprint.
Car ne pas pouvoir sprinter, quand sonne l'heure,
non, autant abandonner. Mais il est interdit d'abandonner et même de s'arrêter un instant. J'attends
donc, tout en avançant avec précaution, que la cloche me dise, Molloy, ne te ménage plus, c'est la fin.
C'est ainsi que je raisonne, à l'aide d'images peu
appropriées à ma situation. Et le sentiment ne me
quitte plus, je ne sais pourquoi, ou presque plus, que
j'aurai un jour à dire ce qu'il me reste sur tout ce que
j'aurai eu. Mais pour cela je dois attendre, pour être
certain de ne plus rien pouvoir acquérir, ni perdre, ni
jeter, ni donner. Alors je pourrai dire, sans crainte
de me tromper, ce qu'il me reste, en fin de compte,
de mes possessions. Car ce sera la fin du compte. Et
d'ici là je peux m'appauvrir, m'enrichir, oh pas au
point que ma situation en soit modifiée, mais suffisamment pour m'empêcher d'annoncer, dès maintenant, ce qu'il me reste sur tout ce que j'aurai eu, car
je n'ai pas encore tout eu. Mais je ne comprends rien
à ce pressentiment, et c'est le cas très souvent des
meilleurs pressentiments je crois, qu'on n'y comprend rien. Ce serait donc un vrai pressentiment, susceptible de se vérifier. Mais les faux pressentiments
sont-ils davantage compréhensibles? Je le crois, oui,
je crois que tout ce qui est faux se laisse davantage
réduire, en notions claires et distinctes, distinctes de
toutes les autres notions. Mais je peux me tromper.
Mais je n'étais pas une créature à pressentiments,
mais à sentiments tout court, à épisentiments plutôt,
j'ose le dire. Car je savais à l'avance, ce qui m'évitait
de pressentir. J'irai même plus loin (qu'est-ce que ça
me coûte?), je ne savais qu'à l'avance, car sur le
moment je ne savais plus, on l'aura peut-être remar-

qué, ou seulement au prix d'efforts surhumains, et après coup je ne savais plus non plus, je retrouvais l'ignorance. Et tout cela, pris ensemble, si cela se peut, doit pouvoir expliquer beaucoup de choses, et notamment mon étonnante vieillesse, encore verte par endroits, à supposer que l'état de ma santé, malgré tout ce que j'ai dit là-dessus, soit insuffisant pour en rendre compte. Simple supposition, n'engageant à rien. Mais je disais que si, au stade où j'en étais arrivé, ma progression se faisait de plus en plus lente et douloureuse, ce n'était pas uniquement à cause de mes jambes, mais à cause aussi d'une multitude de points faibles soi-disant, n'ayant rien à voir avec mes jambes. A moins de supposer, et rien n'y invite, qu'eux et mes jambes relevaient du même syndrome, qui en ce cas aurait été d'une complexité diabolique. Le fait est, et je le regrette, mais il est trop tard maintenant pour y remédier, que j'ai trop mis l'accent sur mes jambes, tout au long de cette promenade, aux dépens du reste. Car je n'étais pas un vulgaire estropié, loin de là, et il y avait des jours où mes jambes étaient ce que j'avais de mieux, abstraction faite du cerveau capable de former un tel jugement. J'étais donc obligé de m'arrêter de plus en plus fréquemment, je ne me lasserai pas de le dire, et de m'allonger, en dépit du règlement, tantôt sur le dos, tantôt sur le ventre, tantôt sur un côté, tantôt sur l'autre, et le plus possible, les pieds plus haut que la tête, pour que le sang se décoagule. Et se coucher les pieds plus haut que la tête, lorsqu'on a les jambes raides, ce n'est pas une affaire de tout repos. Mais soyez tranquille, j'y arrivais. Quand il s'agissait de mon confort je ne ménageais pas ma peine. La forêt était tout autour de moi et les branches, s'entremêlant à une hauteur prodigieuse, par rapport à la mienne, me protégeaient du jour et des intempéries. Certains jours je ne faisais pas plus de trente à quarante pas, je le jure. Dire que je trébuchais dans d'impénétrables ténèbres, non, je ne peux pas. Je trébuchais, mais les ténèbres n'étaient pas impénétrables. Car il régnait une sorte d'ombre bleue, plus que suffisante à mes besoins visuels. Je m'étonnais que cette ombre ne fût pas verte, plutôt que bleue, mais je la voyais bleue et elle l'était peut-être. Le rouge du soleil, se mêlant au vert des feuilles, donnait un résultat bleu, c'est ainsi que je raisonnais. Mais de temps en temps. De temps en temps. Quelle bonté dans ces petits mots, quelle férocité. Mais de temps en temps je tombais sur une sorte de carrefour, une étoile quoi, comme il y en a dans les forêts même les plus inexplorées. Et alors, me tournant avec méthode vers les allées qui en rayonnaient, avec je ne sais quel espoir, je faisais un tour complet sur moi-même, ou moins d'un tour, ou plus d'un tour, tellement ces allées se ressemblaient entre elles. A ces endroits l'ombre était moins profonde et je me dépêchais de m'en éloigner. Je n'aime pas que l'ombre s'atténue, c'est louche. Dans cette forêt je fis naturellement un certain nombre de rencontres, où n'en fait-on pas, mais sans gravité. Je rencontrai notamment un charbonnier. J'aurais pu l'aimer, je crois, si j'avais eu soixante-dix ans de moins. Mais ce n'est pas sûr. Car alors lui aussi aurait été moins vieux d'autant, oh pas tout à fait d'autant, mais de beaucoup. Je n'ai jamais eu de tendresse à revendre exactement, mais j'en avais eu quand même ma petite quote-part, quand j'étais petit, et c'est aux vieillards qu'elle allait, de préférence. Et je crois même que j'eus le temps d'en aimer un ou deux, oh pas d'un véritable amour bien sûr, aucun rapport avec la vieille, j'ai encore oublié son nom, Rose, non, enfin vous voyez qui je veux dire, mais quand même, comment dire, tendrement,

112

comme les promis à une meilleure terre. Ah j'étais précoce, étant petit, et grand je le suis resté. Maintenant ils me font chier, les pourrissants, au même titre que les verts et les pas mûrs. Il se précipita sur moi et me supplia de partager sa hutte, croyez-moi si vous voulez. Un parfait étranger. Malade de solitude probablement. Je dis charbonnier, mais au fond je n'en sais rien. Je vois de la fumée quelque part. C'est une chose qui ne m'échappe jamais, la fumée. Un long dialogue s'ensuivit, entrecoupé de gémissements. Je ne pus lui demander le chemin de ma ville, dont le nom m'échappait toujours. Je lui demandai le chemin de la ville la plus proche, je trouvai les mots qu'il fallait, et les accents. Il l'ignorait. Il était né dans la forêt probablement et y avait passé sa vie tout entière. Je le priai de m'expliquer comment sortir de la forêt le plus rapidement possible. Je devenais éloquent. Sa réponse fut des plus confuses. Ou je ne comprenais rien à ce qu'il disait, ou il ne comprenait rien à ce que je disais, ou il ne savait rien, ou il voulait me garder auprès de lui. C'est vers cette quatrième hypothèse qu'en toute modestie je penche, car lorsque je voulus m'éloigner il me retint par la manche. Je dégageai donc prestement une béquille et lui en assenai un bon coup sur le crâne. Cela le calma. Le vieux dégoûtant. Je me relevai et repris mon chemin. Mais ayant fait à peine quelques pas, et pour moi à cette époque quelques pas c'était quelque chose, je fis demi-tour et retournai vers lui, pour l'examiner. Voyant qu'il respirait toujours, je me contentai de lui envoyer quelques chaleureux coups de talon dans les côtes. Voici comment je m'y pris. Je choisis avec soin mon emplacement, à quelques pas du corps, en lui tournant bien entendu le dos. Puis, bien calé entre mes béquilles, je me mis à osciller, en avant, en arrière, les pieds joints, les jambes serrées plutôt, car comment joindre les pieds, étant donné l'état de mes jambes? Mais comment serrer les jambes, l'une contre l'autre, étant donné leur état? Je les serrai, c'est tout ce que je peux vous dire. Un point c'est tout. Ou je ne les serrai pas. Quelle importance cela peut-il avoir? Je me balançai, voilà l'essentiel, avec une ampleur toujours grandissante, jusqu'au moment où, le jugeant venu, je me lançai de toutes mes forces et partant, un instant après, en arrière, ce qui donna le résultat escompté. D'où me venait cet accès de vigueur? De ma faiblesse peut-être. Le choc me renversa naturellement. Je fis la culbute. On ne peut pas tout avoir, je l'ai souvent remarqué. Je me reposai un peu, puis me relevai, ramassai mes béquilles et allai me mettre de l'autre côté du corps, où je me livrai avec méthode au même exercice. J'ai toujours eu la manie de la symétrie. Mais j'avais visé un peu bas et l'un de mes talons s'enfonça dans du mou. Enfin, si j'avais manqué les côtes, avec ce talon-là, j'avais sans doute atteint le rein, oh pas avec une force suffisante pour le faire éclater, non, je ne crois pas. Les gens s'imaginent, parce qu'on est vieux, pauvre, infirme, craintif, qu'on est incapable de se défendre, et d'une manière générale cela est vrai. Mais étant donné des conditions favorables, un agresseur débile et maladroit, à votre taille quoi, et un lieu écarté, il est quelquefois permis de montrer de quel bois on se chauffe. Et c'est sans doute aux fins de rappeler cette possibilité, trop souvent oubliée, que je me suis attardé sur un incident en lui-même sans intérêt, comme tout ce qui instruit, ou avertit. Mais est-ce que je mangeais au moins, de temps en temps? Forcément, forcément, des racines, des baies, quelquefois une petite mûre, un champignon de temps en temps, en tremblant, car je connaissais mal les champignons. Quoi encore, ah

114

oui, des caroubes, si chères aux chèvres. Enfin ce que je trouvais, les forêts abondent en bonnes choses. Et ayant entendu dire, ou plus probablement lu quelque part du temps où je croyais avoir intérêt à m'instruire, ou à me divertir, ou à m'abrutir, ou à tuer le temps, qu'en croyant aller tout droit devant soi, dans la forêt, on ne fait en réalité que tourner en rond, je faisais de mon mieux pour tourner en rond, espérant aller ainsi droit devant moi. Car je cessais d'être ballot et devenais malin, chaque fois que je m'en donnais la peine. Et j'avais tout retenu des renseignements pouvant m'être utiles, dans la vie. Et si je n'allais pas en ligne rigoureusement droite, à force de tourner en rond, du moins je ne tournais pas en rond, et c'était déjà quelque chose. Et en faisant ainsi, jour après jour, et nuit après nuit, j'espérais bien sortir de la forêt, un jour. Car ma région n'était pas que forêt, loin de là. Mais il y avait aussi la plaine, la montagne et la mer, et quelques villes et villages, reliés entre eux par des routes, des chemins. Et j'étais d'autant plus persuadé que je sortirais de la forêt un jour que j'en étais déjà sorti, plus d'une fois, et je connaissais la difficulté de ne pas faire encore ce qu'on a déjà fait. Mais les choses avaient été un peu différentes alors. Néanmoins j'avais bon espoir de voir un jour trembler, à travers les limbes immobiles, comme taillées dans du cuivre, et que jamais n'agitait aucun souffle, l'étrange lumière de la plaine, aux remous rapides et pâles. Mais ce jour-là, je le redoutais aussi. De sorte que je ne doutais plus qu'il vienne, tôt ou tard. Car je n'étais pas trop mal dans la forêt, je pouvais me figurer pire, et j'y serais resté en permanence sans trop de regrets, sans trop pleurer le jour et la plaine et les autres aménités de ma région. Car je les connaissais, les aménités de ma région, et j'estimais que la forêt les valait. Et non seulement elle les valait, à mon idée, mais elle avait sur elles l'avantage suivant, que j'y étais. Voilà n'est-ce pas une étrange façon de comprendre les choses. Peut-être moins que cela ne paraît. Car étant dans la forêt, endroit ni pire ni meilleur que les autres, et étant libre d'y rester, n'étais-je pas en droit d'y voir des avantages, non pas à cause de ce qu'elle était, mais parce que j'y étais. Car j'y étais. Et y étant je n'avais plus besoin d'y aller, ce qui n'était pas à dédaigner, vu l'état de mes jambes et de mon corps en général. Voilà tout ce que je voulais dire, et si je ne l'ai pas dit tout de suite c'est que quelque chose s'y opposait. Mais je ne pouvais pas, rester dans la forêt je veux dire, cela ne m'était pas loisible. C'est-à-dire que j'aurais pu, physiquement rien ne m'eût été plus facile, mais je n'étais pas tout à fait qu'un physique, et j'aurais eu le sentiment, en restant dans la forêt, de passer outre à un impératif, du moins j'avais cette impression. Mais je pouvais me tromper et j'aurais peut-être mieux fait de rester dans la forêt, j'aurais pu, qui sait, y rester sans remords, sans la pénible impression d'être en faute, presque en état de péché. Car je me suis dérobé, toujours, beaucoup dérobé à mes souffleurs. Et si je ne peux décemment m'en féliciter je ne vois non plus aucune raison pour en concevoir du chagrin. Mais les impératifs, c'est un peu différent, et j'ai toujours eu tendance à y obtempérer, je ne sais pourquoi. Car ils ne m'ont jamais mené nulle part, mais ils m'ont toujours arraché à des endroits où, sans être bien, je n'étais pas plus mal qu'ailleurs, et puis ils se sont tus, me laissant en perdition. Je les connaissais donc, mes impératifs, et cependant, j'y obtempérais. C'était devenu une habitude. Il faut dire qu'ils portaient presque tous sur la même question, celle de mes rapports avec ma mère, et sur la nécessité d'y apporter au plus tôt un peu de clarté, et même sur le genre de

116

clarté qu'il convenait d'y apporter et sur les moyens d'y parvenir avec le maximum d'efficacité. Oui, c'étaient des impératifs assez explicites, et même détaillés, jusqu'au moment où, ayant réussi à me mettre en branle, ils se mettaient à bafouiller, avant de se taire tout à fait, me plantant là comme un con qui ne sait où il va ni pour quel motif. Et ils portaient presque tous, je l'ai déjà dit peut-être, sur la même pénible et épineuse question. Et je crois même que je ne saurais en citer un seul qui fût d'une autre teneur. Et celui qui m'enjoignait alors de quitter la forêt au plus vite ne différait en rien de ceux dont j'avais l'habitude, quant au fond. Car dans la forme je crus remarquer un détail inédit. Car après le couplet habituel vint se placer l'avertissement solennel que voici, Il est peut-être déjà trop tard. C'était en latin, nimis sero, je crois que c'est du latin. C'est gentil, les impératifs hypothétiques. Mais si je n'étais jamais arrivé à liquider cette question de ma mère, il ne faut pas en imputer la faute uniquement à cette voix qui m'abandonnait avant l'heure. Elle avait sa part de responsabilité, c'est tout ce qu'on peut lui reprocher. Car le dehors s'y opposait aussi, par des moyens divers et retors, j'en ai donné quelques exemples. Et la voix aurait pu me harceler jusqu'à pied d'œuvre que je n'y serais peut-être pas arrivé davantage, à cause des autres obstacles qui barraient le chemin. Et dans cet ordre qui hésitait, puis mourait, comment ne pas sous-entendre, Molloy, n'en fais rien! Ne me rappelait-il sans cesse au devoir que pour mieux m'en montrer l'absurdité? C'est possible. Heureusement qu'en somme il ne faisait qu'appuyer, pour la ridiculiser par la suite si l'on veut, une disposition permanente et qui n'avait pas besoin d'apostrophes pour se savoir velléitaire. Et tout seul, et depuis toujours, j'allais vers ma mère, il me semble, afin d'asseoir nos rapports

117

sur une base moins chancelante. Et quand j'étais chez elle, et j'y suis souvent arrivé, je la quittais sans avoir rien fait. Et quand je n'y étais plus, j'étais à nouveau en route vers elle, espérant faire mieux la prochaine fois. Et quand j'avais l'air d'y renoncer et de m'occuper d'autre chose ou de ne plus m'occuper de rien, en réalité je ne faisais que fourbir mes plans et chercher le chemin de sa maison. Cela prend une drôle de tournure. De sorte que, même sans ce soi-disant impératif que je mets en cause, il m'aurait été difficile de rester dans la forêt, puisque je devais supposer que ma mère n'y était pas. Mais ce séjour difficile, j'aurais peut-être mieux fait de le tenter. Mais je me disais aussi, D'ici très peu de temps, du train où ça va, je ne pourrai plus me déplacer, mais où que je me trouve je serai obligé d'y rester, à moins d'être porté. Oh je ne me tenais pas ce limpide langage. Et quand je dis je me disais, etc., je veux dire seulement que je savais confusément qu'il en était ainsi, sans savoir exactement de quoi il retournait. Et chaque fois que je dis, Je me disais telle et telle chose, ou que je parle d'une voix interne me disant, Molloy, et puis une belle phrase plus ou moins claire et simple, ou que je me trouve dans l'obligation de prêter aux tiers des paroles intelligibles, ou qu'à l'intention d'autrui il sort de ma propre bouche des sons articulés à peu près convenablement, je ne fais que me plier aux exigences d'une convention qui veut qu'on mente ou qu'on se taise. Car c'est tout autrement que les choses se passaient. Je ne me disais donc point, Du train où ça va, d'ici très peu de temps, etc., mais cela ressemblait peut-être à ce que je me serais dit, si j'en avais été capable. En fait je ne me disais rien du tout, mais j'entendais une rumeur, quelque chose de changé dans le silence, et j'y prêtais l'oreille, à la manière d'un animal j'imagine, qui tressaille et fait le

118

mort. Et alors, quelquefois, il naissait confusément
en moi une sorte de conscience, ce que j'exprime en
disant, Je me disais, etc., ou, Molloy, n'en fais rien,
ou, C'est le nom de votre maman? dit le commissaire, je cite de mémoire. Ou que j'exprime sans
tomber aussi bas que dans l'oratio recta, mais au
moyen d'autres figures, tout aussi mensongères,
comme par exemple, Il me semblait que, etc., ou,
J'avais l'impression que, etc., car il ne me semblait
rien du tout et je n'avais aucune impression d'aucune
sorte, mais il y avait simplement quelque chose de
changé quelque part qui faisait que moi aussi je
devais changer, ou que le monde lui aussi devait
changer, afin que rien ne fût changé. Et ce sont ces
petits ajustements, comme entre les vases de Galilée,
que je ne peux exprimer qu'en disant, Je craignais
que, ou J'espérais que, ou, C'est le nom de votre
maman? dit le commissaire, par exemple, et que je
pourrais sans doute exprimer autrement et mieux, en
m'en donnant la peine. Et je le ferai peut-être un
jour que j'aurai moins horreur de la peine
qu'aujourd'hui. Mais je ne crois pas. Je me disais
donc, D'ici très peu de temps, du train où ça va, je ne
pourrai plus me déplacer, mais où que je me trouve à
ce moment-là, je serai obligé d'y rester, à moins qu'il
ne se trouve quelqu'un d'assez aimable pour me porter. Car mes étapes se faisaient de plus en plus cour-
tes et les haltes, par conséquent, de plus en plus fréquentes et j'ajoute prolongées, car la notion de la
halte longue ne découle pas forcément de celle de
l'étape courte, ni celle de la halte fréquente non plus,
à bien y réfléchir, à moins de prêter à fréquent un
sens qu'il n'a pas, ce que je ne voudrais faire pour
rien au monde. Et il me paraissait d'autant plus souhaitable de sortir de cette forêt au plus vite que je
serais incessamment dans l'impossibilité de sortir de

quoi que ce soit, ne serait-ce que d'un bosquet. C'était l'hiver, ça devait être l'hiver, et non seulement beaucoup d'arbres avaient perdu leurs feuilles, mais ces feuilles étaient devenues noires et spongieuses et mes béquilles s'y enfonçaient, parfois jusqu'à l'embranchement. Chose digne de remarque, je n'avais pas plus froid que par le passé. C'était peut-être seulement l'automne. Mais j'ai toujours été peu sensible aux changements de température. Et l'ombre, si elle semblait avoir perdu de son bleuté, restait aussi épaisse qu'auparavant. Ce qui finit par me faire dire, Elle est moins bleue parce qu'il y a moins de vert, mais elle est aussi épaisse grâce au ciel plombé d'hiver. Puis quelque chose sur les branches noires d'où il tombait du noir, quelque chose dans ce goût-là. Les monceaux de feuilles noires et comme boueuses me retardaient sensiblement. Mais même sans elles j'aurais renoncé à la démarche debout, celle des hommes. Et je me rappelle encore le jour où, couché à plat ventre, histoire de me reposer, au mépris du règlement, soudain je m'écriai, en me frappant le front, Tiens, mais il y a la reptation, je n'y pensais plus. Mais comment faire, étant donné l'état de mes jambes, et de mon tronc? Et de ma tête. Mais avant d'aller plus loin, un mot sur les murmures de la forêt. J'avais beau écouter, je ne percevais rien de la sorte. Mais plutôt, avec beaucoup de bonne volonté et un peu d'imagination, de loin en loin un lointain coup de gong. Le cor, en forêt, ça fait bien, on s'y attend. C'est le veneur. Mais le gong! Même le tam-tam, à la rigueur, ça ne m'aurait pas choqué. Mais le gong! C'était décevant, vouloir profiter au moins des célèbres murmures et n'arriver à entendre que du gong, au loin, de loin en loin. Je pouvais espérer un moment que ce n'était là que mon cœur, en train de battre encore. Mais un moment seulement. Car il ne

percute pas, mon cœur, c'est plutôt dans l'hydrauli-
que qu'il faudrait chercher le bruit que fait cette
vieille pompe. Les feuilles aussi je les écoutais, avant
leur chute, avec attention en vain. Elles se taisaient,
immobiles et raides, on aurait dit du laiton, je parie
que je l'ai déjà fait remarquer. Voilà pour les murmures de la forêt. De temps en temps j'actionnais ma
corne, à travers l'étoffe de ma poche. Elle rendait un
son de plus en plus étouffé. Je l'avais détachée de ma
bicyclette. A quel moment? Je ne sais pas. Et maintenant, finissons. Allongé à plat ventre, me servant
de mes béquilles comme de grappins, je les plongeais
devant moi dans le sous-bois, et quand je les sentais
bien accrochées, je me tirais en avant, à la force des
poignets, heureusement assez vigoureux encore,
malgré ma cachexie, quoique tout gonflés et tour-
mentés par un genre d'arthrite déformante probablement. Voilà en peu de mots comment je m'y prenais.
Ce mode de locomotion a sur les autres, je parle de
ceux que j'ai expérimentés, cet avantage, que
lorsqu'on veut se reposer on s'arrête et on se repose,
sans autre forme de procès. Car debout il n'y a pas de
repos, assis non plus. Et il y a des hommes qui circu-
lent assis, et même agenouillés, se tirant à droite, à
gauche, en avant, en arrière, au moyen de crochets.
Mais dans la motion reptile, s'arrêter c'est commencer tout de suite à se reposer, et même la motion elle-
même est une sorte de repos, à côté des autres
motions, je parle de celles qui m'ont tant fatigué. Et
de cette façon j'avançais dans la forêt, lentement,
mais avec une certaine régularité, et je faisais mes
quinze pas par jour sans m'employer à fond. Et je
faisais même du dos, plongeant aveuglément derrière
moi mes béquilles dans la broussaille, dans les yeux à
demi clos le noir ciel des branches. J'allais chez
maman. Et de temps en temps je disais, Maman, sans

doute pour m'encourager. Je perdais mon chapeau à chaque instant, il y avait longtemps que le lacet s'était cassé, jusqu'au moment où, dans un mouvement d'humeur, je me l'enfonçai sur le crâne avec une telle violence que je ne pus plus l'enlever. Et j'aurais connu des dames, et j'en aurais rencontré, que j'aurais été dans l'impossibilité de les saluer correctement. Mais j'avais toujours présent à l'esprit, qui fonctionnait toujours, quoique au ralenti, la nécessité de tourner, tourner sans cesse, et tous les trois ou quatre rétablissements je modifiais le cap, ce qui me faisait décrire, sinon un cercle, tout au moins un vaste polygone, on fait ce qu'on peut, et me permettait d'espérer que j'avançais droit devant moi, malgré tout, en ligne droite, jour et nuit, vers ma mère. Et le jour vint en effet où la forêt s'arrêta et je vis la lumière de la plaine, exactement comme je l'avais prévue. Mais je ne la vis pas de loin, tremblant au-delà des troncs sévères, comme je m'y attendais, mais j'y fus tout d'un coup, j'ouvris les yeux et constatai que j'étais arrivé. Et cela s'explique sans doute par le fait que depuis un bon moment déjà je n'ouvrais plus les yeux que tout à fait exceptionnellement. Et même mes petits changements de direction, je les faisais au jugé, dans le noir. La forêt se terminait par un fossé, je ne sais pour quelle raison, et c'est dans ce fossé que je pris connaissance de ce qui m'était arrivé. C'est sans doute en tombant là-dedans que j'ouvris les yeux, car pourquoi les aurais-je ouverts sinon? Je regardai la plaine qui déferlait devant moi à perte de vue. Non, pas tout à fait à perte de vue. Car mon œil s'étant habitué au jour, je crus voir, se profilant faiblement à l'horizon, les tours et clochers d'une ville, dont naturellement rien ne me laissait supposer qu'elle fût la mienne, jusqu'à plus ample informé. La plaine, il est vrai, me paraissait familière, mais dans ma région toutes les plaines se ressemblaient, en connaître une, c'était les connaître toutes. D'ailleurs, que ce fût ma ville ou non, que sous ces frêles fumées quelque part ma mère respirât ou qu'elle empestât l'atmosphère à cent milles de là, c'étaient là des questions prodigieusement oiseuses, pour un homme dans ma situation, quoique d'un indéniable intérêt sur le plan de la connaissance pure. Car comment me traîner à travers ce vaste herbage, où mes béquilles tâtonneraient en vain ? En me roulant peut-être. Et après ? Me laisserait-on me rouler jusqu'à la maison de ma mère ? Heureusement que dans cette pénible conjoncture, que j'avais vaguement prévue, mais sans en réaliser toute l'amertume, je m'entendis dire de ne pas me biler, qu'on courait à mon secours. Textuellement. Ces mots, je peux dire qu'ils sonnèrent aussi haut et clair à mes oreilles, et à mon entendement, que le merci assez du gamin dont j'avais ramassé la bille, j'exagère à peine. Ne te bile pas, Molloy, on arrive. Enfin, il faut sans doute avoir tout vu, le secours compris, pour avoir un tableau complet des ressources de leur planète. Je me laissai dégringoler jusqu'au fond du fossé. Ce devait être le printemps, un matin de printemps. Il me semblait entendre des oiseaux, des alouettes peut-être. Il y avait longtemps que je n'en avais entendu. Comment se faisait-il que je n'en eusse pas entendu dans la forêt ? Ni vu. Cela ne m'avait pas paru étrange alors. Mais alors cela me parut étrange. En avais-je entendu au bord de la mer ? Des mouettes ? Je ne pouvais me rappeler. Je me rappelai les râles. Les deux voyageurs me revinrent à la mémoire. L'un avait une massue. Je les avais oubliés. Je revis les brebis. Enfin je dis ça maintenant. Je ne me bilais pas, d'autres scènes de ma vie me revenaient. Il me semblait qu'il pleuvait, faisait du soleil, à tour de rôle. Un vrai temps de printemps. J'avais envie de retourner dans la forêt. Oh pas une vraie envie. Molloy pouvait rester, là où il était.

II

Il est minuit. La pluie fouette les vitres. Je suis calme. Tout dort. Je me lève cependant et vais à mon bureau. Je n'ai pas sommeil. Ma lampe m'éclaire d'une lumière ferme et douce. Je l'ai réglée. Elle me durera jusqu'au jour. J'entends le grand-duc. Quel terrible cri de guerre! Autrefois je l'écoutais impassible. Mon fils dort. Qu'il dorme. La nuit viendra où lui aussi, ne pouvant dormir, se mettra à sa table de travail. Je serai oublié.

Mon rapport sera long. Je ne l'achèverai peut-être pas. Je m'appelle Moran, Jacques. On m'appelle ainsi. Je suis fichu. Mon fils aussi Il ne doit pas s'en douter. Il doit se croire au seuil de la vie, de la vraie vie. C'est d'ailleurs exact. Il s'appelle Jacques, comme moi. Ça ne peut pas prêter à confusion.

Je me rappelle le jour où je reçus l'ordre de m'occuper de Molloy. C'était un dimanche d'été. J'étais assis dans mon petit jardin, dans un fauteuil de rotin, un livre noir fermé sur mes genoux. Il devait être vers les onze heures, trop tôt encore pour aller à l'église. Je goûtais le repos dominical, tout en déplorant l'importance qu'on y attache, dans certaines paroisses. Travailler, voire jouer le dimanche, cela n'était pas forcément répréhensible, à mon avis. Tout dépendait de l'état d'esprit de celui qui travaillait, ou qui jouait, et de la nature de ses travaux, de

125

ses jeux, à mon avis. Je réfléchissais avec satisfaction à ceci, que cette façon un peu libertaire de voir gagnait du terrain, même parmi le clergé, de plus en plus disposé à admettre que le sabbat, du moment qu'on va à la messe et qu'on verse sa dîme, peut être considéré un jour comme les autres, sous certains rapports. Cela ne me touchait pas personnellement, j'ai toujours aimé ne rien faire. Et je me serais volontiers reposé les jours ouvrables aussi, si j'en avais eu les moyens. Non pas que je fusse positivement paresseux. C'était autre chose. En regardant faire ce que j'aurais mieux fait moi-même, si j'avais voulu, et que je faisais chaque fois que je m'y décidais, j'avais l'impression de remplir une fonction à laquelle nulle activité n'aurait su m'élever. Mais cette joie, je ne pouvais m'y abandonner que rarement, dans la semaine.

Il faisait beau. Je regardais vaguement mes ruches, les sorties et les rentrées des abeilles. J'entendais sur le gravier les pas précipités de mon fils, ravi dans je ne sais quelle fantaisie de fuites et de poursuites. Je lui criai de ne pas se salir. Il ne répondit pas.

Tout était calme. Pas un souffle. Des cheminées de mes voisins la fumée montait droite et bleue. Des bruits de tout repos, un cliquetis de maillets et de boules, un râteau dans du sable de grès, une lointaine tondeuse, la cloche de ma chère église. Et des oiseaux bien entendu, merle et grive en tête, aux chants se mourant à regret, vaincus par la chaleur, et qui quittaient les hautes branches de l'aurore pour l'ombre des buissons. Je respirais avec plaisir les exhalaisons de ma verveine citronnelle.

C'est dans ce cadre que s'écoulèrent mes derniers moments de bonheur et de calme.

Un homme entra dans le jardin et s'avança vivement vers moi. Je le connaissais bien. Qu'un voisin

126

vienne me dire bonjour, le dimanche, si cela lui chante, je l'admets à la rigueur, tout en préférant ne voir personne. Mais l'homme en question n'était pas un voisin. Nos rapports étaient uniquement d'affaires et il était venu de loin, me déranger. J'étais donc disposé à le recevoir assez fraîchement, d'autant plus qu'il se permettait de venir directement à l'endroit où j'étais assis, sous mon pommier. Car je voyais d'un fort mauvais œil les personnes qui prenaient cette liberté. Si l'on désirait me parler on n'avait qu'à sonner à la porte de ma maison. Marthe avait ses instructions. Je me croyais soustrait aux yeux de toute personne entrant chez moi et suivant la courte allée qui relie la grille du jardin à la porte de la maison, et je devais l'être en effet. Mais au bruit du portail claqué je me retournai avec irritation et vis, adoucie par les feuilles, cette longue figure qui fonçait droit sur moi, à travers la pelouse. Je ne me levai ni ne l'invitai à s'asseoir. Il s'arrêta devant moi et nous nous dévisageâmes en silence. Il était lourdement, sombrement endimanché, ce qui acheva de m'indisposer. Cette grossière observance de façade, alors que l'âme exulte en ses haillons, m'a toujours paru une chose abominable. Je regardai les énormes pieds qui écrasaient mes pâquerettes. Je l'aurais chassé volontiers, à coups de knout. Malheureusement il ne s'agissait pas que de lui. Asseyez-vous, dis-je, amolli à la réflexion qu'après tout il ne faisait que son métier d'intermédiaire. Oui, soudain j'eus pitié de lui, pitié de moi. Il s'assit et s'épongea le front. J'aperçus mon fils qui nous épiait de derrière un buisson. Mon fils avait treize ou quatorze ans à cette époque. Il était grand et vigoureux pour son âge. Son intelligence par moments semblait atteindre la moyenne. Mon fils, quoi. Je l'appelai et lui ordonnai d'aller chercher de la bière. Moi je me trouvais assez souvent contraint à des attitudes de voyeur. Mon fils m'imitait instinctivement. Il revint après un temps remarquablement court avec deux verres et une bouteille de bière d'un litre. Il déboucha la bouteille et nous servit. Il aimait beaucoup déboucher les bouteilles. Je lui dis d'aller se laver, de rajuster ses vêtements, en un mot de s'apprêter à paraître en public, car ce serait bientôt l'heure de la messe. Il peut rester, dit Gaber. Je ne veux pas qu'il reste, dis-je. Et me tournant vers mon fils je lui dis à nouveau d'aller se préparer. S'il y avait une chose qui me déplaisait, à cette époque, c'était d'arriver en retard à la messe de midi. Comme vous voudrez, dit Gaber. Nous avions essayé de nous tutoyer. En vain. Moi je ne dis, ne disais, tu qu'à deux personnes. Jacques s'éloigna en grommelant et le doigt dans la bouche, détestable et peu hygiénique habitude, mais préférable toutes choses considérées à celle du doigt dans le nez, à mon avis. Si de mettre son doigt dans la bouche évitait à mon fils de se le mettre dans le nez, ou ailleurs, il avait raison de le faire, dans un sens.

Voici vos instructions, dit Gaber. Il sortit un calepin de sa poche et se mit à lire. De temps en temps il fermait le calepin, en ayant soin de laisser son doigt dedans, et se livrait à des commentaires et considérations dont je n'avais que faire, car je connaissais mon métier. Quand il eut fini, je lui dis que ce travail ne m'intéressait pas et que le patron ferait mieux de s'adresser à un autre agent. Il veut que ce soit vous, Dieu sait pourquoi, dit Gaber. Il vous a sans doute dit pourquoi, dis-je, flairant la flatterie, dont j'étais assez friand. Il a dit, répondit Gaber, qu'il n'y avait que vous capable de faire ce travail. C'était plus ou moins ce que je voulais entendre. Cependant, dis-je, l'affaire me paraît d'une simplicité enfantine. Gaber se mit à critiquer avec hargne notre employeur, qui l'avait fait se lever au milieu de la nuit, juste au moment où il se mettait en posture de faire l'amour avec sa femme. Pour une bêtise pareille, ajouta-t-il. Et il vous a dit qu'il n'avait confiance qu'en moi? dis-je. Il ne sait plus ce qu'il dit, dit Gaber. Il ajouta, Ni ce qu'il fait. Il essuya la coiffe de son melon, tout en regardant attentivement dedans, comme s'il y cherchait quelque chose. Il m'est donc difficile de refuser, dis-je, sachant parfaitement bien qu'en tout état de cause il m'était impossible de refuser. Refuser! Mais nous autres agents nous nous amusions souvent à rouspéter, entre nous, et à nous donner des airs d'hommes libres. Vous partirez aujourd'hui, dit Gaber. Aujourd'hui! m'écriai-je, mais il est tombé sur la tête! Votre fils vous accompagnera, dit Gaber. Je me taisais. Quand cela devenait sérieux nous nous taisions. Gaber boutonna son calepin et le mit dans sa poche, qu'il boutonna aussi. Il se leva, promena ses mains sur sa poitrine. Je boirais bien un autre pot, dit-il. Allez dans la cuisine, dis-je, la servante vous servira. Salut Moran, dit-il.

Il était trop tard pour aller à la messe. Je n'avais pas besoin de consulter ma montre pour le savoir, je sentais que la messe avait commencé sans moi. Moi qui ne ratais jamais la messe, l'avoir ratée justement ce dimanche-là! Quand j'en avais un tel besoin! Pour me mettre en train! Je pris la résolution de solliciter une réception particulière, dans le courant de l'après-midi. Je me passerais de déjeuner. Avec le bon père Ambroise il y avait toujours moyen de s'arranger.

J'appelai Jacques. Sans résultat. Je me dis, Me voyant toujours en conférence il est allé à la messe tout seul. Cette explication s'avéra la bonne, par la suite. Mais j'ajoutai, Il aurait pu venir me voir avant de partir. Je raisonnais volontiers en monologuant et alors on voyait remuer mes lèvres. Mais il avait sans

129

doute eu peur de me déranger et de se faire attraper. Car il m'arrivait de dépasser la mesure quand j'attrapais mon fils, qui par conséquent avait un peu peur de moi. Moi on ne m'a jamais suffisamment corrigé. Oh on ne m'a pas gâté non plus, on m'a simplement négligé. D'où mauvaises habitudes auxquelles il n'y a plus de remède et dont même la dévotion la plus méticuleuse n'a jamais pu venir à bout. J'espérais épargner cette infortune à mon fils, en lui donnant une bonne claque de temps en temps, avec raisonnement à l'appui. Puis je me dis, oserait-il me dire qu'il revient de la messe s'il n'y a pas été, si par exemple il n'a fait que courir rejoindre ses petits camarades, derrière l'abattoir? Et je me promis de tirer les vers du nez au père Ambroise, à ce sujet. Car il ne fallait pas que mon fils s'imaginât de force à me mentir impunément. Et si le père Ambroise ne pouvait me renseigner, je m'adresserais au bedeau, à qui il était inconcevable que la présence de mon fils à la messe de midi eût passé inaperçue. Car je savais pertinemment que le bedeau avait une liste des fidèles et que, posté près du bénitier, il nous pointait au moment de l'ablution. Détail à noter, le père Ambroise ignorait tout de ce manège, mais oui, tout ce qui était surveillance lui était exécrable, au bon père Ambroise. Et il aurait chassé le bedeau sur-le-champ s'il l'avait cru capable d'une telle outrecuidance. Cela devait être pour sa propre édification que le bedeau tenait ce registre à jour, avec tant d'assiduité. Je savais seulement comment les choses se passaient à la messe de midi, c'est une affaire entendue, n'ayant personnellement aucune expérience des autres offices, où je ne mettais jamais les pieds. Mais je m'étais laissé dire que le même contrôle exactement s'y exerçait, sinon par le bedeau lui-même, occupé sans doute ailleurs, par l'un de ses nombreux fils. Étrange paroisse dont

130

les ouailles en savaient plus long que le pasteur sur une circonstance qui semblait davantage de son ressort que du leur.

Voilà à quoi je songeais en attendant le retour de mon fils et le départ de Gaber, que je n'avais pas encore entendu partir. Et ce soir je trouve étrange que j'aie pu y songer, à mon fils, à mon manque d'éducation, au père Ambroise, au bedeau Joly avec son registre, dans un moment pareil. N'avais-je pas de quoi m'occuper plus utilement, après ce que je venais d'entendre? Le fait est que je ne commençais pas encore à prendre cette affaire au sérieux. Et j'en suis d'autant plus étonné qu'une telle insouciance n'était pas de mon caractère. Ou était-ce afin de me ménager encore quelques instants de calme qu'instinctivement j'évitais d'y réfléchir? Même si, à la lecture du rapport de Gaber, l'affaire m'avait paru indigne de moi, l'insistance du patron pour m'avoir, moi Moran, plutôt qu'un autre, et la nouvelle que mon fils allait m'accompagner, auraient dû m'avertir qu'il s'agissait d'un travail sortant de l'ordinaire. Et au lieu d'y apporter sans attendre toutes les ressources de mon esprit et de mon expérience, je songeais aux faiblesses de mon sang et aux singularités de mon entourage. Mais cependant le poison me travaillait, le poison qu'on venait de me verser. Je bougeais sans arrêt dans mon fauteuil, passais mes mains sur la figure, croisais et décroisais les jambes, etc. Le monde changeait déjà de couleur et de poids, il faudrait bientôt m'avouer que j'étais anxieux.

Je me rappelai avec dépit le lager que je venais d'absorber. M'accorderait-on le corps du Christ après un pot de Wallenstein? Et si je ne disais rien? Êtes-vous à jeun, mon fils? On ne me demanderait rien. Mais Dieu le saurait, tôt ou tard. Il me pardonnerait peut-être. Mais l'eucharistie produit-elle le même effet, prise sur de la bière, fût-elle de mars? Je pourrais toujours essayer. Quel était là-dessus l'enseignement de l'Église? Si j'allais commettre un sacrilège? Je me décidai à sucer quelques pastilles de menthe, chemin faisant vers le presbytère.

Je me levai et allai dans la cuisine. Je demandai si Jacques était rentré. Je ne l'ai pas vu, répondit Marthe. Elle semblait de mauvaise humeur. Et l'autre? dis-je. Quel autre? dit-elle. Celui qui est venu de ma part vous demander un verre de bière, dis-je. Personne ne m'a rien demandé, dit Marthe. A propos, dis-je sans me démonter, je ne déjeunerai pas, aujourd'hui. Elle me demanda si j'étais malade. C'est que j'étais plutôt gros mangeur, de mon naturel. Et en particulier le déjeuner du dimanche, je le voulais toujours très copieux. Ça sentait bon dans la cuisine. Je déjeunerai un peu plus tard aujourd'hui, voilà tout, dis-je. Marthe me regarda avec fureur. A quatre heures disons, dis-je. Tout ce qui galopait et se cabrait derrière ce front étroit et grisonnant, je le savais. Vous ne sortirez pas aujourd'hui, dis-je froidement, je regrette. Elle se jeta sur ses casseroles, muette de colère. Vous me tiendrez tout ça au chaud, du mieux que vous pourrez, dis-je. Et, la sachant capable de m'empoisonner, j'ajoutai, Vous aurez toute la journée de demain, si cela peut vous arranger.

Je sortis et allai sur la route. Gaber était donc parti sans prendre sa bière. Il en avait eu pourtant très envie. C'est une bonne marque, la Wallenstein. Je guettai l'arrivée de Jacques. Venant de l'église il paraîtrait sur ma droite, sur ma gauche s'il venait de l'abattoir. Un voisin libre penseur vint à passer. Tiens, fit-il, on n'adore pas aujourd'hui? Il connaissait mes habitudes, mes habitudes dominicales je veux dire. Tout le monde les connaissait et le patron peut-être mieux que personne, malgré son éloignement. Vous avez l'air tout retourné, dit le voisin. Vous me retournez, dis-je, chaque fois que je vous aperçois. Je rentrai, dans mon dos le sourire consciencieusement hideux. Je le voyais qui courait chez sa concubine et lui disait, Tu connais ce pauvre con de Moran, si tu m'avais vu le posséder! Il ne savait plus quoi dire! Il s'est sauvé!

Jacques rentra peu de temps après. Il ne portait aucune trace de folâtrerie. Il dit qu'il avait été tout seul à l'église. Je lui posai quelques questions pertinentes, sur le déroulement du rite. Il répondit sans se couper. Je lui dis de se laver les mains et de se mettre à table. Je retournai dans la cuisine. Je ne faisais qu'aller et venir. Vous pouvez servir, dis-je. Elle avait pleuré. Je regardai un peu dans les casseroles. De l'Irish Stew. Plat nourrissant et économe, un peu indigeste. Honneur au pays dont il a popularisé le nom. Je me mettrai à table à quatre heures, dis-je. Je n'avais pas besoin d'ajouter tapant. J'aimais l'exactitude, tous ceux qu'abritait mon toit devaient l'aimer aussi. Je montai dans ma chambre. Et là, allongé sur mon lit, les rideaux tirés, je fis une première tentative pour m'ouvrir à l'affaire Molloy.

Je n'en voulais considérer tout d'abord que les ennuis immédiats, les préparatifs auxquels elle m'obligeait. Le nœud de l'affaire Molloy, j'évitais toujours d'y penser. Je sentais une grande confusion me gagner.

Partirais-je en vélomoteur? Ce fut par cette question que je débutai. J'étais un esprit méthodique et ne partais jamais en mission sans avoir longuement réfléchi à la meilleure façon de partir. C'était là le premier problème à résoudre, au début de chaque enquête, et je ne bougeais jamais sans l'avoir résolu, à ma satisfaction. Tantôt je prenais mon vélomoteur, tantôt le train, tantôt le car, et il m'arrivait aussi de partir à pied, ou à bicyclette, silencieusement, la nuit. Car lorsqu'on est entouré d'ennemis, comme moi je le suis, on ne peut partir en vélomoteur, même la nuit, sans se faire remarquer, à moins de s'en servir comme d'une simple bicyclette, ce qui n'a pas de sens. Mais s'il était dans mes habitudes de trancher tout d'abord cette délicate question du transport, ce n'était jamais sans avoir, sinon approfondi, tout au moins pris en considération, les facteurs dont elle dépendait. Car comment décider de quelle manière partir si l'on ne sait au préalable où l'on va, ou tout au moins dans quel but on y va ? Mais dans le cas présent je m'attaquais au problème du transport sans autre préparation que la connaissance distraite que j'avais prise du rapport de Gaber. Les moindres détails de ce rapport, je saurais les retrouver quand je voudrais. Mais je ne m'étais pas encore donné cette peine, j'avais évité de le faire, en me disant, C'est une affaire banale. Vouloir trancher la question du transport dans ces conditions, c'était de la folie. C'est néanmoins ce que je faisais. Je perdais la tête déjà.

J'aimais beaucoup partir en vélomoteur, j'affectionnais cette forme de locomotion. Et dans l'ignorance où j'étais des raisons qui s'y opposaient, je me décidai à partir en vélomoteur. Ainsi s'inscrivait, au seuil de l'affaire Molloy, le funeste principe du plaisir.

Les rayons du soleil passaient par la fente entre les rideaux, rendant visible le sabbat de la poussière. J'en conclus que le temps était toujours au beau et je m'en réjouis. Quand on part en vélomoteur il est préférable qu'il fasse beau. Je me trompais, le temps n'était plus au beau, le ciel se couvrait, il pleuvrait bientôt. Mais pour l'instant le soleil brillait toujours.

C'est là-dessus que je me basais, avec une légèreté inconcevable, n'ayant pas d'autres éléments d'appréciation.

Je m'attaquai ensuite, suivant mon usage, à la question capitale des effets à emporter. Et j'aurais pris à ce sujet aussi une décision entièrement oiseuse sans l'irruption de mon fils, qui voulait savoir s'il pouvait sortir. Je me maîtrisai. Il s'essuyait la bouche du revers de la main. C'est une chose que je n'aimais pas voir. Mais il est des gestes plus vilains, j'en sais quelque chose.

Sortir? dis-je, pour aller où? Sortir! Quel vague détestable. Je commençais à avoir très faim. Aux Ormeaux, répondit-il. On appelle ainsi notre petit jardin public. Et cependant on n'y voit pas d'ormeaux, on me l'a assuré. Pour quoi faire? dis-je. Repasser ma botanique, répondit-il. Il y avait des moments où je soupçonnais mon fils d'être sournois. C'en fut un. J'aurais presque préféré qu'il me dise, Prendre l'air, ou, Regarder les filles. Le malheur était qu'il en savait beaucoup plus long que moi, sur la botanique. Sinon j'aurais pu lui poser quelques colles, à son retour. Moi j'aimais les végétaux, tout simplement. J'y voyais même quelquefois une preuve superfétatoire de l'existence de Dieu. Va, dis-je, mais sois de retour à quatre heures et demie, j'ai à te parler. Bien papa, dit-il. Bien papa! Ah!

Je dormis un peu. Raccourcissons. En passant devant l'église, quelque chose m'arrêta. Je regardai le portail, de style jésuitique, très beau. Je le trouvai hideux. Je pressai le pas jusqu'au presbytère. Monsieur l'abbé dort, dit la servante. J'attendrai, dis-je. Est-ce urgent? dit-elle. Oui et non, dis-je. Elle m'introduisit dans le salon, d'une nudité affreuse. Le père Ambroise entra, se frottant les yeux. Je vous dérange, mon père, dis-je. Il fit claquer sa langue contre le palais, en signe de protestation. Je ne peindrai pas nos attitudes, caractéristiques les siennes de lui, les miennes de moi. Il m'offrit un cigare que j'acceptai de bonne grâce et mis dans ma poche, entre mon stylo et mon porte-mine. Il se flattait de savoir vivre, le père Ambroise, de connaître les usages, lui qui ne fumait jamais. Et tout le monde disait de lui qu'il était très large. Je lui demandai s'il avait remarqué mon fils à la messe de midi. Certes, dit-il, nous avons même conversé. Je dus paraître surpris. Oui, dit-il, ne vous voyant pas à votre place, au premier rang des célébrants, j'ai craint que vous ne soyez souffrant. J'ai donc fait appeler le cher enfant, qui m'a rassuré. J'ai reçu une visite des plus intempestives, dis-je, dont je n'ai pu me délivrer à temps. C'est ce que votre fils m'a expliqué, dit-il. Il ajouta, Mais asseyons-nous donc, la foire n'est pas sur le pont. Il rit et s'assit, en retroussant sa lourde soutane. Puis-je vous offrir un digestif? dit-il. J'étais perplexe. Jacques avait-il laissé échapper une allusion au lager. Il en était capable. Je suis venu vous demander une faveur, dis-je. Elle est accordée, dit-il. On s'observa. Voilà, dis-je, un dimanche sans viatique, pour moi c'est comme —. Il leva la main. Pas de comparaisons profanes surtout, dit-il. Peut-être pensait-il au baiser sans moustaches ou au rosbif sans moutarde. Je n'aime pas qu'on m'interrompe. Je me mis à bouder. Je vous vois venir, dit-il, dites-le tout de suite, vous désirez communier. Je baissai la tête. C'est plutôt irrégulier, dit-il. Je me demandai s'il avait mangé. Je savais qu'il s'adonnait volontiers à des jeûnes prolongés, par esprit de mortification évidemment, et puis parce que son médecin le lui avait conseillé. Ainsi d'une pierre il faisait deux coups. Ne dites rien à personne, dit-il, que ceci reste entre nous et —. Il s'interrompit en levant le doigt, et les yeux, au plafond. Tiens, dit-il, quelle est cette tache? Je regardai le plafond à mon tour. C'est une tache d'humidité, dis-je. Tata, dit-il, que c'est ennuyeux. Le mot tata me parut d'une démence sans exemple. Il y a des fois, dit-il, où l'on est tenté de se laisser aller au découragement. Il se leva. Je m'en vais chercher ma trousse, dit-il. Il appelait ça sa trousse. Seul, les mains jointes à faire craquer les phalanges, je demandai conseil au Seigneur. Sans résultat. C'était déjà ça de gagné. Quant au père Ambroise, étant donné la façon dont il avait bondi vers sa trousse, il me semblait certain qu'il ne se doutait de rien. Ou cela l'amusait-il de voir jusqu'où j'irais? Ou se plaisait-il à m'induire en péché? Je résumai la situation dans la formule suivante. S'il sait que j'ai bu de la bière et qu'il me fasse communier quand même, il pèche au même titre que moi, si péché il y a. Je ne risquais donc pas grand'chose. Il revint avec une sorte de ciboire-valise, l'ouvrit et m'expédia sans un instant d'hésitation. Je me relevai et le remerciai avec chaleur. Peuh, dit-il, des bêtises. Maintenant nous pouvons bavarder.

Je n'avais rien d'autre à lui dire. Je n'aspirais plus qu'à une chose, regagner mon domicile le plus vite possible et m'empiffrer de stew. L'âme assouvie, j'avais la dent. Mais ayant une légère avance sur mon horaire, je me résignai à lui accorder huit minutes. Elles me parurent longues. Il m'apprit que madame Clément, la femme du pharmacien et elle-même pharmacienne de première classe, était tombée dans son officine, du haut d'une échelle, et s'était cassé le col —. Le col! m'écriai-je. Du fémur, dit-il, vous ne me laissez pas finir. Il ajouta que ça devait arriver. Et moi, pour ne pas être en reste, je l'informai que mes poules me donnaient beaucoup de soucis, et en particulier ma poule grise, qui ne voulait plus ni pondre ni couver et qui depuis plus d'un mois restait assise, du matin jusqu'au soir, le cul dans la poussière. Comme Job, haha, dit-il. Moi aussi je fis haha. Que cela fait du bien de rire, de temps en temps, dit-il. N'est-ce pas? dis-je. C'est le propre de l'homme, dit-il. Je l'ai remarqué, dis-je. Un court silence s'ensuivit. De quoi la nourrissez-vous? dit-il. De maïs principalement, dis-je. En bouillie ou en grain? dit-il. Les deux, dis-je. J'ajoutai qu'elle ne mangeait plus guère. Les animaux ne rient jamais, dit-il. Il n'y a que nous pour trouver ça drôle, dis-je. Comment? dit-il. Il n'y a que nous pour trouver ça drôle, dis-je avec force. Il réfléchit. Le Christ n'a jamais ri non plus, dit-il, qu'on sache. Il me regarda. Que voulez-vous, dis-je. Évidemment, dit-il. Nous nous sourîmes tristement. Aurait-elle la pépie? dit-il. Je répondis que non, certainement pas, elle avait tout ce qu'on voulait, mais pas la pépie. Il réfléchit. Avez-vous essayé le bicarbonate? dit-il. Plaît-il? dis-je. Le bicarbonate de soude, dit-il, l'avez-vous essayé? Ma foi non, dis-je. Essayez-le, s'écria-t-il, rougissant de plaisir, faites-lui en avaler quelques cuillerées à dessert, plusieurs fois par jour, pendant quelques mois, vous verrez, cela la remettra d'aplomb. C'est une poudre? dis-je. Parbleu, dit-il. Je vous remercie, dis-je, je l'essaierai dès aujourd'hui. Une si belle poule, dit-il, une si bonne pondeuse. Enfin dès demain, dis-je. J'avais oublié que la pharmacie était fermée. Sauf cas d'urgence évidemment. Et maintenant ce petit digestif, dit-il. Je le remerciai.

Cet entretien avec le père Ambroise me laissa une pénible impression. C'était toujours le même cher homme, et pourtant pas. Il me semblait avoir surpris, sur son visage, un manque, comment dirai-je, un manque de noblesse. Il faut dire que l'hostie ne passait pas. Et tout en rentrant chez moi je me faisais

138

l'effet d'un homme qui, ayant avalé un analgésique, s'étonne d'abord, ensuite s'indigne, en constatant qu'il souffre toujours autant. Et j'en venais presque à soupçonner le père Ambroise, instruit de mes excès de la matinée, de m'avoir refilé du pain non bénit. Ou d'avoir fait de la restriction mentale, tout en prononçant les paroles magiques. Et ce fut de fort mauvaise humeur que j'arrivai chez moi, sous une pluie battante.

Le stew me déçut. Où sont les oignons? m'écriai-je. Réduits, répondit Marthe. Je me précipitai dans la cuisine, à la recherche des oignons que je la soupçonnais d'avoir enlevés, sachant combien je les aimais. Je fouillai jusque dans la poubelle. Rien. Elle me regardait, narquoise.

Je remontai dans ma chambre, ouvris les rideaux sur un ciel de désastre et m'allongeai. Je ne comprenais pas ce qui m'arrivait. Il m'était pénible de ne pas comprendre, à cette époque. Je fis un effort pour me ressaisir. Il échoua. Forcément. Ma vie s'en allait, mais j'ignorais par où. Je réussis néanmoins à m'assoupir, ce qui n'est pas facile, quand le malheur n'est pas délimité. Et je me réjouissais, dans ce sommeil crépusculaire, d'y être parvenu, quand mon fils entra, sans frapper. Or s'il y a une chose que j'abhorre, c'est qu'on entre dans ma chambre sans frapper. Je pourrais être précisément en posture de me masturber, devant mon miroir Brot. Spectacle en effet peu édifiant pour un jeune garçon que celui de son père, la braguette béante, les yeux exorbités, en train de s'arracher une sombre et revêche jouissance. Je le rappelai sans douceur aux convenances. Il protesta qu'il avait frappé deux fois. Tu aurais frappé cent fois, répondis-je, que tu n'aurais pas le droit d'entrer avant d'y avoir été convié. Mais, dit-il. Mais quoi? dis-je. Tu m'as convoqué pour quatre heures

139

et demie, dit-il. Il y a quelque chose, dis-je, de plus important dans la vie que la ponctualité, c'est la pudeur. Répète. Dans cette bouche méprisante ma phrase me faisait honte. Il était trempé. Qu'est-ce que tu as regardé? dis-je. Les liliacés, papa, répondit-il. Les liliacés papa! Il avait une façon de dire papa, mon fils, quand il voulait me blesser, très particulière. Maintenant écoute-moi bien, dis-je. Son visage prit une expression d'attention angoissée. Nous partons ce soir, dis-je en substance, en voyage. Tu mettras ton costume de classe, le vert —. Mais il est bleu, papa, dit-il. Bleu ou vert, tu le mettras, dis-je avec force. Je repris. Tu mettras dans le petit sac à dos, celui que je t'ai donné pour ta fête, tes affaires de toilette ainsi qu'une chemise, sept caleçons et une paire de chaussettes. As-tu compris? Quelle chemise, papa? dit-il. Peu importe quelle chemise, m'écriai-je, une chemise! Quelles chaussures dois-je mettre? dit-il. Tu as deux paires de chaussures, dis-je, celle du dimanche et celle de tous les jours, et tu me demandes laquelle tu dois mettre. Je me dressai. Serais-tu en train de te ficher de moi? dis-je.

Je venais de donner à mon fils des instructions précises. Mais étaient-elles les bonnes? Résisteraient-elles à la réflexion? Ne serais-je pas amené, en très peu de temps, à les rapporter? Moi qui ne changeais jamais d'avis devant mon fils. Tout était à craindre.

Où allons-nous, papa? dit-il. Combien de fois je lui avais dit de ne pas me questionner. Et où allions-nous, en effet. Fais ce que je t'ai dit, dis-je. J'ai rendez-vous demain avec monsieur Py, dit-il. Tu le verras un autre jour, dis-je. Mais j'ai mal, dit-il. Il existe d'autres dentistes, dis-je, monsieur Py n'est pas l'unique dentiste de l'hémisphère septentrional. J'ajoutai imprudemment, Nous n'allons pas dans le désert. Mais c'est un très bon dentiste, dit-il. Tous les dentis-

140

tes se valent, dis-je. J'aurais pu lui dire de me ficher la paix avec son dentiste, mais non, je raisonnais doucement avec lui, je lui parlais comme à un égal. J'aurais pu également lui faire remarquer qu'il mentait en disant qu'il avait mal. Il avait eu mal, à une pré-molaire je crois, mais il ne souffrait plus. Py lui-même me l'avait dit. J'ai pansé la dent, m'avait-il dit, il est impossible que votre fils souffre encore. Je me rappelais bien cette conversation. Il a naturellement de très mauvaises dents, dit Py. Naturellement? dis-je, comment naturellement? Qu'est-ce que vous insinuez? Il est né avec de mauvaises dents, dit Py, et il aura toujours de mauvaises dents. Je ferai naturellement tout ce que je pourrai. Cela voulait dire, je suis né disposé à faire tout ce que je pourrai, je ferai forcément toujours tout ce que je pourrai. Né avec de mauvaises dents! Quant à moi, il ne me restait plus que les incisives, celles qui prennent.

Pleut-il toujours? dis-je. Mon fils avait sorti une petite glace de sa poche et examinait l'intérieur de sa bouche, en soulevant du doigt sa lèvre supérieure. Oah, dit-il, sans interrompre son inspection. Assez de te tripoter la bouche! m'écriai-je. Va à la fenêtre et dis-moi s'il pleut toujours. Il alla à la fenêtre et me dit qu'il pleuvait toujours. Le ciel est complètement couvert? dis-je. Oui, dit-il. Pas la moindre éclaircie? dis-je. Non, dit-il. Ferme les rideaux, dis-je. Instants délicieux, avant que l'œil s'habitue à l'obscurité. Tu es toujours là? dis-je. Il était toujours là. Je lui demandai ce qu'il attendait pour faire ce que je lui avais dit. A la place de mon fils il y avait belle lurette que je me serais quitté. Il ne me valait pas, ce n'était pas la même étoffe. Je ne pouvais échapper à cette conclusion. Piètre satisfaction en effet que celle de se sentir supérieur à son fils et insuffisante à calmer le remords de l'avoir appelé à la vie. Est-ce que je peux

141

emporter ma collection de timbres? dit-il. Mon fils avait deux albums, un grand constituant sa collection proprement dite et un petit contenant les doubles. Je l'autorisai à emporter ce dernier. Quand je peux faire plaisir, sans faire violence à mes principes, je le fais volontiers. Il se retira.

Je me levai et allai à la fenêtre. Je ne pouvais rester tranquille. Je passai ma tête entre les rideaux. Pluie fine, ciel bouché. Il ne m'avait pas menti. Éclaircie à prévoir pour huit heures huit heures et demie. Beau coucher du soleil, crépuscule, nuit. Lune décroissante, se levant vers minuit. Je sonnai Marthe et me recouchai. Nous dînerons à la maison, dis-je. Elle me regarda avec étonnement. Ne dînions-nous pas toujours à la maison? Je ne lui avais pas encore dit que nous partions. Je ne lui dirai qu'au dernier moment, le pied dans l'étrier comme on dit. Je n'avais en elle qu'une confiance limitée. Je l'appellerais au dernier moment et lui dirais, Marthe, on part, pour un jour, deux jours, trois jours, huit jours, quinze jours, que sais-je, adieu. Il ne fallait pas qu'elle soit fixée. Alors pourquoi l'avoir dérangée? Elle nous aurait servis à dîner de toute manière, comme elle le faisait tous les jours. J'avais commis l'erreur de me mettre à sa place. Et pourquoi lui avoir supprimé son après-midi? Cela se comprenait mieux. Mais lui dire que nous dînions à la maison, quel impair. Car elle le savait déjà, le croyait savoir, le savait en effet. Et à la suite de cette inutile précision elle allait flairer l'insolite et nous épier, pour essayer de savoir de quoi il retournait. Première faute. Deuxième, première dans le temps, j'avais omis d'enjoindre à mon fils de ne rien répéter à personne de ce que je lui avais dit. Cela n'aurait évidemment rien empêché. N'importe, j'aurais dû l'exiger, je me le devais. Je ne faisais que des bêtises, moi si malin d'habitude. J'essayai de me rattraper, en disant, Un peu plus tard que d'habitude, pas avant neuf heures. Elle s'en allait, l'esprit fruste déjà en ébullition. Je ne suis là pour personne, dis-je. Je savais ce qu'elle allait faire, elle allait jeter un sac sur ses épaules et se glisser jusqu'au fond du jardin. Là elle appellerait Hanna, la vieille cuisinière des sœurs Elsner, et elles chuchoteraient un bon moment ensemble, à travers la grille. Hanna ne sortait jamais, elle n'aimait pas sortir. Les sœurs Elsner étaient d'assez bonnes voisines. Elles faisaient un peu trop de musique, c'est tout ce que je trouvais à leur reprocher. S'il y a une chose qui me tape sur le système c'est la musique. Ce que j'affirme, nie, mets en doute, au présent, je peux le faire encore aujourd'hui. Mais j'emploierai surtout les diverses formes du passé. Car le plus souvent je ne suis pas sûr, ce n'est peut-être plus ainsi, je ne sais pas encore, ne sais pas tout court, ne saurai peut-être jamais. Je songeai un peu aux sœurs Elsner. Tout restait à organiser et je songeais aux sœurs Elsner. Elles avaient un aberdeen appelé Zoulou. On l'appelait Zoulou. Quelquefois, quand j'étais de bonne humeur, j'appelais, Zoulou! Petit Zoulou! et il venait me dire bonjour, à travers la grille. Mais il me fallait être joyeux. Je n'aime pas les bêtes. C'est curieux, je n'aime pas les hommes et je n'aime pas les bêtes. Quant à Dieu, il commence à me dégoûter. Accroupi je lui taquinais les oreilles, à travers la grille, en lui disant des mots câlins. Il ne se rendait pas compte qu'il me dégoûtait. Il se dressait sur ses pattes de derrière et appuyait sa poitrine contre les barreaux. Alors je voyais son petit pénis noir que prolongeait une maigre tresse de poils mouillés. Il se sentait instable, ses jarrets tremblaient, les petites pattes cherchaient leur place, l'une après l'autre. Moi aussi je chancelais, assis sur mes talons. De ma main

143

libre je me retenais à la grille. Moi aussi je le dégoûtais peut-être. J'eus du mal à m'arracher à ces vaines pensées.

Je me demandai, dans un mouvement de rébellion, ce qui m'obligeait à accepter ce travail. Mais je l'avais déjà accepté, j'avais donné ma parole. Trop tard. L'honneur. J'eus vite fait de dorer mon impuissance.

Mais ne pourrais-je renvoyer notre départ au lendemain? Ou partir seul? Tortillements inutiles. Mais nous ne partirions qu'au dernier moment, un peu avant minuit. Cette décision est irrévocable, me dis-je. L'état de la lune la justifiait d'ailleurs.

Je faisais comme lorsque je ne pouvais dormir. Je me promenais dans mon esprit, lentement, notant chaque détail du labyrinthe, aux sentiers aussi familiers que ceux de mon jardin et cependant toujours nouveaux, déserts à souhait ou animés d'étranges rencontres. Et j'entendais les lointaines cymbales, j'ai le temps, j'ai le temps. Mais la preuve que non, c'est que je m'arrêtai, tout disparut et j'essayai à nouveau de penser l'affaire Molloy. Incompréhensible esprit, tantôt mer, tantôt phare.

Nous autres agents, nous ne prenions jamais rien par écrit. Gaber n'était pas agent dans le sens où moi je l'étais. Gaber était messager. Il avait donc droit au calepin. Pour être messager il fallait de singulières qualités, les bons messagers étaient plus rares que les bons agents. Moi qui étais un excellent agent, je n'aurais fait qu'un piètre messager. Je le regrettais souvent. Gaber était multiplement protégé. Il se servait d'une notation incompréhensible à tout autre qu'à lui. Chaque messager, avant d'être nommé, devait soumettre sa notation au directorat. Gaber ne comprenait rien aux messages qu'il portait. Il y réfléchissait et en tirait des conclusions d'une fausseté stupéfiante. Oui, il ne suffisait pas qu'il n'y comprît rien, il fallait aussi qu'il crût tout y comprendre. Ce n'est pas tout. Sa mémoire était défectueuse à tel point que ses messages n'existaient pas dans sa tête, mais uniquement dans son calepin. Il n'avait qu'à fermer le calepin pour devenir, une minute plus tard, d'une innocence parfaite en ce qui concernait son contenu. Et quand je dis qu'il réfléchissait à ses messages et en tirait des conclusions, ce n'était pas comme nous y aurions réfléchi, vous et moi, le livre fermé et probablement les yeux aussi, mais au fur et à mesure qu'il lisait. Et quand il levait la tête et se livrait à des commentaires, c'était sans perdre un instant, car s'il avait perdu un instant il aurait tout oublié, et texte et glose. Je me suis souvent demandé si l'on ne faisait pas subir aux messagers une intervention chirurgicale, pour qu'ils fussent amnésiques à ce point. Mais je ne crois pas. Car pour tout ce qui ne touchait pas aux messages ils avaient la mémoire assez bonne. Et j'ai entendu Gaber parler de son enfance et de sa famille en termes fort plausibles. Être seul à pouvoir se lire, fermé à son insu au sens de ses commissions et incapable de les retenir plus de quelques secondes, ce sont là des dispositions rarement réunies chez le même individu. C'est cependant ce qu'on exigeait de nos messagers. Et la preuve qu'ils étaient davantage considérés que les agents, aux qualités solides plutôt que brillantes, c'est qu'ils avaient un fixe de huit livres par semaine alors que nous n'en touchions que six et demie, ces chiffres étant exclusifs des primes et frais de déplacement. Et quand je parle d'agents et de messagers au pluriel, c'est sans garantie. Car je n'avais jamais vu d'autre messager que Gaber ni d'autre agent que moi. Mais je supposais que nous n'étions pas les seuls et Gaber devait supposer la même chose. Car nous sentir uniques dans nos genres respectifs, nous n'aurions pu le supporter je crois. Et il devait nous paraître naturel, à moi qu'à chaque agent fût affecté un seul messager et à Gaber qu'à chaque messager fût affecté un seul agent. C'est ainsi que j'avais pu dire à Gaber, Qu'il donne ce travail à un autre, je n'en veux pas, et que Gaber avait pu me répondre, Il ne veut personne d'autre que vous. Et ces derniers mots, à supposer que Gaber ne les eût pas inventés, exprès pour m'embêter, le patron les avait peut-être prononcés dans le seul but d'entretenir notre illusion, si c'en était une. Tout cela est peu clair.

Si nous nous voyions membres d'un immense réseau, c'était sans doute aussi en vertu du sentiment très humain qui veut que le partage diminue l'infortune. Mais à moi tout au moins, qui savais écouter le fausset de la raison, il était évident que nous étions peut-être seuls à faire ce que nous faisions. Oui, dans mes moments de lucidité je tenais cela pour possible. Et pour ne rien vous cacher, cette lucidité atteignait parfois une telle acuité que j'en venais à douter de l'existence de Gaber lui-même. Et si je ne m'étais pas vivement replongé dans les ténèbres je serais peut-être allé jusqu'à escamoter le patron et à me croire seul et unique responsable de ma malheureuse existence. Car je me savais malheureux, à six livres et demie par semaine plus primes et faux frais. Et ayant supprimé Gaber et le patron (un nommé Youdi), aurais-je pu me refuser au plaisir de — vous m'avez compris. Mais je n'étais pas fait pour la grande lumière qui annihile, on ne m'avait donné qu'une petite lampe et une grande patience, pour la promener dans les ombres vides. J'étais un solide, parmi d'autres solides.

Je descendis à la cuisine. Je ne m'attendais pas à y trouver Marthe, mais je l'y trouvai. Elle était assise dans son rocking-chair, au coin de la cheminée, et elle se berçait maussadement. Ce rocking-chair, à en croire ses dires, était la seule possession à laquelle elle tînt et elle ne s'en serait pas séparée pour un empire. Détail à noter, elle ne l'avait pas installé dans sa chambre, mais dans la cuisine, au coin de la cheminée. Se couchant tard, se levant tôt, c'est dans la cuisine qu'elle en profitait le mieux. Les maîtres sont nombreux, et j'en étais, qui voient d'un mauvais œil des meubles de plaisance dans le lieu de travail. La servante veut-elle se reposer? Qu'elle se retire dans sa chambre. Que tout dans la cuisine soit de bois blanc et rigide. Je dois dire que Marthe avait exigé, avant d'entrer à mon service, que je l'autorise à garder son rocking-chair dans la cuisine. J'avais refusé, avec indignation. Puis, la voyant inébranlable, j'avais cédé. J'avais trop bon cœur.

On me livrait, tous les samedis, ma provision de lager pour la semaine, soit une demi-douzaine de bouteilles d'un litre. Je n'y touchais jamais avant le lendemain, car il faut que le lager se repose après le moindre déplacement. Sur ces six bouteilles, Gaber et moi, à nous deux, en avions vidé une. Il devait donc en rester cinq, plus un fond de bouteille de l'autre semaine. J'allai dans l'office. Les cinq bouteilles y étaient, bouchées et scellées, et une bouteille ouverte aux trois quarts vide. Marthe me suivait des yeux. Je m'en allai sans lui adresser la parole et remontai à l'étage. Je ne faisais qu'aller et venir. J'entrai dans la chambre de mon fils. Assis devant sa petite table de travail il admirait ses timbres, les deux albums, le grand et le petit, ouverts devant lui. A mon approche, il les referma vivement. Je compris tout de suite ce qu'il machinait. Mais je dis d'abord, As-tu préparé tes affaires? Il se leva, prit son sac et me le donna. Je regardai dedans. J'y mis la main et en palpai le

147

contenu, les yeux dans le vague. Tout y était. Je le lui rendis. Qu'est-ce que tu fais? dis-je. Je regarde un peu mes timbres, répondit-il. Tu appelles ça regarder tes timbres? dis-je. Bien sûr, dit-il, avec une effronterie inimaginable. Tais-toi, petit menteur! m'écriai-je. Savez-vous ce qu'il était en train de faire? De transférer tout simplement de sa belle collection proprement dite à l'album des doubles des timbres rares et de valeur, ceux qu'il contemplait tous les jours avec ravissement et qu'il ne pouvait se résoudre à quitter, même quelques jours. Montre-moi ton Timor neuf, le cinq reis jaune, dis-je. Il hésita. Montre-le-moi! m'écriai-je. Je le lui avais donné moi-même, il m'avait coûté un florin. Une occasion, à l'époque. Je l'ai mis là-dedans, dit-il piteusement, en soulevant l'album des doubles. C'était tout ce que je voulais savoir, lui entendre dire plutôt, car je le savais déjà. C'est bon, dis-je. J'allai à la porte. Tu laisseras tes deux albums à la maison, dis-je, le petit aussi bien que le grand. Pas un mot de reproche, un simple futur prophétique, sur le modèle de ceux dont usait Youdi. Votre fils vous accompagnera. Je sortis. Mais pendant qu'à pas délicats, en minaudant presque, en me félicitant comme d'habitude du moelleux de ma moquette, je suivais le couloir dans la direction de ma chambre, une pensée vint me frapper qui m'obligea à retourner dans la chambre de mon fils. Il était assis à la même place, mais dans une attitude légèrement modifiée, les bras sur la table et la tête sur les bras. Cette vue m'alla droit au cœur, mais je n'en fis pas moins mon devoir. Il ne bougeait pas. Pour plus de sûreté, dis-je, nous allons mettre ces albums dans le coffre-fort, jusqu'à notre retour. Il ne bougeait toujours pas. Tu m'entends? dis-je. Il se leva d'un bond qui renversa sa chaise et proféra ces paroles furieuses, Fais-en ce que tu voudras! Je ne veux plus les voir! Il faut laisser passer la colère, telle est mon opinion, il faut opérer à froid. Je pris les albums et me retirai, sans un mot. Il m'avait manqué de respect, mais ce n'était pas le moment de lui en faire convenir. Immobile dans le couloir j'entendis des bruits de chute et de collision. Un autre, moins maître de lui que moi de moi, serait intervenu. Mais cela ne me déplaisait pas positivement que mon fils donnât libre cours à sa peine. Cela purge. La douleur muette est davantage à redouter, à mon idée.

Les albums sous le bras je regagnai ma chambre. J'avais épargné à mon fils une grave tentation, celle de mettre dans sa poche les quelques timbres qu'il affectionnait tout particulièrement, afin de pouvoir s'en repaître au cours de notre voyage. Non pas que le fait d'avoir quelques timbres sur lui fût en soi répréhensible. Mais ç'aurait été de la désobéissance. Pour les regarder il aurait été obligé de se cacher de son père. Et quand il les aurait perdus, comme il ne pouvait manquer de le faire, il aurait été acculé au mensonge, pour me justifier leur disparition. Non, si cela lui est vraiment impossible de se séparer de ses vignettes de préférence, il aurait mieux valu qu'il prenne l'album tout entier. Car un album se perd moins facilement qu'un timbre. Mais j'étais meilleur juge que lui de ce qu'il pouvait et ne pouvait pas. Car je savais ce que lui ne savait pas encore, entre autres choses que cette épreuve lui serait salutaire. Sollst entbehren, voilà la leçon que je voulais lui inculquer, pendant qu'il était jeune et tendre. Mots magiques dont jusqu'à l'âge de quinze ans je n'avais même pas imaginé qu'on pût les accoler. Et cette entreprise, dût-elle me rendre odieux à ses yeux et lui faire haïr, au-delà de ma personne, jusqu'à l'idée même de père, je ne l'en poursuivais pas moins, de toutes mes forces. La pensée qu'entre ma mort et la sienne, s'arrêtant un instant d'outrager ma mémoire, il pourrait se demander, le temps d'un éclair, si je n'avais pas eu raison, cela me suffisait, cela me dédommageait de tout le mal que je m'étais donné et me donnerais encore. Il se répondrait au négatif, la première fois, et reprendrait ses exécrations. Mais le doute serait semé. Il y reviendrait. C'est ainsi que je raisonnais.

Il me restait encore quelques heures avant le dîner. Je me décidai à les mettre sérieusement à contribution. Car après dîner je somnole. Je retirai ma veste et mes chaussures, déboutonnai mon pantalon et rentrai sous les couvertures. C'est allongé, bien au chaud, dans l'obscurité, que je pénètre le mieux la fausse turbulence du dehors, y situe la créature qu'on me livre, ai l'intuition de la marche à suivre, m'apaise dans l'absurde détresse d'autrui. Loin du monde, de son tapage, ses agissements, ses morsures et lugubre clarté, je le juge, et ceux qui, comme moi, y sont irrémédiablement plongés, et celui qui a besoin que je le délivre, moi qui ne sais me délivrer. Tout est obscur, mais de cette simple obscurité qui repose des grandes mises en morceaux. Des masses s'ébranlent, nues comme des lois. Savoir de quoi elles sont faites, on n'y tient pas. L'homme aussi est là, quelque part, vaste bloc pétri de tous les règnes, simple et seul parmi les autres et aussi dénué d'imprévu qu'un rocher. Et dans ce bloc, quelque part, se croyant un être à part, est enfoui le client. N'importe qui ferait l'affaire. Mais on me paie pour chercher. J'arrive et il se détache, toute sa vie il n'a attendu que cela, d'être préféré, de se croire damné, fortuné, de se croire médiocre, entre tous. Tel est l'effet qu'ont quelquefois sur moi le silence, la chaleur, la pénombre, les odeurs de mon lit. Je me lève, sors, et tout est changé. Ma tête se vide de sang, de toutes parts m'assaillent les bruits

150

des choses s'évitant, s'unissant, volant en éclats, mes yeux cherchent en vain des ressemblances, chaque point de ma peau crie un autre message, je chavire dans l'embrun des phénomènes. C'est en proie à ces sensations, qu'heureusement je sais illusoires, que je dois vivre et travailler. C'est grâce à elles que je me trouve un sens. Ainsi celui qu'une soudaine douleur réveille. Il se fige, retient son souffle, attend, se dit, C'est un mauvais rêve, ou, C'est un peu de névralgie, respire, se rendort, tout tremblant encore. Il n'est pourtant pas désagréable, avant de se mettre au travail, de se retremper dans ce monde massif et lent, où tout se meut avec la morne lourdeur des bœufs, patiemment par les chemins immémoriaux, et où bien entendu tout travail d'enquête serait impossible. Mais en l'occurrence, je dis bien, en l'occurrence, j'avais à cela d'autres raisons plus sérieuses j'espère et relevant moins de l'agréable que de l'utile. Car c'était seulement en le déplaçant dans cette atmosphère, comment dire, de finalité sans fin, pourquoi pas, que j'osais considérer le travail à exécuter. Car là où Molloy ne pouvait être, Moran non plus d'ailleurs, Moran pouvait se courber sur Molloy. Et si de cet examen il ne devait rien sortir de particulièrement fécond ni d'utile pour l'exécution du mandat, j'aurais néanmoins établi une sorte de rapport, et de rapport pas forcément faux. Car la fausseté des termes n'entraîne pas fatalement celle de la relation, que je sache. Et non seulement cela, mais j'aurais prêté à mon bonhomme, dès le début, des allures d'être fabuleux, ce qui ne pourrait manquer de me servir, par la suite, j'en avais le pressentiment. J'ôtai donc ma veste et mes chaussures, je déboutonnai mon pantalon et me glissai sous les couvertures, la conscience tranquille, ne sachant que trop bien ce que je faisais.

151

Molloy, ou Mollose, n'était pas un inconnu pour moi. Si j'avais eu des collègues, j'aurais pu me soupçonner d'en avoir parlé avec eux, comme de quelqu'un appelé à nous occuper tôt ou tard. Mais je n'avais pas de collègues et j'ignorais dans quelles circonstances j'avais appris son existence. Peut-être l'avais-je inventée, je veux dire trouvée toute faite dans ma tête. Il est certain qu'on rencontre parfois des inconnus qui ne le sont pas tout à fait, pour avoir joué un rôle dans certaines séquences cérébrales. Cela ne m'était jamais arrivé, je ne me croyais pas fait pour des expériences pareilles, et même le simple déjà vu me paraissait infiniment hors de ma portée. Mais cela avait tout l'air de m'arriver alors. Car qui aurait pu me parler de Molloy sinon moi et à qui sinon à moi aurais-je pu en parler? Je cherchai en vain. Car dans mes rares conversations avec les hommes j'évitais des sujets pareils. Un autre m'aurait parlé de Molloy que je l'aurais prié de se taire et moi pour rien au monde je n'aurais confié son existence à âme qui vive. J'aurais eu des collègues évidemment que ce n'aurait pas été pareil. Entre collègues on dit des choses qu'en toute autre société on tait. Mais je n'avais pas de collègues. Et cela explique sans doute l'immense malaise que je ressentais depuis le début de cette affaire. Car ce n'est pas une petite affaire, pour un homme mûr et qui se croit au bout de ses surprises, que de se voir le théâtre d'une ignominie pareille. Il y avait là vraiment de quoi être alarmé.

La mère Molloy, ou Mollose, ne m'était pas non plus complètement étrangère, il me semblait. Mais elle était beaucoup moins distincte que son fils, qui Dieu sait était loin de l'être, je veux dire distinct. Après tout je ne savais peut-être rien de la mère Molloy, ou Mollose, sauf dans la mesure où un tel fils en porte les traces, comme des lambeaux de coiffe.

De ces deux noms, Molloy et Mollose, le second me semblait peut-être le plus correct. Mais de peu. Ce que j'entendais, dans mon for intérieur sans doute, à l'acoustique si mauvaise, c'était une première syllabe, Mol, très nette, suivie presque aussitôt d'une seconde des plus cotonneuses, comme mangée par la première, et qui pouvait être oy comme elle pouvait être ose, ou ote, ou même oc. Et si je penchais pour ose, c'était probablement que mon esprit avait un faible pour cette finale, tandis que les autres n'y faisaient vibrer aucune corde. Mais du moment que Gaber avait dit Molloy, pas une fois mais plusieurs, et chaque fois avec une égale netteté, force m'était de reconnaître que moi aussi j'aurais dû me dire Molloy et qu'en me disant Mollose je faisais erreur. Et dorénavant, oublieux de mes préférences, je m'obligerai à dire Molloy, comme Gaber. Qu'il pût s'agir de deux personnes différentes, l'une mon Mollose à moi, l'autre le Molloy de l'enquête, cette idée ne me frôlait même pas, et si elle l'avait fait je l'aurais chassée, comme on chasse une mouche, ou un frelon. Que l'homme est peu d'accord avec lui-même, mon Dieu. Moi qui me flattais d'être pondéré, froid comme du cristal et aussi pur de fausse profondeur.

J'étais donc au courant de Molloy, sans toutefois savoir grand'chose sur son compte. Je dirai brièvement le peu que je savais sur lui. J'indiquerai, à la même occasion, dans la connaissance que j'avais de Molloy, les lacunes les plus frappantes.

Il disposait de très peu d'espace. Le temps aussi lui était mesuré. Il se hâtait sans cesse, comme avec désespoir, vers des buts extrêmement proches. Tantôt, prisonnier, il se précipitait vers je ne sais quelles étroites limites, et tantôt, poursuivi, il se réfugiait vers le centre.

153

Il haletait. Il n'avait qu'à surgir en moi pour que je m'emplisse de halètements.

Même en rase campagne il avait l'air de se frayer un chemin. Il chargeait plus qu'il ne marchait. Cependant il n'avançait que très lentement. Il se balançait, à droite et à gauche, à la manière d'un ours.

Il roulait la tête en proférant des mots inintelligibles.

Il était massif et épais, difforme même. Et, sans être noir, de couleur sombre.

Il était toujours en chemin. Je ne l'avais jamais vu se reposer. Parfois il s'arrêtait et jetait autour de lui des regards furieux.

C'est ainsi qu'il me visitait, à des intervalles très espacés. Je n'étais plus alors que fracas, lourdeur, colère, étouffement, effort incessant, forcené et vain. Tout le contraire de moi, quoi. Cela me changeait. Je le voyais disparaître, dans une sorte de hurlement de tout le corps, presque à regret.

Quant à savoir où il voulait en venir, je n'en avais pas la moindre idée.

Rien ne m'indiquait l'âge qu'il pouvait avoir. Cet aspect que je lui voyais, je me disais qu'il devait l'avoir depuis toujours et qu'il le garderait jusqu'à la fin, fin du reste que j'avais du mal à me représenter. Car, ne concevant pas ce qui avait pu le mettre dans un tel état, je ne concevais pas non plus de quelle manière, laissé à ses propres moyens, il allait pouvoir y mettre un terme. Une fin naturelle me semblait peu probable, je ne sais pourquoi. Mais ma fin naturelle à moi, et j'y étais bien décidé, ne serait-elle pas en même temps la sienne à lui? Modeste, je ne le tenais pas pour acquis. D'ailleurs, existe-t-il des fins non naturelles, ne sont-elles pas toutes dans la belle nature, les indéniablement bonnes comme les soi-

154

disant mauvaises? Ne nous perdons pas en vaines conjectures.

Sur son visage je ne possédais aucun renseignement. Je le supposais hirsute, rocailleux et grimacier. Rien ne m'y autorisait.

Qu'un homme comme moi, si méticuleux et calme dans l'ensemble, tourné si patiemment vers le dehors comme vers le moindre mal, créature de sa maison, de son jardin, de ses quelques pauvres possessions, faisant fidèlement et avec habileté un travail répugnant, retenant sa pensée dans les limites du calcul tellement il a horreur de l'incertain, qu'un homme ainsi fabriqué, car j'étais une fabrication, se laisse hanter et posséder par des chimères, cela aurait dû me paraître étrange, m'engager même à y mettre bon ordre, dans mon propre intérêt. Il n'en était rien. Je n'y voyais qu'un besoin de solitaire, besoin peu recommandable certes, mais qui devait se satisfaire, si je voulais rester solitaire, et j'y tenais, avec aussi peu d'enthousiasme qu'à mes poules ou à ma foi, mais avec autant de clairvoyance. D'ailleurs cela tenait bien peu de place dans l'inénarrable menuiserie qu'était mon existence, ne la compromettait pas plus que mes rêves et s'oubliait aussi vite. Faire la part du feu avant la conflagration, cela m'a toujours semblé raisonnable. Et j'aurais dû raconter ma vie que je n'aurais même pas fait allusion à ces présences, et à celle de l'infortuné Molloy moins qu'à toute autre. Car il y en avait d'autres, autrement prenantes.

Mais ces sortes d'images, la volonté ne les retrouve qu'en y faisant violence. Elle en enlève et y ajoute. Et le Molloy que je renflouais, ce mémorable dimanche d'août, n'était certainement pas tout à fait celui de mes bas-fonds, car ce n'était pas son heure. Mais, pour ce qui était des traits essentiels, j'étais tran-

155

quille, la ressemblance y était. Et le décalage aurait
été encore plus grand que je n'aurais pas eu à le
déplorer. Car ce que je faisais, je ne le faisais ni pour
Molloy, dont je me moquais, ni pour moi, à qui je
renonçais, mais dans l'intérêt d'un travail qui, s'il
avait besoin de nous pour s'accomplir, était dans son
essence anonyme, et subsisterait, habiterait l'esprit
des hommes, quand ses misérables artisans ne
seraient plus. Il ne sera pas dit, je crois, que je ne
prenais pas mon travail au sérieux. On dira plutôt,
avec attendrissement, Ah ces vieux compagnons, la
race en est éteinte et le moule cassé.

Deux remarques.

Le Molloy dont ainsi je m'approchais avec précaution ne devait ressembler au vrai Molloy, celui avec
qui j'allais si prochainement être aux prises, par
monts et par vaux, que d'une façon assez lointaine.

Je mêlais peut-être déjà, sans m'en rendre compte,
au Molloy ainsi récupéré en moi des éléments du
Molloy décrit par Gaber.

Il y avait en somme trois, non, quatre Molloy.
Celui de mes entrailles, la caricature que j'en faisais,
celui de Gaber et celui qui, en chair et en os, m'attendait quelque part. J'y ajouterais celui de Youdi,
n'était l'exactitude prodigieuse de Gaber pour tout
ce qui touchait à ses commissions. Mauvais raisonnement. Car pouvait-on sérieusement supposer que
Youdi eût confié à Gaber tout ce qu'il savait, ou
croyait savoir (tout un, pour Youdi), sur son protégé? Assurément non. Il n'en avait dit que ce qu'il
jugeait utile pour la bonne et rapide exécution de ses
ordres. J'ajouterai donc un cinquième Molloy, celui
de Youdi. Mais ce cinquième Molloy ne se confon-
dait-il pas forcément avec le quatrième, le vrai
comme on dit, celui qui accompagne son ombre?
J'aurais payé cher pour le savoir. Il y en avait

d'autres évidemment. Mais restons-en là, si vous voulez bien, dans notre petit cercle d'initiés. Et ne nous mêlons pas non plus de vouloir savoir jusqu'à quel point ces cinq Molloy étaient fixes et jusqu'à quel point ils étaient sujets à des fluctuations. Car Youdi avait cette particularité, qu'il changeait d'avis avec une assez grande facilité.

Cela fait trois remarques. Je n'en avais prévu que deux.

La glace ainsi rompue, je me jugeai en mesure de soutenir le rapport de Gaber et d'entrer dans le vif des données officielles. Il me semblait que l'enquête allait enfin commencer.

Ce fut à peu près à ce moment-là que le bruit d'un gong, frappé avec force, remplit la maison. Il était en effet neuf heures. Je me levai, ajustai mes vêtements et descendis précipitamment. Prévenir que la soupe était sur la table, que dis-je, qu'elle était en train de se congeler, était toujours pour Marthe une petite victoire et une grande satisfaction. Car habituellement j'étais à table, la serviette déployée sur ma poitrine, émiettant le pain, taquinant le couvert, jouant avec le porte-couteau, attendant qu'on me serve, quelques minutes avant l'heure convenue. Je m'attaquai à la soupe. Où est Jacques? dis-je. Elle haussa les épaules. Détestable geste d'esclave. Dites-lui de descendre immédiatement, dis-je. Devant moi la soupe ne fumait plus. Avait-elle jamais fumé? Elle revint. Il ne veut pas descendre, dit-elle. Je posai ma cuiller. Dites-moi, Marthe, dis-je, quelle est cette préparation? Elle me la nomma. J'en ai déjà mangé? dis-je. Elle m'assura que oui. C'est donc moi qui ne suis pas dans mon assiette, dis-je. Ce trait d'esprit me plut énormément, j'en ris tellement que je me mis à hoqueter. Il fut perdu pour Marthe, qui me regardait avec hébètement. Qu'il descende, dis-je enfin. Vous dites? dit Marthe. Je répétai ma phrase. Elle avait toujours l'air sincèrement perplexe. Nous sommes trois dans ce petit Trianon, dis-je, vous, mon fils et enfin moi. Je dis, Qu'il descende. Mais il est souffrant, dit Marthe. Il serait à l'agonie, dis-je, qu'il aurait à descendre. La colère me poussait quelquefois à de légers écarts de langage. Je ne pouvais les regretter. Il me semblait que tout langage est un écart de langage. Je les confessais naturellement. Il fallait bien que je me noircisse un peu.

Jacques était rouge comme une pivoine. Mange ta soupe, dis-je, tu m'en diras des nouvelles. Je n'ai pas faim, dit-il. Mange ta soupe, dis-je. Je compris qu'il ne la mangerait pas. De quoi te plains-tu? dis-je. Je ne suis pas bien, dit-il. Quelle chose abominable que la jeunesse. Essaie d'être plus explicite, dis-je. J'employai à dessein ce terme un peu difficile pour les tout jeunes gens, car je lui en avais expliqué la signification et le mode d'emploi, quelques jours plus tôt. J'avais donc bon espoir qu'il me dirait qu'il ne comprenait pas. Mais c'était un petit malin, à sa manière. Marthe! vociférai-je. Elle parut. La suite, dis-je. Je regardai plus attentivement par la fenêtre. Non seulement la pluie avait cessé, ça je le savais déjà, mais à l'ouest des bandes d'un beau rouge chatoyant gagnaient à chaque instant en hauteur. Je les devinais plus que je ne les voyais, à travers mon bosquet. Une grande joie, j'exagère à peine, m'inonda devant tant de beauté, tant de promesse. Je m'en détournai avec un soupir, car la joie qu'inspire la beauté n'est souvent pas sans mélange, et vis devant moi ce qu'avec juste raison j'avais appelé la suite. Qu'est-ce que c'est encore? dis-je. D'habitude le dimanche soir nous mangions froid, les restes de la volaille, poulet, caneton, oie, dinde, que sais-je, du samedi soir. J'ai toujours eu beaucoup de succès avec

158

mes dindes, elles sont plus intéressantes que les canards, comme élevage, à mon avis. Plus délicates, peut-être, mais d'un bien meilleur rendement, pour qui sait les flatter, les ménager, bref pour qui les aime et sait s'en faire aimer. C'est le plat du berger, dit Marthe. J'y goûtai, à même le plat. Et qu'avez-vous fait du poulet d'hier? dis-je. Le visage de Marthe prit une expression de triomphe. Elle s'attendait à cette question, c'est évident, elle comptait dessus. J'ai pensé, dit-elle, que vous feriez mieux de manger chaud, avant votre départ. Et qui vous a dit que j'allais partir? dis-je. Elle alla vers la porte, signe certain qu'elle allait lancer une flèche. Elle ne savait insulter qu'en fuyant. Je ne suis pas aveugle, dit-elle. Elle ouvrit la porte. Malheureusement, dit-elle. Elle referma la porte derrière elle.

Je regardai mon fils. Il avait la bouche ouverte et les yeux fermés. C'est toi qui nous as trahis? dis-je. Il fit semblant de ne pas y être. As-tu dit à Marthe que nous partions? dis-je. Il dit que non. Et pourquoi pas? dis-je. Je ne l'ai pas vue, dit-il avec cynisme. Mais elle vient de monter dans ta chambre, dis-je. Le plat était déjà prêt, dit-il. Il était presque digne de moi par moments. Mais il avait tort d'invoquer le plat. Mais il était encore jeune et inexpérimenté et je renonçai à l'accabler. Essaie de me dire, dis-je, avec un peu plus de précision, ce que tu ressens. J'ai mal au ventre, dit-il. Mal au ventre! As-tu de la fièvre? dis-je. Je ne sais pas, dit-il. Fixe-toi, dis-je. Il avait l'air de plus en plus abruti. Heureusement que j'aimais assez mettre les points sur les i. Va chercher le thermomètre minute, dis-je, dans le deuxième tiroir de droite de mon bureau, en partant du haut, prends ta température et apporte-moi le thermomètre. Je laissai passer quelques minutes, puis, sans y être invité, répétai mot à mot, et lentement, cette phrase assez longue et difficile, où il ne figurait pas moins de trois impératifs. Comme il s'éloignait, ayant sans doute compris l'essentiel, j'ajoutai avec jovialité, Tu sais dans quelle bouche le mettre? Je me livrais volontiers, dans mes conversations avec mon fils, à des plaisanteries d'un goût douteux, dans un but éducatif. Celles dont sur le moment il ne saisissait pas tout le sel, et elles devaient être nombreuses, il pouvait y réfléchir à loisir ou en chercher avec ses petits camarades l'interprétation la plus vraisemblable. Ce qui était en soi-même un excellent exercice. Et en même temps j'aiguillais son jeune esprit vers une voie des plus fécondes, celle de l'horreur du corps et de ses fonctions. Mais j'avais mal tourné ma phrase, j'aurais dû dire plutôt, Ne te trompe pas d'entrée. C'est en scrutant de plus près le plat du berger que j'eus ce repentir. J'en soulevai la croûte avec ma cuiller et regardai dedans. Je le sondai avec ma fourchette. J'appelai Marthe et lui dis, Son chien n'en voudrait pas. Je songeai en souriant à mon bureau qui n'avait en tout et pour tout que six tiroirs, trois de chaque côté du vide ou j'enfonçais mes jambes. Puisque votre dîner est immangeable, dis-je, soyez assez bonne de préparer un paquet de sandwiches, avec ce que vous n'avez pas pu manger du poulet. Mon fils revint enfin. C'était bien la peine d'avoir un thermomètre minute. Il me le passa. L'as-tu essuyé au moins? dis-je. Me voyant loucher après le mercure il alla à la porte et alluma. Que Youdi était loin, à cet instant. Quelquefois l'hiver, rentrant harassé et fourbu après une journée de courses infructueuses, je trouvais mes babouches qui chauffaient devant le feu, l'empeigne tourné vers la flamme. Il avait de la fièvre. Tu n'as rien, dis-je. Puis-je monter? dit-il. Pour quoi faire? dis-je. Me coucher, dit-il. Un beau cas de force majeure n'était-il pas en train de se développer? Sans doute, mais je n'oserais l'invoquer. Je n'allais pas m'attirer des foudres dont peut-être je ne me relèverais jamais, simplement parce que mon fils avait des coliques. S'il tombait sérieusement malade en cours de route, ce serait une autre affaire. Je n'avais pas étudié l'Ancien Testament pour des prunes. As-tu chié, mon enfant? dis-je tendrement. J'ai essayé, dit-il. Tu as envie? dis-je. Oui, dit-il. Mais rien ne sort, dis-je. Non, dit-il. Un peu de vent, dis-je. Oui, dit-il. Il me souvint soudain du cigare du père Ambroise. Je l'allumai. Nous allons voir ça, dis-je, en me levant. Nous montâmes à l'étage. Je lui fis un lavement, à l'eau salée. Il se débattit, mais pas longtemps. Je retirai la canule. Essaie de le garder, dis-je, ne reste pas assis sur le pot, couche-toi à plat ventre. Nous étions dans la salle de bains. Il se coucha sur les carreaux, son gros cul en l'air. Laisse-le bien pénétrer, dis-je. Quelle journée. Je regardai la cendre de mon cigare. Elle était bleue et ferme. Je m'assis sur le bord de la baignoire. La porcelaine, les glaces, le chrome, firent descendre en moi un grand calme. Du moins je suppose que c'était eux. Ce n'était pas un grand calme d'ailleurs. Je me levai, posai mon cigare et me brossai les incisives. Les gencives du fond, je les brossai aussi. Je me regardai, les lèvres retroussées, elles qui au repos me rentrent dans la bouche. De quoi ai-je l'air? me dis-je. La vue de ma moustache, comme toujours, m'agaça. Elle n'était pas au point. Elle m'allait bien, sans moustache j'étais inconcevable. Mais elle aurait dû m'aller mieux. Il aurait suffi d'un petit changement dans la coupe. Mais lequel? Y en avait-il trop, pas assez? Maintenant, dis-je, sans cesser de m'inspecter, remets-toi sur le pot et pousse. N'était-ce pas plutôt la couleur? Un bruit de vidange me ramena à des soucis moins élevés. Il se releva tout tremblant. Nous nous penchâmes ensemble sur le pot qu'après un long moment je pris par l'anse et fis pencher de côté et d'autre. Quelques copeaux filandreux nageaient dans le liquide jaunâtre. Comment veux-tu chier, dis-je, quand tu n'as rien dans le ventre. Il me fit remarquer qu'il avait déjeuné. Tu n'as touché à rien, dis-je. Il se taisait. J'avais touché juste. Tu oublies que nous partons dans une heure ou deux, dis-je. Je ne pourrai pas, dit-il. De sorte, poursuivis-je, qu'il faut que tu manges. Une vive douleur me traversa le genou. Qu'est-ce que tu as, papa? dit-il. Je me laissai tomber sur l'escabeau, relevai mon pantalon, regardai le genou, pliai et dépliai plusieurs fois la jambe. Vite l'iodex, dis-je. Tu es assis dessus, dit-il. Je me levai et le pantalon retomba autour de ma cheville. Il y a dans cette inertie des choses de quoi rendre littéralement fou. Je poussai un rugissement que durent entendre les sœurs Elsner. Elles s'arrêtent de lire, lèvent la tête, se regardent, écoutent. Plus rien. Un cri dans la nuit, encore un. Deux vieilles mains, veinées, baguées, se cherchent, se pressent. Je relevai à nouveau mon pantalon, le roulai avec rage sur ma cuisse, soulevai le couvercle de l'escabeau, y pris l'iodex et m'en frottai le genou. Le genou est plein de petits os qui bougent. Fais-le bien pénétrer, dit mon fils. Ça il me le paierait plus tard. Quand j'eus fini, je remis tout en place, déroulai le pantalon, me rassis sur l'escabeau et écoutai. Plus rien. A moins que tu ne préfères qu'on essaie un vrai vomitif, dis-je, comme si rien ne s'était passé. J'ai sommeil, dit-il. Tu vas aller te coucher, dis-je, je t'apporterai au lit une petite collation qui te fera plaisir, tu dormiras un peu, puis nous partirons ensemble. Je l'attirai sur ma poitrine. Qu'est-ce que tu en dis? dis-je. Il en dit, Oui papa. M'aimait-il en ce moment autant que moi je l'aimais? On ne pouvait

162

jamais savoir avec ce petit sournois. Va vite te coucher, dis-je, couvre-toi bien, je viens tout de suite. Je descendis à la cuisine, préparai et disposai sur mon beau plateau de laque un bol de lait chaud et une tartine de confiture. Il a voulu un rapport. Il l'aura, son rapport. Marthe me regardait sans rien dire, vautrée dans son rocking-chair. On aurait dit une Parque en panne de fil. Je fis tout bien propre derrière moi et me dirigeai vers la porte. Puis-je aller me coucher? dit-elle. Elle avait attendu que je fusse debout, le plateau chargé à la main, pour me poser cette question. Je sortis, posai le plateau sur la chaise en bas de l'escalier, retournai dans la cuisine. Avez-vous préparé les sandwiches? dis-je. Pendant ce temps le lait se refroidissait et se couvrait d'une peau révoltante. Elle les avait préparés. Je vais me coucher, dit-elle. Tout le monde se couchait. Il faudra vous lever dans une heure ou deux, dis-je, pour tirer les verrous. A elle de décider si cela valait la peine de se coucher, dans ces conditions. Elle me demanda pour combien de temps je comptais m'absenter. Se rendait-elle compte que je ne partais pas seul? Sans doute. En montant dire à mon fils de descendre, même s'il ne lui avait rien dit, elle avait dû remarquer le sac à dos. Je n'en sais rien, dis-je. Puis aussitôt, la voyant si vieille, pire que vieille, vieillissante, si seule et si chagrine dans son éternel coin, Ce ne sera pas long, allez. Et je l'engageai, en termes pour moi chaleureux, à se reposer bien pendant mon absence et à se distraire en visitant ses amies et en les recevant. Ne ménagez ni le thé ni le sucre, dis-je, et si par extraordinaire vous avez besoin d'argent, adressez-vous à Maître Savory. Je poussai cette soudaine amabilité jusqu'à lui serrer la main, qu'elle essuya hâtivement, dès qu'elle eut compris mes intentions, sur son tablier. Le serrement fini, je ne la lâchai pas, cette

163

main rouge et molle. Mais j'en pris un doigt du bout des miens, l'attirai vers moi et la regardai. J'aurais eu des larmes à verser que je les aurais versées alors, par torrents, pendant des heures. Elle se demandait probablement si je n'allais pas lui faire des propositions déshonorantes. Je lui rendis sa main, pris les sandwiches et m'en allai.

Il y avait longtemps que Marthe était à mon service. J'étais souvent en voyage. Je n'avais jamais pris congé d'elle de cette façon, mais toujours avec désinvolture, même lorsque j'avais à craindre une absence prolongée, ce qui n'était pas le cas ce jour-là. Quelquefois je m'en allais sans lui dire un mot.

Avant d'entrer dans la chambre de mon fils j'entrai dans la mienne. J'avais toujours le cigare à la bouche mais la jolie cendre était tombée quelque part. Je me reprochai ce manque de soin. Je fis dissoudre dans le lait une poudre somnifère. Je ne lui ferai grâce de rien. Je m'en allais avec le plateau lorsque mon regard tomba sur les deux albums posés sur mon bureau. Je me demandai si je ne pouvais retirer mon interdit, au moins en ce qui concernait l'album des doubles. Tout à l'heure il était venu ici, chercher le thermomètre. Il avait été long. Aurait-il profité de l'occasion pour s'emparer de quelques-uns de ses timbres préférés? Je n'avais pas le temps de tout contrôler. Je posai le plateau et cherchai quelques timbres au hasard, le Togo un mark carmin avec le beau bateau, le Nyassa dix reis de 1901, et quelques autres. J'aimais beaucoup le Nyassa. Il était vert et représentait une girafe en train de brouter la cime d'un palmier. Ils étaient à leur place. Cela ne prouvait rien. Cela prouvait seulement que ces timbres-là étaient à leur place. Je jugeai que je ne pouvais revenir sur ma décision, librement prise et clairement énoncée, sans que mon autorité en subît une diminu-

164

tion, ce qu'elle n'était guère en mesure de supporter. J'en eus du regret. Mon fils dormait déjà. Je le réveillai. Il but et mangea en grimaçant de dégoût. Voilà de quelle façon il me remerciait. J'attendis que la dernière goutte, la dernière miette, eussent disparu. Il se tourna vers le mur et je le bordai. Il s'en fallut d'un cheveu que je ne l'embrassasse. Ni lui ni moi n'avions prononcé un mot. Nous n'avions plus besoin de mots, pour le moment. Il était d'ailleurs rare que mon fils me parlât le premier. Et quand je lui parlais moi, il ne répondait le plus souvent qu'avec lenteur et comme malgré lui. Avec ses petits camarades cependant, quand il me croyait loin, il était d'une volubilité incroyable. Que ma présence eût pour effet d'éteindre cette disposition, cela n'était point fait pour me déplaire. Se taire et écouter, pas un être sur cent n'en est capable, ne conçoit même ce que cela signifie. C'est pourtant alors qu'on distingue, au-delà de l'absurde fracas, le silence dont l'univers est fait. Je désirais cet avantage pour mon fils. Et qu'il restât à l'écart de ceux qui se félicitent de savoir ouvrir les yeux. Je n'avais pas lutté, peiné, souffert, créé une situation, vécu comme un babinga, pour que mon fils en fît autant. Je me retirai sur la pointe des pieds. J'allais assez volontiers jusqu'au bout de mes rôles.

Puisque je reculais de cette sorte l'échéance, ai-je à m'excuser de le dire? Je laisse tomber cette suggestion à tout hasard. Et sans m'y intéresser outre mesure. Car en décrivant cette journée je suis à nouveau celui qui la subit, qui la bourra d'une vie anxieuse et futile, dans le seul but de s'étourdir, de pouvoir ne pas faire ce qu'il avait à faire. Et ainsi qu'alors ma pensée se refusait à Molloy, de même cette nuit ma plume. Il y a quelque temps déjà que cette confession me travaille. Elle ne me soulage pas.

Je réfléchis avec une amère satisfaction que si mon fils venait à crever en cours de route, ce ne serait pas moi qui l'aurais voulu. A chacun ses responsabilités. J'en connais qu'elles n'empêchent pas de dormir.

Je me dis, Il y a quelque chose dans cette maison qui m'empêche d'agir. Un homme comme moi ne peut oublier, dans ses dérobades, ce à quoi il se dérobe. Je descendis dans le jardin et me promenai dans l'obscurité presque totale. Le jardin m'aurait été moins familier que je serais rentré dans mes massifs, ou dans mes ruches. Mon cigare s'était éteint sans que j'y eusse pris garde. Je le secouai et le mis dans ma poche, avec l'intention de le jeter dans le cendrier, ou dans la corbeille à papier, plus tard. Mais le lendemain, loin de Shit, je le retrouvai dans ma poche et ma foi non sans satisfaction. Car je pus en tirer encore quelques bouffées. Découvrir le cigare froid entre mes dents, le cracher, le chercher dans l'obscurité, le ramasser, me demander ce qu'il convenait d'en faire, en secouer la cendre et le mettre dans ma poche, me représenter le cendrier et la corbeille à papier, ce n'étaient là que les principaux relais d'un processus que je fis durer un quart d'heure au moins. D'autres avaient trait au chien Zoulou, aux parfums décuplés par la pluie et dont je m'amusais à retrouver les sources, dans ma tête et entre mes mains, à une lumière chez tel voisin, à un bruit chez tel autre, et ainsi de suite. La fenêtre de mon fils était faiblement éclairée. Il aimait dormir une veilleuse à côté de lui. Je m'en voulais un peu de lui passer cette fantaisie. Il n'y avait pas si longtemps qu'il ne pouvait dormir qu'à condition de tenir dans ses bras son ours en peluche. Quand il aurait oublié l'ours (Jeannot) je lui supprimerais la veilleuse. Qu'aurais-je fait ce jour-là sans le dérivatif de mon fils? Mon devoir peut-être.

Me voyant aussi peu vaillant dans le jardin que dans la maison, je repris le chemin de celle-ci, en me disant que de deux choses l'une, ou ma maison n'était pour rien dans l'espèce d'anéantissement où j'évoluais ou il fallait en accuser l'ensemble de ma petite propriété. En adoptant cette deuxième hypothèse je m'excusais de ce que j'avais fait et, à l'avance, de ce que j'allais faire, jusqu'à mon départ. Elle m'apportait un semblant de pardon et un instant de liberté factice. Je l'adoptai donc.

De loin la cuisine m'avait semblé dans l'obscurité. Et dans un sens elle l'était. Mais dans un autre sens elle ne l'était pas. Car en collant l'œil à la vitre j'y distinguai une faible clarté rougeâtre, ne pouvant provenir du four, car je n'avais pas de four, mais une simple cuisinière qui marchait au gaz. Un four si vous voulez, mais un four au gaz. C'est-à-dire qu'il y avait un vrai four aussi dans la cuisine, mais désaffecté. Que voulez-vous, dans une maison sans four à gaz je ne me serais pas senti à l'aise. J'aime la nuit, interrompant ma promenade, m'approcher des fenêtres, qu'elles soient éclairées ou non, et regarder dans les chambres, pour voir ce qui s'y passe. Je me couvre le visage de mes mains et regarde à travers mes doigts. J'ai épouvanté plus d'un voisin de cette façon. Il se précipite dehors, ne trouve personne. Les chambres les plus obscures sortent pour moi alors de l'ombre, comme chargées encore du jour disparu ou de la lampe qu'on vient d'éteindre, pour des motifs plus ou moins avouables. Mais les lueurs de la cuisine étaient d'une autre catégorie et provenaient de la veilleuse à globe rouge qui, dans la chambre de Marthe, attenante à la cuisine, brûlait éternellement aux pieds d'une petite madone en bois sculpté, accrochée au mur. Lasse de se bercer, elle avait quitté la cuisine pour aller s'allonger sur son lit, en laissant ouverte la porte de sa chambre afin de ne rien perdre des bruits de la maison. Mais elle s'était peut-être endormie.

Je remontai à l'étage. Je m'arrêtai devant la porte de mon fils. Je me penchai et collai l'oreille à la serrure. D'autres collent l'œil, moi l'oreille, aux serrures. Je n'entends rien, à mon étonnement. Car mon fils dormait bruyamment, la bouche ouverte. Je me gardai bien d'ouvrir la porte. Car ce silence avait de quoi occuper mon esprit, pendant quelque temps. J'allai dans ma chambre.

Ce fut alors qu'on vit cette chose sans précédent, Moran se préparant à partir dans l'ignorance de ce à quoi il s'engageait, sans avoir consulté carte ni indicateur, n'ayant pas considéré la question du chemin et des étapes, insoucieux des perspectives météorologiques, n'ayant que des notions confuses sur l'outillage dont il importait de se munir, sur la durée probable de l'expédition, sur la somme d'argent dont il aurait besoin et jusque sur la nature du travail à fournir et par conséquent sur les moyens à mettre en œuvre. Cependant je sifflais, tout en fourrant dans ma gibecière un minimum d'effets analogues à ceux que j'avais indiqués à mon fils. Je revêtis mon vieux costume de chasseur poivre et sel avec culotte courte se boutonnant au-dessous du genou, des bas assortis et une paire de fortes chaussures noires à tige montante. Je me penchai, les mains sur les fesses, et regardai mes jambes. Grêles et cagneuses elles s'accommodaient mal de cet accoutrement, que d'ailleurs mon village ne me connaissait pas. Mais quand je m'en allais la nuit, pour une destination éloignée, je le mettais volontiers, m'y sentant à mon aise quoique chie-en-lit. Il ne me manquait plus qu'un filet à papillons pour avoir vaguement l'air d'un instituteur de campagne en congé de convalescence. Les lourdes bottines d'un noir étincelant, et qui semblaient implorer un pantalon en serge bleu marine, portaient le coup de grâce à cet ensemble qui sans elles aurait pu paraître, aux gens mal avertis, d'un mauvais goût de bon ton. Comme chapeau, après mûre hésitation, je me décidai pour mon paille de riz, jauni par la pluie. Il avait perdu son bourdalou, ce qui le faisait paraître d'une hauteur démesurée. Je fus tenté de prendre ma pèlerine noire, mais lui préférai finalement un lourd parapluie d'hiver à manche massif. La pèlerine est un vêtement pratique et j'en avais plusieurs. Elle laisse aux bras une grande liberté de manœuvre et en même temps les dissimule. Et il y a des occasions où la pèlerine est pour ainsi dire indispensable. Mais le parapluie aussi a de grands mérites. Et si ç'avait été l'hiver, ou même l'automne, au lieu de l'été, je les aurais peut-être pris tous les deux. Cela m'était déjà arrivé et je n'avais eu qu'à m'en féliciter.

Ainsi mis je ne pouvais guère espérer passer inaperçu. Je ne le désirais pas. Se faire remarquer, dans le métier que je faisais, c'est l'enfance de l'art. Faire naître des sentiments de pitié, d'indulgence, provoquer l'hilarité et les sarcasmes, c'est indispensable. Autant de tarauds dans le fût des secrets. A condition de ne pouvoir s'émouvoir, ni dénigrer, ni rire. Je me mettais facilement dans cet état. Puis il y avait la nuit.

Mon fils ne ferait que me gêner. Il ressemblait à mille garçons de son âge et de sa condition. Un père, c'est tout de suite plus sérieux. Même grotesque il commande un certain respect. Et lorsqu'on le voit en balade avec son jeune garçon, dont le visage s'allonge de plus en plus, alors plus moyen de travailler. On le prend pour un veuf, les couleurs les plus gaies n'y peuvent rien, aggravent plutôt la situation, en lui faisant imputer une épouse morte de longue date, en couches probablement. Et l'on ne verrait dans mes excentricités qu'un effet de la viduité, qui m'aurait détraqué lentement. La colère montait en moi contre celui qui m'imposait une telle entrave. Il aurait voulu me voir échouer qu'il n'aurait mieux su s'y prendre. Si j'avais pu réfléchir avec mon sang-froid habituel au travail qu'on me demandait, je l'aurais peut-être jugé de nature à être facilité par la présence de mon fils plutôt qu'à en pâtir. Mais nous n'allons pas revenir sur cette question. Peut-être pourrais-je le faire passer pour mon assistant, ou pour un simple neveu. Je lui interdirais de m'appeler papa, ou de me témoigner de l'affection, devant autrui, sous peine de recevoir un de ces soufflets qu'il redoutait tellement.

Et si, tout en roulant ces lugubres pensées, il m'arrivait néanmoins de temps en temps de siffler quelques mesures, c'est qu'au fond je devais être content de quitter ma maison, mon jardin, mon village, moi qui d'habitude les quittais à regret. Il y a des gens qui sifflent sans raison. Pas moi. Et pendant que j'allais et venais dans ma chambre, faisant de l'ordre, rangeant dans l'armoire les vêtements et dans leurs boîtes les chapeaux que j'avais sortis afin d'y faire librement mon choix, fermant à clef les différents tiroirs, pendant ce temps je me voyais avec joie loin de ma commune, des têtes de connaissance, de toutes mes ancres de salut, assis dans l'obscurité sur une borne, les jambes croisées, une main sur la cuisse, coude dans cette main, menton dans l'autre, yeux fixés sur la terre, comme sur un échiquier, tirant froidement mes plans, pour le lendemain, le surlendemain, créant le temps à venir. Et j'oubliais alors que mon fils serait à mes côtés, s'agitant, se plaignant, réclamant à manger, à dormir, salissant son caleçon. Je rouvris le tiroir de ma table de nuit et y

170

pris un tube entier de comprimés de morphine, mon calmant favori.

Mon trousseau de clefs est énorme, il pèse plus d'une livre. Pas une porte, pas un tiroir chez moi, dont la clef ne m'accompagne, où que j'aille. Je les porte dans la poche droite de mon pantalon, de ma culotte en l'occurrence. Une chaîne massive, attachée à ma bretelle, m'empêche de les perdre. Cette chaîne, quatre ou cinq fois plus longue qu'il ne faut, repose, lovée, dans ma poche sur le trousseau. Le poids me fait pencher à droite quand je suis fatigué ou que j'oublie de le compenser, par un effort musculaire.

Je jetai un dernier regard autour de moi, remarquai que j'avais négligé certaines précautions, y remédiai, pris ma gibecière, j'ai failli écrire ma guitare, mon canotier, mon parapluie, j'espère que je n'oublie rien, éteignis, sortis dans le couloir et fermai ma porte à clef. Voilà qui est clair. J'entendis aussitôt un bruit d'étranglement. C'était mon fils qui dormait. Je le réveillai. Nous n'avons pas un instant à perdre, dis-je. Il s'agrippait désespérément à son sommeil. C'était naturel. Quelques heures d'un sommeil même de plomb ne suffisent pas à un organisme à peine pubère ébranlé par l'indigestion. Et comme je le secouais et l'aidais à sortir du lit, en le tirant d'abord par le bras, ensuite par les cheveux, il se détourna de moi avec rage, vers le mur, et enfonça ses ongles dans le matelas. Je dus faire appel à toute ma vigueur pour venir à bout de sa résistance. Mais à peine l'eus-je dégagé du lit qu'il s'échappa de mon étreinte, se jeta par terre et s'y roula, en poussant des cris de colère et de révolte. Ça commençait déjà. Devant cette dégoûtante exhibition force me fut d'employer mon parapluie, en le tenant par le bout, des deux mains. Mais un mot sur mon canotier, avant

171

que j'oublie. Le bord était percé de deux trous, un de chaque côté naturellement, je les avais pratiqués moi-même, avec mon vilebrequin. Et dans ces trous j'avais fixé les deux bouts d'un élastique assez long pour passer sous mon menton, sous mes mâchoires plutôt, mais pas trop long, car il fallait qu'il s'ajustât bien, sous mes mâchoires plutôt. De cette façon, quelles que fussent mes contorsions, mon canotier restait à sa place, qui était sur ma tête. Tu n'as pas honte, m'écriai-je, petit malappris dégoûtant! J'allais me mettre en colère si je ne faisais pas attention. Et la colère est un luxe que je ne peux me permettre. Car alors je deviens aveugle, un rideau de sang se met devant mes yeux et, à l'instar du grand Gustave, j'entends craquer les bancs de la cour d'assises. Oh ce n'est pas impunément qu'on est doux, poli, raisonnable, patient, jour après jour, année après année. Je jetai mon parapluie et me précipitai hors de la chambre. Dans l'escalier je rencontrai Marthe qui montait, sans bonnet, les cheveux épars et les vêtements en désordre. Qu'est-ce qui se passe? cria-t-elle. Je la regardai. Elle retourna dans sa cuisine. Je courus en tremblant à la remise, pris ma cognée, sortis dans la cour et me mis à cogner à bras raccourcis sur une vieille souche qui s'y trouvait et sur laquelle tranquillement l'hiver je fendais mes bûches en quatre. La lame finit par s'y enfoncer si profondément que je ne pus plus la dégager. Les efforts que je fis à cet effet m'apportèrent, avec l'épuisement, le calme. Je remontai à l'étage. Mon fils s'habillait, en pleurant. Tout le monde pleurait. Je l'aidai à mettre son sac à dos. Je lui dis de ne pas oublier son imperméable. Il voulut le mettre dans son sac. Je lui dis de le garder sur le bras, pour le moment. Il était presque minuit. Je ramassai mon parapluie. Indemne. Avance, dis-je. Il sortit de la chambre que je contemplai un instant, avant de le suivre. Un grand désordre y régnait. Dehors il faisait bon, à mon humble avis. L'air était embaumé. Le gravier cria sous nos pas. Non, dis-je, par ici. Je m'engageai dans le bosquet. Derrière moi mon fils trébuchait, se cognait contre les troncs. Il ne savait pas se diriger dans le noir. Il était encore jeune, les mots de reproche moururent sur mes lèvres. Je m'arrêtai. Prends ma main, dis-je. J'aurais pu dire, Donne ta main. Je dis, Prends ma main. Bizarre. Mais le sentier était trop étroit pour que nous pussions y avancer de front. Je mis donc ma main derrière mon dos et mon fils s'en saisit, avec gratitude il me sembla. Nous arrivâmes ainsi devant le guichet rustique à claire-voie fermé à clef. Je l'ouvris et m'effaçai, pour que mon fils passât le premier. Je me retournai vers ma maison. Le bosquet me la cachait en partie. La crête dentelée de la toiture, l'unique cheminée avec ses quatre tuyaux, se détachaient à peine contre le ciel où bavaient quelques étoiles noyées. J'offris mon visage à cette masse noire de végétation odorante qui était à moi, dont je pouvais faire ce que je voulais sans que personne me fasse une observation. Elle était pleine d'oiseaux chanteurs la tête sous l'aile ne craignant rien, car ils me connaissaient. Mes arbres, mes arbustes, mes parterres, mes minuscules pelouses, je croyais les aimer. Si j'en retranchais quelquefois une branche, une fleur, c'était uniquement pour leur bien, pour qu'ils poussent plus drus et plus heureux. Mais je ne le faisais que le cœur serré. D'ailleurs c'est simple, je ne le faisais pas, je le faisais faire par Christie. Je ne cultivais pas de légumes. Le poulailler n'était pas loin. J'ai menti en disant que j'avais des dindes, etc. Je n'avais que quelques poules. Ma poule grise était là, pas sur le perchoir avec les autres, mais par terre, dans un coin, dans la poussière, à la merci des rats.

Le coq n'allait plus vers elle pour lui sauter rageuse-
ment dessus. Le jour était proche, si elle ne se reprenait, où les autres poules, unissant leurs forces, la
mettraient en pièces, à coups de bec et de serre. Tout
était silencieux. J'ai l'oreille d'une grande finesse.
Mais je ne suis pas du tout musicien. Je perçus cet
adorable bruit fait de menus piétinements, de plumes
nerveuses, d'infimes gloussements aussitôt réprimés,
qui est celui des poulaillers la nuit et qui s'achève
bien avant l'aube. Que de soirs je l'avais écouté avec
ravissement, en me disant, Demain je suis libre.
Ainsi je me retournais une dernière fois vers mon
petit bien, avant de le quitter, dans l'espoir de le
conserver.

Dans la ruelle, ayant refermé le guichet à clef, je
dis à mon fils, A gauche. Il y avait longtemps que
j'avais renoncé à me promener avec mon fils, malgré
le vif désir que j'en avais quelquefois. La moindre
sortie avec lui me mettait au supplice, tellement il se
trompait de direction. Seul cependant il semblait
connaître tous les raccourcis. Quand je l'envoyais
chez l'épicier, ou chez madame Clément, ou même
plus loin, sur la route de V chercher de la graine, il
était de retour dans la moitié du temps que j'aurais
mis moi à faire le même trajet, et sans avoir couru.
Car je ne voulais pas qu'on vît mon fils gambader
dans les rues, comme les chenapans qu'il fréquentait
en cachette. Non, je voulais qu'il marche comme
moi, à petits pas rapides, la tête haute, la respiration
égale et économe, balançant les bras, ne regardant ni
à droite ni à gauche, n'ayant l'air de rien voir et en
réalité attentif aux moindres détails du chemin. Mais
avec moi il prenait invariablement le mauvais tournant, il suffisait d'un carrefour ou d'une simple jonc-
tion pour qu'il s'écartât du bon chemin, celui que
j'avais élu. Je ne crois pas qu'il fît exprès. Mais se

reposant sur moi il ne faisait plus attention à ce qu'il faisait, ne regardait pas où il allait et avançait machinalement plongé dans une sorte de songe. Et on aurait dit qu'il se laissait aspirer par toutes les ouvertures susceptibles de le faire disparaître. De sorte que nous avions pris l'habitude de nous promener chacun de son côté. Et la seule promenade que nous faisions régulièrement ensemble était celle qui nous conduisait, le dimanche, de la maison à l'église et, la messe terminée, de l'église à la maison. Pris alors dans le lent flot des fidèles, mon fils n'était plus seul avec moi. Mais il faisait partie de ce docile troupeau allant remercier encore une fois Dieu de ses bienfaits et implorer pardon et miséricorde, et ensuite s'en retournant, l'âme rassurée, vers d'autres satisfactions.

J'attendis qu'il revînt sur ses pas, puis prononçai les mots destinés à régler cette question une fois pour toutes. Tu te mettras derrière moi, dis-je, et tu me suivras. Cette solution avait du bon, à plusieurs points de vue. Mais était-il capable de me suivre? Le moment ne viendrait-il pas fatalement où il lèverait la tête et se trouverait seul, dans un endroit inconnu, et où moi, secouant mes pensées, je me retournerais pour constater sa disparition? Je jouai brièvement avec l'idée de me l'attacher au moyen d'une longue corde, dont les deux extrémités s'enrouleraient autour de nos tailles. Il y a plusieurs façons de se faire remarquer et je n'étais pas sûr que celle-là fût parmi les bonnes. Et il aurait pu défaire ses nœuds en silence, et prendre le large, me laissant poursuivre mon chemin tout seul, suivi d'une longue corde traînant dans la poussière, comme un bourgeois de Calais. Jusqu'au moment où la corde, s'accrochant à un objet fixe ou lourd, briserait mon élan. Il aurait donc fallu, à la place de la corde molle et silencieuse, une chaîne, ce à quoi il ne fallait pas songer. Mais j'y songeai néanmoins, je m'amusai un instant à y songer, à m'imaginer dans un monde moins mal fait et à chercher de quelle manière, n'ayant à ma disposition qu'une simple chaîne, sans carcan ni collier ni menottes ni fers d'aucune sorte, je pourrais enchaîner mon fils à moi de façon à ce qu'il ne pût plus me fausser compagnie. C'était un simple problème de lacs et de nœuds et je l'aurais résolu s'il l'avait fallu. Mais déjà m'appelait ailleurs l'image de mon fils cheminant, non pas derrière moi, mais devant moi. Ainsi placé par rapport à lui j'aurais pu l'avoir à l'œil et intervenir, au moindre faux mouvement de sa part. Mais outre que j'allais avoir d'autres rôles à jouer, pendant cette expédition, que celui de surveillant ou de garde-malade, la perspective de ne pouvoir faire un pas sans avoir sous les yeux ce petit corps maussade et dodu m'était intolérable. Viens ici! m'écriai-je. Car en m'entendant dire qu'il fallait prendre à gauche il avait pris à gauche, comme s'il avait à cœur de me mettre hors de moi. Affaissé sur mon parapluie, la tête penchée comme sous une malédiction, les doigts de la main libre passés entre deux ais du guichet, je ne bougeais pas plus qu'une statue. Il revint donc une deuxième fois sur ses pas. Je te dis de me suivre et tu me précèdes, dis-je.

C'étaient les grandes vacances. Sa casquette d'écolier était verte avec des lettres initiales et une tête de cerf ou de sanglier brodée d'or sur le devant. Elle était posée sur son gros crâne blond avec une exactitude de capsule. C'est ainsi qu'il se plaisait à la porter. Il y a je ne sais quoi dans les couvre-chefs mis ainsi rigoureusement d'aplomb qui a le don de m'exaspérer. Quant à son imperméable, au lieu de le porter plié sur le bras, ou jeté sur l'épaule, comme je le lui avais dit, il l'avait roulé en boule et le tenait des deux mains, sur son ventre. Il était là devant moi, ses gros pieds écartés, les genoux fléchissants, le ventre en saillie, le buste en retrait, le menton en l'air, la bouche ouverte, dans une attitude de véritable minus habens. Moi aussi je devais avoir l'air de tenir debout grâce uniquement à mon parapluie et à l'appui du guichet. Je pus enfin articuler, Es-tu capable de me suivre? Il ne répondit pas. Mais je saisis sa pensée aussi nettement que s'il l'avait exprimée, à savoir, Et toi, es-tu capable de me mener? Minuit sonna, au clocher de ma chère église. Peu importait. Je n'étais plus chez moi. Je cherchai dans mon esprit, où se trouve tout ce dont j'ai besoin, quel objet chéri il pouvait avoir sur lui. J'espère, dis-je, que tu n'as pas oublié ton couteau de scout, nous pourrions en avoir besoin. Ce couteau comportait, outre les cinq ou six lames de première nécessité, un tire-bouchon, un ouvre-boîte, un poinçon, un tournevis, un pied-de-biche et je ne sais quelles autres futilités encore. C'est moi qui le lui avais donné, à l'occasion de son premier premier prix d'histoire et de géographie, sciences assimilées pour d'obscures raisons l'une à l'autre dans l'école qu'il fréquentait. Le dernier des cancres pour tout ce qui touchait aux lettres et aux disciplines dites exactes, il n'avait pas son égal pour les dates des batailles, révolutions, restaurations et autres exploits du genre humain, dans sa lente ascension vers la lumière, et pour le tracé des frontières et l'altitude des pics. Cela valait bien un couteau de camping. Ne me dis pas que tu l'as laissé à la maison, dis-je. Bien sûr que non, dit-il, avec fierté et satisfaction, en frappant sa poche. Eh bien, donne-le-moi, dis-je. Il ne répondit naturellement pas. Il n'était pas dans ses habitudes de tenir compte du premier avertissement. Donne-moi ce couteau, m'écriai-je. Il me le donna. Que voulez-vous qu'il fasse, tout seul avec moi dans la nuit sans témoins? C'était pour son bien, pour lui éviter de s'égarer. Car là où est son couteau, là aussi est le cœur du scout, à moins qu'il n'ait les moyens de s'en acheter un autre, ce qui n'était pas le cas de mon fils. Car il ne portait jamais de numéraire sur lui, n'en ayant pas besoin. Mais il mettait chaque penny qu'il recevait, et il n'en recevait pas beaucoup, d'abord dans sa tirelire italienne, ensuite à la caisse d'épargne dont je gardais le livret par-devers moi. Il m'aurait à ce moment-là sans doute volontiers égorgé, avec ce même couteau que je mettais si posément dans ma poche. Mais il était encore un peu jeunet, mon fils, un peu mou encore, pour les grands actes justiciers. Mais le temps travaillait pour lui et il se consolait peut-être avec cette considération, tout stupide qu'il était. Quoi qu'il en soit, il retint cette fois ses larmes, ce dont je lui sus gré. Je me redressai et posai ma main sur son épaule, en disant, Patience, mon fils, patience. Ce qui est terrible dans ces affaires-là, c'est que lorsqu'on a l'envie on n'a pas les moyens, et inversement. Mais ça mon fils ne pouvait s'en douter encore, le pauvre, il devait croire que cette rage qui le faisait trembler, et lui brouillait les traits, ne le quitterait que le jour où il pourrait lui faire honneur. Et encore. Oui, il devait se croire une âme de petit Dantès, dont les singeries lui étaient d'ailleurs familières, telles que les éditions Hatchet se permettent de les rapporter. Puis, avec une bonne tape sur cette omoplate impuissante, je dis, En route. Et ma foi je me mis effectivement en route et mon fils s'ébranla derrière moi. Je partais, accompagné de mon fils, conformément aux instructions que j'avais reçues.

Je n'ai pas l'intention de raconter les diverses aventures qui nous arrivèrent, à moi et à mon fils, ensemble et séparément, avant notre arrivée dans le pays de Molloy. Ce serait fastidieux. Mais ce n'est pas là ce qui m'arrête. Tout est fastidieux, dans ce récit qu'on m'impose. Mais je le mènerai à mon gré, jusqu'à un certain point. Et s'il n'a pas l'heur de plaire, au commanditaire, s'il y trouve des passages désobligeants pour lui et pour ses associés, tant pis pour nous tous, pour eux tous, car il n'y a plus de pis pour moi. C'est-à-dire que pour m'en faire une idée il me faudrait plus d'imagination que je n'en ai. Et cependant j'en ai plus qu'autrefois. Et ce triste travail de clerc qui n'est pas de mon ressort, je m'y soumets pour des raisons qui ne sont pas celles qu'on pourrait croire. J'obéis encore aux ordres, si l'on veut, mais ce n'est plus la crainte qui m'inspire. Si, j'ai toujours peur, mais c'est plutôt là un effet de l'habitude. Et la voix que j'écoute, je n'ai pas eu besoin de Gaber pour me la transmettre. Car elle est en moi et elle m'exhorte à être jusqu'au bout ce fidèle serviteur que j'ai toujours été, d'une cause qui n'est pas la mienne, et de remplir patiemment mon rôle jusque dans ses dernières amertumes et extrémités, comme je voulais, du temps de mon vouloir, que les autres fissent. Et cela dans la haine de mon maître et le mépris de ses desseins. Comme vous voyez, c'est une voix assez ambiguë et qui n'est pas toujours facile à suivre, dans ses raisonnements et décrets. Mais je la suis néanmoins, plus ou moins, je la suis en ce sens, que je la comprends, et en ce sens, que je lui obéis. Et les voix sont rares je crois dont on puisse en dire autant. Et j'ai l'impression que je la suivrai dorénavant, quoi qu'elle m'enjoigne. Et que lorsqu'elle se taira, me laissant dans le doute et l'obscurité, j'attendrai qu'elle revienne, avant de rien faire, et dût le monde entier, par le truchement de ses innombrables autorités réunies et unanimes, m'ordonner ceci et cela, sous peine de sévices indescriptibles.

Mais ce soir, ce matin, j'ai bu un peu plus que d'habitude et je peux être d'un autre avis demain. Elle me dit aussi, cette voix que je commence seulement à connaître, que le souvenir de ce travail soigneusement exécuté jusqu'au bout m'aidera à supporter les longues affres de la liberté et du vagabondage. Est-ce à dire que je serai expulsé de ma maison, de mon jardin, un jour, que je perdrai mes arbres, mes pelouses, les oiseaux dont chacun m'est familier, a sa façon bien à lui de chanter, de voler, de venir vers moi ou de s'enfuir à mon approche, et toutes les absurdes douceurs de mon intérieur, où chaque chose a sa place, où j'ai tout ce qu'il faut sous la main pour pouvoir endurer d'être un homme, où mes ennemis ne peuvent m'atteindre, que j'ai mis ma vie à édifier, à embellir, à perfectionner, à conserver? Je suis trop vieux pour perdre tout ça, pour recommencer, je suis trop vieux! Allez, Moran, du calme. Pas d'émotion, de grâce.

Je disais que je ne raconterais pas toutes les vicissitudes du chemin menant de mon pays à celui de Molloy, pour la simple raison que cela ne se trouve pas dans mes intentions. Et en écrivant ces lignes je sais combien je m'expose à porter ombrage à celui que j'aurais sans doute intérêt à ménager, maintenant plus que jamais. Mais je les écris quand même, et d'une main ferme, inexorable navette qui mange ma page avec l'indifférence d'un fléau. Mais j'en raconterai brièvement quelques-unes, parce que cela me paraît souhaitable, et pour donner une idée des méthodes de ma pleine maturité. Mais avant d'en arriver là je dirai le peu que je savais, en quittant ma maison, du pays de Molloy, si différent du mien. Car c'est une des caractéristiques de ce pensum qu'il ne m'est pas permis de brûler les étapes et de dire tout de go de quoi il s'agit. Mais je dois ignorer à nouveau ce que je n'ignore plus et croire savoir ce qu'en partant de chez moi je croyais savoir. Et si je déroge de temps en temps à cette règle, c'est seulement pour des détails de peu d'importance. Et dans l'ensemble je m'y conforme. Et avec une telle chaleur que sans exagération je suis davantage celui qui découvre que celui qui narre, encore aujourd'hui, la plupart du temps. Et c'est à peine si, dans le silence de ma chambre, et l'affaire classée en ce qui me concerne, je sais mieux où je vais et ce qui m'attend que la nuit où je m'agrippais à mon guichet, à côté de mon abruti de fils, dans la ruelle. Et cela ne m'étonnerait pas que je m'écarte, dans les pages qui vont suivre, de la marche stricte et réelle des événements. Mais même à Sisyphe je ne pense pas qu'il soit imposé de se gratter, ou de gémir, ou d'exulter, à en croire une doctrine en vogue, toujours aux mêmes endroits exactement. Et il est même possible qu'on ne soit pas trop à cheval sur le chemin qu'il emprunte du moment qu'il arrive à bon port, dans les délais prévus. Et qui sait s'il ne croit pas à chaque fois que c'est la première? Cela l'entretiendrait dans l'espoir, n'est-ce pas, l'espoir qui est la disposition infernale par excellence, contrairement à ce qu'on a pu croire jusqu'à nos jours. Tandis que se voir récidiver sans fin, cela vous remplit d'aise.

Par le pays de Molloy j'entends la région fort restreinte dont il n'avait jamais franchi, et vraisemblablement ne franchirait jamais, les limites administratives, soit que cela lui fût interdit, soit qu'il n'en eût pas envie, soit naturellement par l'effet d'un hasard extraordinaire. Cette région était située dans le nord, relativement à celle plus amène où je vivais, et se composait d'une agglomération que d'aucuns gratifiaient du nom de bourg et où d'autres ne voyaient qu'un village, et des campagnes circonvoisines. Ce

bourg, ou ce village, disons-le tout de suite, s'appelait Bally, et représentait, avec les terres en dépen-
dant, une superficie de cinq ou six milles carrés tout
au plus. Dans les pays évolués on appelle ça une
commune, je crois, ou un canton, je ne sais pas, mais
chez nous il n'existe pas de terme abstrait et généri-
que pour ces subdivisions du territoire. Et pour les
exprimer nous avons un autre système, d'une beauté
et simplicité remarquables, et qui consiste à dire
Bally (puisqu'il s'agit de Bally) lorsqu'on veut dire
Bally et Ballyba lorsqu'on veut dire Bally plus les terres y afférentes et Ballybaba lorsqu'on veut dire les
terres de Bally exclusives de Bally lui-même. Moi par
exemple je vivais, et à bien y réfléchir vis toujours, à
Shit, chef-lieu de Shitba. Et le soir, quand je me promenais, histoire de prendre le frais, en dehors de
Shit, c'est le frais de Shitbaba que je prenais, et nul
autre.

Ballybaba, malgré son peu d'étendue, n'était pas
sans offrir une certaine variété. Des pâturages soi-
disant, un peu de tourbière, quelques bosquets et, à
mesure que l'on s'approchait de ses confins, des
aspects moutonnants et presque rieurs, comme si
Ballybaba était content de ne pas aller plus loin. Mais
la principale beauté de cette région était une sorte de
crique étranglée que des marées lentes et grises
vidaient et remplissaient, vidaient et remplissaient.
Et les gens les moins romanesques sortaient du bourg
en foule, pour admirer ce spectacle. Les uns disaient,
Rien n'est plus beau que ces sables à peine mouillés.
Les autres, C'est à marée haute qu'il faut venir, pour
voir la crique de Ballyba. Quelle beauté alors que
cette eau plombée et qu'on dirait morte, si l'on
n'était pas averti du contraire! Et d'autres enfin affir-
maient que cela ressemblait à un lac souterrain. Mais
tous étaient d'accord, à l'instar des habitants d'Isi-

gny, que leur ville était sur la mer. Et ils mettaient Bally-sur-Mer en tête de leur papier à lettres.

Ballyba était peu peuplé, ce dont franchement je me réjouissais à l'avance. Les terres se prêtaient mal à l'exploitation. Car à peine un labour prenait-il de l'ampleur, ou un pré, qu'il se cassait le nez sur un bocage druidique ou sur une bande de marais d'où il n'y avait rien à tirer sinon un peu de tourbe de fort mauvaise qualité ou des débris de chêne comprimé dont on fabriquait des amulettes, coupe-papier, ronds de serviette, chapelets, scapulaires et autres babioles. La madone de Marthe, par exemple, provenait de Ballyba. Les pâturages, malgré les pluies torrentielles, étaient d'une grande pauvreté et parsemés de rochers. N'y poussaient dru que le chiendent et une étrange graminée bleue et amère impropre à l'alimentation du gros bétail, mais dont s'accommodaient tant bien que mal l'âne, la chèvre et le mouton noir. D'où Ballyba tirait-il donc son opulence? Je vais vous le dire. Non, je ne dirai rien. Rien.

Voilà donc une partie de ce que je croyais savoir sur Ballyba en partant de chez moi. Je me demande si je ne confondais pas avec un autre endroit.

A quelque vingtaine de pas de mon guichet la ruelle se met à longer le mur du cimetière. La ruelle descend, le mur s'élève de plus en plus. Passé un certain point on chemine plus bas que les morts. C'est là que j'ai ma concession à perpétuité. Tant que durera la terre, cette place sera à moi, en principe. J'y allais de temps en temps contempler ma tombe. Elle était en place déjà. C'était une simple croix latine, blanche. J'avais voulu faire mettre mon nom dessus, avec le ci-gît et ma date de naissance. On n'aurait plus eu qu'à ajouter celle de ma mort. On ne me l'avait pas permis. Quelquefois je souriais, comme si j'étais mort déjà.

183

Nous allâmes à pied pendant quelques jours, empruntant des chemins secrets. Je ne voulais pas me montrer sur la grand'route.

Le premier jour je trouvai le mégot du cigare du père Ambroise. Non seulement je ne l'avais pas jeté, dans le cendrier, dans la corbeille à papier, mais je l'avais mis dans ma poche en changeant de costume. Cela s'était passé à mon insu. Je le regardai avec étonnement, l'allumai, en tirai quelques bouffées, le jetai. Ce fut le fait marquant de cette première journée.

Je montrai à mon fils comment se servir de la boussole de poche. Il y prenait un grand plaisir. Il se comportait bien, mieux que je ne l'avais espéré. Le troisième jour je lui rendis son couteau.

Le temps nous favorisait. Nous faisions facilement nos dix milles par jour. Nous couchions à la belle étoile. La prudence nous le conseillait.

Je montrai à mon fils comment faire un abri avec des branchages. Il était dans les scouts, mais ne savait rien faire. Si, il savait faire un feu de camp. A chaque halte il me suppliait de le laisser exercer ce talent. Je n'en voyais pas l'utilité.

Nous mangions froid, des choses en boîte que je l'envoyais chercher dans les villages. Il me servait à cela. Nous buvions l'eau des ruisseaux.

Toutes ces précautions étaient certainement inutiles. Un jour dans un champ j'aperçus un fermier de ma connaissance. Il venait vers nous. Je fis demi-tour aussitôt, pris mon fils par le bras et l'entraînai dans le sens opposé au bon. Le fermier nous rattrapa comme je l'avais prévu. M'ayant salué, il demanda où nous allions. Le champ devait être à lui. Je répondis que nous rentrions à la maison. Heureusement que nous n'en étions pas encore très loin. Il me demanda alors où nous avions été. Peut-être qu'on lui avait volé un bœuf ou un cochon. Faire un tour, répondis-je. Je vous ramènerais bien volontiers dans ma voiture, dit-il, mais je ne pars qu'à la nuit. C'est dommage, dis-je. Si vous voulez attendre, dit-il, ce sera de bon cœur. Je le remerciai. Il n'était pas encore midi heureusement. Ne pas vouloir attendre jusqu'à la nuit, cela n'avait rien d'étrange. Eh bien, bon retour, dit-il. Nous fîmes un grand détour et reprîmes le chemin du nord.

Ces précautions étaient sans doute exagérées. Pour bien faire il aurait fallu voyager la nuit et se cacher le jour, tout au moins les premiers temps. Mais il faisait si beau que je ne pouvais m'y résoudre. Je ne pensais pas qu'à mon plaisir, mais j'y pensais! Pareille chose ne m'était jamais arrivée, dans mon travail. Et cette lenteur avec laquelle nous avancions! Je ne devais pas être pressé d'arriver.

Je réfléchissais par à-coups, tout en m'abandonnant à la douceur de l'été finissant, aux instructions de Gaber. Je n'arrivais pas à les reconstituer à mon entière satisfaction. La nuit, sous les branchages, soustrait aux attractions de la nature, je me donnais tout entier à ce problème. Les bruits que faisait mon fils en dormant me gênaient considérablement. Quelquefois je sortais de l'abri et me promenais de long en large, dans l'obscurité. Ou je m'asseyais le dos contre un tronc, ramenais mes pieds sous moi, prenais mes jambes dans les bras et appuyais le menton sur un genou. Même dans cette attitude je n'arrivais pas à y voir clair. Qu'est-ce que je cherchais au juste? C'est difficile à dire. Je cherchais la chose qui manquait pour que le rapport de Gaber fût complet. Il me semblait qu'il avait dû me dire ce qu'il fallait faire de Molloy une fois trouvé. Mon travail à moi ne s'arrêtait jamais au repérage. Ç'aurait été trop beau. Mais je devais toujours agir sur l'intéressé d'une

185

façon ou d'une autre, suivant les instructions. Ces interventions revêtaient des formes extrêmement diverses, depuis les plus énergiques jusqu'aux plus discrètes. L'affaire Yerk, que je mis près de trois mois à mener à bien, aboutit le jour où je réussis à m'emparer de son épingle de cravate et à la détruire. Établir le contact, ce n'était pas la moindre partie de mon travail. Je trouvai Yerk le troisième jour. On ne me demandait jamais la preuve que j'avais réussi, on me croyait sur parole. Youdi devait avoir des moyens de recoupement. Quelquefois on me demandait un rapport.

Une autre fois ma mission avait consisté à amener la personne dans un certain endroit à une certaine heure. Travail des plus délicats, car il ne s'agissait pas d'une femme. Je n'ai jamais eu à m'occuper d'une femme. Je le regrette. Je ne crois pas que Youdi s'y intéressât beaucoup. Je me rappelle à ce propos une vieille blague sur l'âme des femmes. Question, Les femmes ont-elles une âme? Réponse, Oui. Question, Pourquoi? Réponse, Afin qu'elles puissent être damnées. Très amusant. On m'avait accordé heureusement une grande licence pour le jour. C'était l'heure l'important, pas la date. Une fois au rendez-vous je le quittai, sous un prétexte quelconque. C'était un gentil garçon, assez triste et taciturne. J'ai vaguement le souvenir d'avoir inventé une histoire de femme. Attendez, ça me revient. Oui, je lui avais dit qu'elle était amoureuse de lui depuis six mois et désirait vivement le rencontrer dans un lieu écarté. Je l'avais même nommée. C'était une actrice assez connue. L'ayant conduit à l'endroit désigné par elle, il était donc naturel que je me retire, par délicatesse. Je le vois encore qui me regarde m'éloigner. Il aurait aimé m'avoir comme ami, je crois. Je ne sais pas ce qu'il advint de lui. Je me désintéressais de mes opérés, une fois l'intervention terminée. Je dirai même que je n'en ai jamais revu un seul, par la suite. Je le dis sans arrière-pensée. Oh je pourrais vous raconter des histoires, si j'étais tranquille. Quelle tourbe dans ma tête, quelle galerie de crevés. Murphy, Watt, Yerk, Mercier et tant d'autres. Je n'aurais jamais cru que — si, je le crois volontiers. Des histoires, des histoires. Je n'ai pas su les raconter. Je n'aurai pas su raconter celle-ci.

Je n'arrivais donc pas à savoir de quelle façon je devais agir sur Molloy, une fois que je l'aurais trouvé. Les indications que Gaber n'avait pu manquer de me fournir à ce sujet m'étaient complètement sorties de la tête. Voilà le résultat d'avoir passé toute la journée du dimanche à des bêtises. Inutile que je me dise, Voyons, qu'est-ce qu'on me demande d'habitude? Mes instructions n'avaient rien d'habituel. Il y avait bien une certaine opération qui revenait de temps en temps, mais pas assez souvent pour avoir de grandes chances d'être celle que je cherchais. Mais on ne m'aurait jamais demandé autre chose qu'une seule fois, que cette seule fois aurait suffi pour me lier les mains, tellement j'étais scrupuleux.

Je me disais qu'il valait mieux ne plus y penser, que je n'avais qu'à trouver Molloy d'abord, qu'après j'aviserais, que d'ici là j'avais le temps, que la chose me reviendrait quand je m'y attendrais le moins et que si, ayant trouvé Molloy, j'ignorais toujours ce qu'il fallait en faire, je pourrais m'arranger pour toucher Gaber sans que Youdi le sache. J'avais son adresse comme il avait la mienne. Je lui enverrais une dépêche, Que faire de M? Il saurait me répondre en termes clairs quoique voilés au besoin. Mais y avait-il le télégraphe dans Ballyba? Mais je me disais aussi, n'étant qu'humain, que plus je tarderais à trou-

187

ver Molloy plus j'aurais de chances de me rappeler ce que je devais en faire. Et nous aurions continué à avancer paisiblement à pied, sans l'incident suivant.

Une nuit, ayant fini par m'endormir à côté de mon fils comme d'habitude, je me réveillai en sursaut, ayant l'impression qu'on venait de me frapper avec violence. Soyez tranquille, je ne sais pas raconter un rêve proprement dit. L'obscurité la plus profonde régnait dans l'abri. J'écoutai attentivement sans bouger. Je n'entendais rien sauf les ronflements et halètements de mon fils. J'allais me dire comme d'habitude que ce n'était qu'un mauvais rêve lorsqu'une douleur fulgurante me traversa le genou. Voilà donc expliqué mon soudain réveil. Cela ressemblait en effet à un coup, à un coup de pied de cheval j'imagine. J'attendais avec anxiété son retour, immobile et respirant à peine, et en sueur naturellement. Je faisais en somme exactement comme je croyais savoir qu'on faisait, dans une pareille conjoncture. Et en effet la douleur revint quelques minutes plus tard, mais moins forte que la première fois, que la seconde plutôt. Ou me paraissait-elle moins forte seulement parce que je m'y attendais? Ou parce que je commençais déjà à m'y habituer? Je ne pense pas. Car elle revint encore, plusieurs fois, et chaque fois moins forte que la précédente, et finalement se calma tout à fait, de sorte que je pus me rendormir passablement tranquillisé. Mais avant de me rendormir j'eus le temps de me rappeler que la douleur en question n'était pas tout à fait nouvelle. Car je l'avais déjà ressentie, dans ma salle de bains, alors que je faisais le lavement à mon fils. Mais alors elle ne m'avait attaqué qu'une seule fois et n'était plus revenue. Et je me rendormis en me demandant, histoire de me bercer, si ç'avait été alors le même genou que celui qui venait de me faire si mal ou l'autre. Et c'est là

188

une chose que je ne suis jamais arrivé à savoir. Et mon fils non plus, interrogé à ce sujet, ne fut pas capable de me dire lequel des deux genoux j'avais frotté devant lui, avec de l'iodex, le soir de notre départ. Et je me rendormis un peu rassuré, en me disant, C'est un peu de névralgie provoquée par les longues marches et les nuits fraîches et humides, et en me promettant de me procurer une boîte d'ouate thermogène, avec le joli démon dessus, à la première occasion. Telle est la rapidité de la pensée. Mais ce n'était pas fini. Car m'étant réveillé à nouveau vers l'aube, cette fois sous l'effet d'un besoin naturel, et la verge en légère érection, pour plus de vraisemblance, je ne pus me lever. C'est-à-dire que je finis par me lever, il le fallait bien, mais au prix de quels efforts! C'est vite dit, et vite écrit, ne pas pouvoir, alors qu'en réalité rien n'est plus malaisé. A cause de la volonté sans doute, que la moindre opposition semble déchaîner. Ainsi je crus d'abord ne pas pouvoir plier ma jambe, mais en m'y acharnant j'arrivai à la plier, un peu. L'ankylose n'était pas parfaite. Je parle toujours de mon genou. Mais était-ce le même qui m'avait réveillé au début de la nuit? Je ne l'aurais pas juré. Il ne me faisait pas mal. Il résistait tout simplement à la flexion. La douleur, m'ayant prévenu en vain à plusieurs reprises, s'était tue. Voilà comment je voyais la chose. Il m'aurait été impossible de m'agenouiller, par exemple, car de quelque façon qu'on s'agenouille, il faut toujours plier les deux genoux, à moins d'adopter une attitude franchement grotesque et impossible à soutenir pendant plus de quelques secondes, je veux dire la jambe malade allongée devant soi, à la manière des danseurs caucasiens. Je regardai le genou malade à la lumière de la lampe électrique. Il n'était ni rouge ni enflé. Je fis jouer la rotule. On aurait dit un clitoris. Pendant tout ce temps mon fils soufflait comme un phoque. Il ne se doutait pas de ce que pouvait la vie. Moi aussi j'étais naïf. Mais je le savais.

Il faisait cette horrible lumière qui précède de peu le lever du soleil. Les choses regagnent sournoisement leur position de jour, s'installent, font le mort. Je m'assis avec précaution par terre et je dois dire avec une certaine curiosité. Un autre aurait voulu s'asseoir comme d'habitude, d'un mouvement primesautier. Pas moi. Toute nouvelle qu'était cette nouvelle croix je trouvais tout de suite la meilleure manière de la charrier. Mais quand on s'assoit par terre il faut s'asseoir en tailleur, ou en fœtus, ce sont pour ainsi dire les seules postures possibles, pour un débutant. Je ne tardai donc pas à me laisser aller sur le dos. Je n'allais pas tarder non plus à ajouter à la somme de mes connaissances celle-ci, que lorsque de toutes les positions qu'emprunte sans penser l'homme normal il ne vous reste que deux ou trois d'abordables, alors il y a enrichissement de celles-ci. J'aurais soutenu plutôt le contraire et mordicus, si je n'étais pas passé par là. Oui, ne pouvant rester debout ni assis avec confort, on se réfugie dans les différentes stations horizontales comme l'enfant dans le giron de sa mère. On les explore comme jamais avant et on y trouve des délices insoupçonnées. Bref, elles deviennent infinies. Et si malgré tout on vient à s'en lasser à la longue, on n'a qu'à se mettre debout pendant quelques instants, voire se dresser tout simplement sur son séant. Voilà les avantages d'une paralysie locale et indolore. Et cela ne m'étonnerait pas que les grandes paralysies classiques comportent des satisfactions analogues et même peut-être encore plus bouleversantes. Être vraiment enfin dans l'impossibilité de bouger, ça doit être quelque chose! J'ai l'esprit qui fond quand j'y pense. Et avec ça une aphasie complète! Et peut-être une surdité totale! Et qui sait, une paralysie de la rétine! Et très probablement la perte de la mémoire! Et juste assez de cerveau resté intact pour pouvoir jubiler! Et pour craindre la mort comme une renaissance.

Je réfléchis à ce qu'il faudrait faire au cas où mon genou n'irait pas mieux ou empirerait. Je regardais, à travers les branchages, le ciel s'abaisser. Le ciel s'abaisse le matin, on n'a pas assez relevé ce phénomène. Il s'approche comme pour voir. A moins que ce ne soit la terre qui se soulève, pour se faire approuver, avant de partir.

Je ne raconterai pas mon raisonnement. Cela me serait pourtant facile. Il aboutit à la décision permettant la composition du passage suivant.

As-tu bien dormi? dis-je, dès que mon fils eut ouvert les yeux. J'aurais pu le réveiller, mais non, je le laissai se réveiller naturellement. Il finit par me dire qu'il ne se sentait pas bien. Il répondait souvent à côté de la question, mon fils. Où sommes-nous, dis-je, et quel est le village le plus proche? Il me le nomma. Je le connaissais, j'y avais été, c'était un gros bourg, le hasard travaillait pour nous. J'y avais même quelques connaissances, parmi les habitants. Quel jour sommes-nous? dis-je. Il me précisa le jour sans un instant d'hésitation. Et il venait seulement de reprendre connaissance! Je vous ai dit que c'était un as pour l'histoire et la géographie. C'est de lui que j'appris que Condom est arrosé par la Baïse. Bon, dis-je, tu vas te rendre tout de suite à Hole, tu en as pour — je calculai — pour trois heures tout au plus. Il me regarda avec étonnement. Là, dis-je, tu achèteras une bicyclette à ta taille, d'occasion autant que possible. Tu peux aller jusqu'à cinq livres. Je lui donnai cinq livres, en coupures de dix shillings. Il faut un porte-bagages très solide, dis-je, s'il n'est pas très

191

solide tu le feras remplacer, par un très solide. J'essayais d'être clair. Je lui demandai s'il était content. Il n'avait pas l'air content. Je répétai ces instructions et lui demandai à nouveau s'il était content. Il avait l'air plutôt stupéfait. Effet peut-être de la grande joie qu'il ressentait. Peut-être n'en croyait-il pas ses oreilles. As-tu compris au moins? dis-je. Que ça fait du bien de temps en temps, un peu de vraie conversation. Dis-moi ce que tu dois faire, dis-je. C'était le seul moyen de savoir s'il avait compris. Je dois aller à Hole, dit-il, à quinze milles d'ici. Quinze milles? dis-je. Oui, dit-il. Bon, dis-je, continue. Acheter une bicyclette, dit-il. J'attendais. Plus rien. Une bicyclette! m'écriai-je. Mais il y a des millions de bicyclettes à Hole! Quel genre de bicyclette? Il réfléchit. D'occasion, hasarda-t-il. Et si tu n'en trouves pas d'occasion? dis-je. Tu m'as dit d'occasion, dit-il. Je me tus assez longuement. Si tu n'en trouves pas d'occasion, dis-je enfin, qu'est-ce que tu feras? Tu ne m'as pas dit, dit-il. Que c'est reposant, un peu de colloque de temps en temps. Combien je t'ai donné d'argent? dis-je. Il compta les coupures. Quatre livres dix, dit-il. Compte encore, dis-je. Il les compta à nouveau. Quatre livres dix, dit-il. Donne-moi ça, dis-je. Il me donna les coupures et je les comptai. Quatre livres dix. Je t'en ai donné cinq, dis-je. Il ne répondit pas, il laissa parler les chiffres. M'avait-il pris dix shillings qu'il dissimulait sur sa personne? Vide tes poches, dis-je. Il se mit à les vider. J'étais toujours allongé, ne l'oublions pas. Il ne savait pas que j'étais malade. D'ailleurs je n'étais pas malade. Je regardais vaguement les objets qu'il étalait devant moi. Il les sortait de ses poches un à un, les tenait délicatement en l'air entre pouce et index, m'en faisait voir les diverses faces et les posait finalement par terre à côté de moi. Quand une poche était vide il en sortait la doublure et la secouait. Il naissait alors un petit nuage de poussière. L'absurdité de cette vérification ne tarda pas à m'accabler. Je lui dis de s'arrêter. Les dix shillings il les cachait peut-être dans sa manche, ou dans sa bouche. Il aurait fallu que je me lève et que je le fouille, de fond en comble. Mais alors il aurait vu que j'étais malade. Non pas que je fusse exactement malade. Et pourquoi ne voulais-je pas qu'il sût que j'étais malade? Je ne sais pas. J'aurais pu compter l'argent qui me restait. Mais à quoi cela m'aurait-il servi? Est-ce que je savais seulement quelle somme j'avais emportée de chez moi? Non. A moi aussi j'appliquais volontiers la méthode socratique. Est-ce que je savais combien j'avais dépensé? Non. D'habitude je tenais une comptabilité des plus rigoureuses de mes voyages d'affaires, je justifiais jusqu'au dernier penny de mes frais de déplacement. Cette fois-ci non. Ç'aurait été un voyage d'agrément que je n'aurais pas foutu l'argent en l'air avec plus de désinvolture. Mettons que je me sois trompé, dis-je. Il ramassait avec flegme les objets qui jonchaient le sol et les remettait dans ses poches. Comment lui faire comprendre? Laisse ça et écoute-moi, dis-je. Je lui tendis les coupures. Compte-les, dis-je. Il les compta. Combien? dis-je. Quatre livres dix, dit-il. Dix quoi? dis-je. Dix shillings, dit-il. Tu as quatre livres dix shillings, dis-je. Oui, dit-il. Je t'ai donné quatre livres dix shillings, dis-je. Oui, dit-il. Ce n'était pas vrai, je lui en avais donné cinq. Tu es d'accord, dis-je. Oui, dit-il. Et pourquoi crois-tu que je t'ai donné tant d'argent? dis-je. Pourquoi tant d'argent? dit-il. Son visage s'illumina. Pour acheter une bicyclette, dit-il. Quelle sorte de bicyclette? dis-je. D'occasion, dit-il, du tic au tac. Tu t'imagines qu'une bicyclette d'occasion coûte quatre livres dix shillings? dis-je. Je ne sais pas, dit-il. Moi non plus je n'en savais rien. Mais la question n'était pas là. Qu'est-ce que je t'ai dit exactement? dis-je. Nous cherchâmes tous les deux. D'occasion autant que possible, dis-je enfin, voilà ce que je t'ai dit. Ah, dit-il. Ce duo, je ne le donne pas in extenso, j'en indique seulement les traits essentiels. Je ne t'ai pas dit d'occasion, dis-je, je t'ai dit d'occasion autant que possible. Il s'était remis à ramasser ses affaires. Laisse ça, m'écriai-je, et fais attention à ce que je te dis. Il laissa tomber avec ostentation une grosse boule de ficelles enchevêtrées. Les dix shillings étaient peut-être au milieu. Toi tu ne vois pas de différence entre d'occasion et d'occasion autant que possible? dis-je. Je regardai ma montre. Il était dix heures. Je ne faisais qu'ajouter à la confusion de nos idées. Ne cherche plus à comprendre, dis-je, mais écoute ce que je vais te dire, car je ne le dirai pas deux fois. Il s'approcha de moi et s'agenouilla. On aurait dit que j'allais rendre l'âme. Tu sais ce que c'est une bicyclette neuve? dis-je. Oui papa, dit-il. Eh bien, dis-je, si tu ne trouves pas une bicyclette d'occasion tu achèteras une bicyclette neuve. Je répète. Je répétai. Moi qui avais dit que je ne répéterais pas. Maintenant dis-moi ce que tu as à faire, dis-je. J'ajoutai, Éloigne ton visage, tu pues de la bouche. Je faillis ajouter, Tu ne te laves pas les dents et tu te plains d'avoir des abcès, mais je me retins à temps. Ce n'était pas le moment d'amener un autre motif. Je répétai, Qu'est-ce que tu dois faire? Il se recueillit. Aller à Hole, dit-il, à quinze milles —. Ne t'occupe pas des milles, dis-je. Tu es à Hole. Pour quoi faire? Non, je ne peux pas. Il finit par comprendre. Pour qui est cette bicyclette, dis-je, pour Goering? Il n'avait pas encore compris que la bicyclette était pour lui. Il est vrai qu'il n'était guère plus petit que moi, à cette époque. Quant au porte-

194

bagages, c'était comme si je n'avais rien dit. Mais son esprit finit par tout embrasser. Au point qu'il me demanda ce qu'il devait faire s'il n'avait pas assez d'argent. Tu reviendras ici et nous aviserons, dis-je. J'avais naturellement prévu, alors que je réfléchissais à toutes ces questions avant le réveil de mon fils, qu'on pourrait lui faire des difficultés et lui demander, vu sa jeunesse, d'où il tenait tant d'argent. Et je savais ce qu'il devait faire en ce cas, à savoir aller trouver, ou demander qu'on lui amène, le brigadier Paul, se nommer et dire que c'était moi, Jacques Moran, qui l'avais chargé d'acheter une bicyclette à Hole, tout en laissant supposer que j'étais resté à Shit. Il s'agissait là évidemment de deux opérations distinctes, celle d'abord qui consistait à prévoir le cas (avant le réveil de mon fils) et puis celle qui y trouvait la parade (à la nouvelle que Hole était l'agglomération la plus proche). Mais je renonçais à lui communiquer des instructions à ce point subtiles. Mais n'aie pas peur, dis-je, tu en as largement assez pour t'acheter une belle bicyclette, que tu ramèneras ici sans perdre un instant. Il fallait tout envisager avec mon fils. Il n'aurait jamais pu deviner ce qu'il fallait faire de la bicyclette une fois achetée. Il aurait été capable de rester à Hole, Dieu sait dans quelles conditions, en attendant de nouvelles directives. Il me demanda ce que j'avais. J'avais dû grimacer. J'ai que j'ai assez de te voir, dis-je. Et je lui demandai ce qu'il attendait. Je ne me sens pas bien, dit-il. Moi à qui il demandait comment j'allais, je ne disais rien, et lui à qui personne ne demandait rien, il annonçait qu'il ne se sentait pas bien. Tu n'es pas content, dis-je, d'avoir un joli vélo tout flambant neuf, pour toi tout seul? Je tenais décidément beaucoup à l'entendre dire qu'il était content. Mais je regrettai ma phrase, qui ne pouvait qu'ajouter à son trouble. Mais cela suffit presque pour ce colloque familial. Il quitta l'abri et quand je jugeai qu'il était assez loin j'en sortis à mon tour, cahin-caha. Il avait fait une vingtaine de pas à peu près. Je pris une allure dégagée, le dos appuyé avec nonchalance à un tronc et la bonne jambe largement pliée devant l'autre. Je le hélai. Il se retourna. J'agitai la main. Il me regarda un instant, puis me tourna le dos et reprit son chemin. Je criai son nom. Il se retourna à nouveau. Une lanterne! criai-je. Une bonne lanterne! Il ne comprenait pas. Comment aurait-il pu comprendre, à vingt pas, lui qui à un pas ne comprenait rien. Il revint vers moi. Je lui fis signe de s'éloigner, tout en criant, Va-t'en! Va-t'en! Il s'arrêta et me regarda, la tête de côté comme un perroquet, complètement désemparé apparemment. Je fis inconsidérément le mouvement de me pencher, pour ramasser une pierre ou un morceau de bois ou une motte, n'importe quel projectile, et faillis tomber. Je cassai au-dessus de ma tête un morceau de branche vive et le jetai violemment dans sa direction. Il fit demi-tour et partit en courant. Il y avait vraiment des fois où je ne comprenais rien à mon fils. Il devait savoir que je ne pouvais l'atteindre, même avec une bonne pierre, et malgré ça il prenait ses jambes à son cou. Peut-être avait-il peur que je ne lui coure après. En effet, je crois qu'il y a quelque chose d'effrayant dans ma façon de courir, la tête rejetée en arrière, les dents serrées, les coudes pliés au maximum et les genoux qui viennent presque me frapper au visage. Et j'ai souvent rattrapé de plus rapides que moi grâce à cette façon de courir. On s'arrête et on m'attend, plutôt que de faire prolonger à ses trousses un déchaînement si horrible. Quant à la lanterne, nous n'avions pas besoin de lanterne. Plus tard, quand la bicyclette aurait pris sa place dans la vie de mon fils, dans sa vie de devoirs et de jeux innocents, alors une lanterne serait indispensable, pour éclairer ses courses nocturnes. Et c'était sans doute en prévision de cet heureux avenir que j'avais pensé à la lanterne et que j'avais crié à mon fils d'en acheter une bonne, afin qu'une plus tard ses allées et venues soient éclairées et sans danger. Et j'aurais pu lui dire également de bien faire attention au timbre, d'en dévisser le petit couvercle et de regarder bien dedans, pour s'assurer que c'était un bon timbre et en bon état, avant de conclure le marché, et de le faire sonner pour se rendre compte du son qu'il rendait. Mais nous aurions le temps, plus tard, de nous occuper de toutes ces choses. Et ce serait avec joie que j'aiderais mon fils, le moment venu, à faire mettre à sa bicyclette les meilleurs phares, aussi bien avant qu'arrière, et le meilleur timbre et les meilleurs freins qui soient.

La journée me sembla longue. Mon fils me manquait! Je m'occupai de mon mieux. Je mangeai plusieurs fois. Je profitai de ce que j'étais seul enfin, sans autre témoin que Dieu, pour me masturber. Mon fils avait dû avoir la même idée, il avait dû s'arrêter pour se masturber. J'espère que cela lui fit plus de plaisir qu'à moi. Je fis plusieurs fois le tour de l'abri, pensant que cet exercice profiterait à mon genou. J'avançais assez rapidement et sans trop de douleur, mais je me fatiguais vite. Après une dizaine de pas une grande fatigue s'emparait de ma jambe, une lourdeur plutôt, et je devais m'arrêter. Cela passait tout de suite et je pouvais repartir. Je pris un peu de morphine. Je me posai certaines questions. Pourquoi n'avais-je pas dit à mon fils de me rapporter de quoi me soigner? Pourquoi lui avais-je caché que j'étais malade? Étais-je au fond content de ce qui m'arrivait, au point peut-être de ne pas vouloir guérir? Je m'abandonnai assez longuement aux beautés de l'endroit, je regardai longuement les arbres, les champs, le ciel, les oiseaux et j'écoutai attentivement les bruits qui m'arrivaient de près et de loin. Un instant je crus percevoir le silence dont il a déjà été question, je crois. Allongé dans l'abri, je pensai à l'entreprise où j'étais engagé. J'essayai à nouveau de me rappeler ce que je devais faire de Molloy, quand je l'aurais trouvé. Je me traînai jusqu'au ruisseau. Couché je m'y mirai, avant de me laver le visage et les mains. J'attendis que mon image se reconstituât, je la regardai qui tremblante me ressemblait de plus en plus. De temps en temps une goutte, tombant de mon visage dessus, la brouillait à nouveau. De la journée je ne vis personne. Mais sur le tard j'entendis des pas qui tournaient autour de l'abri. Je ne bougeai pas. Les pas s'éloignèrent. Mais un peu plus tard, sorti dans je ne sais quel but, je vis un homme à quelques pas de moi, debout et immobile. Il me tournait le dos. Il portait un manteau lourd pour la saison et s'appuyait sur un bâton tellement massif, et tellement plus gros vers le bas que vers le haut, qu'on aurait dit une massue. Il se retourna et nous nous regardâmes assez longuement en silence. C'est-à-dire que moi je le fixai carrément, comme je le fais toujours, pour faire croire que je n'ai pas peur, tandis que lui me jetait un regard rapide de temps en temps, puis baissait les yeux, moins par timidité apparemment qu'afin de réfléchir tranquillement à ce qu'il venait de voir, avant d'y ajouter d'autres images. Car le coup d'œil était d'une froideur et d'une force extrêmes. Le visage était pâle et beau, je m'en serais contenté. J'allais lui donner cinquante-cinq ans lorsqu'il ôta son chapeau, le tint un instant à la main, puis le remit sur sa tête. Cela ne ressemblait en rien à ce qu'on appelle un coup de chapeau. Mais je crus bon de m'incliner. Le chapeau était tout à fait extraordinaire, de forme et de couleur. Je n'essaierai pas de le décrire, il ne rentrait dans aucune des catégories qui m'étaient familières. Les cheveux, dont la saleté ne cachait pas la blancheur, étaient abondants et bouffaient. J'eus le temps, avant qu'il ne les comprimât à nouveau sous son chapeau, de les voir qui se dressaient lentement sur le crâne. Le visage était sale et poilu, oui, il était pâle, beau, sale et poilu. Il eut un mouvement bizarre, comme une poule qui gonfle ses plumes et puis lentement devient plus petite qu'avant. Je crus qu'il allait partir sans m'adresser la parole. Mais soudain il me demanda de lui donner un morceau de pain. Il accompagna cette humiliante requête d'un coup d'œil flamboyant. L'accent était celui d'un étranger ou d'un homme qui a perdu l'habitude de la parole. En effet je m'étais dit, avec soulagement, rien qu'en le voyant de dos, C'est un étranger. Voulez-vous une boîte de sardines? dis-je. Il me demandait du pain et je lui proposais du poisson. Tout mon caractère est là. Du pain, dit-il. Je rentrai dans l'abri et pris le morceau de pain que je réservais à mon fils, qui aurait sans doute faim à son retour. Je le lui donnai. Je m'attendais à ce qu'il le dévorât sur place. Mais il le rompit en deux et mit les morceaux dans les poches de son manteau. Vous permettez que je regarde votre bâton? dis-je. J'avançai la main. Il ne bougea pas. Je mis ma main sur le bâton, au-dessous de la sienne. Je sentis ses doigts qui lentement lâchaient prise. C'était moi maintenant qui tenais le bâton. Sa légèreté m'étonna. Je le lui remis dans la main. Il me jeta un dernier regard et s'en alla. Il faisait presque nuit. Il marchait d'un pas rapide et incertain, traînait le bâton plus qu'il ne s'en servait, changeait souvent de direction. Je l'aurais volontiers suivi longuement des yeux. J'aurais voulu être à l'heure de midi, au milieu d'un désert, et le suivre des yeux jusqu'à ce qu'il ne fût plus qu'un point, aux abords de l'horizon. Je restai dehors un bon moment encore. De temps en temps je tendais l'oreille. Mais mon fils n'arrivait pas. Comme je commençais à avoir froid je rentrai dans l'abri et m'allongeai, sous le manteau de mon fils. Mais sentant le sommeil me gagner je sortis à nouveau et allumai un grand feu de bois, pour guider mon fils vers moi. Quand le feu eut pris, je me dis, Mais maintenant je vais pouvoir me chauffer! Je me chauffai, en frottant mes mains l'une contre l'autre après les avoir présentées à la flamme et avant de les y présenter à nouveau, et en tournant le dos à la flamme et en relevant le pan de mon veston, et en tournoyant comme sur une broche. Et à la fin, n'en pouvant plus de chaleur et de fatigue, je m'allongeai sur le sol près du feu et m'endormis, en me disant, Peut-être qu'une étincelle mettra le feu à mes vêtements et que je me réveillerai torche vivante. Et en me disant beaucoup d'autres choses encore, appartenant à des séries distinctes et sans lien entre elles apparemment. Mais à mon réveil il faisait à nouveau jour et le feu était éteint. Mais la braise en était encore chaude. Mon genou n'allait pas mieux, mais il n'allait pas plus mal non plus. C'est-à-dire qu'il allait peut-être un peu plus mal, sans que je fusse en état de m'en rendre compte, à cause de l'habitude de plus en plus miséricordieuse que j'en prenais. Mais je ne crois pas. Car tout en écoutant mon genou, et puis en lui faisant subir des épreuves, je me méfiais de cette accoutumance et essayais d'en faire abstraction. Et c'était plutôt un autre, admis dans le secret de mes seules sensations, qui disait, Aucun changement, Moran, aucun changement. Cela peut paraître impossible. J'allai dans le bosquet pour me tailler un bâton. Mais ayant enfin trouvé une branche à ma convenance, je me rappelai que je n'avais pas de couteau. Je rentrai dans l'abri, espérant y trouver le couteau de mon fils parmi les objets qu'il avait posés par terre et omis de ramasser. Il n'y était pas. Par contre mon regard tomba sur mon parapluie et je me dis, A quoi bon me tailler un bâton, puisque j'ai mon parapluie. Et je m'exerçai à marcher appuyé sur mon parapluie. Et si de cette façon je n'avançais ni plus vite ni avec moins de douleur, du moins je me fatiguais moins vite. Et au lieu d'avoir à m'arrêter tous les dix pas, pour me reposer, j'en faisais facilement quinze, avant d'être obligé de m'arrêter. Et pendant le repos aussi mon parapluie me servait. Car appuyé dessus je constatais que la lourdeur de ma jambe, due sans doute à un défaut de circulation, se dissipait encore plus vite que lorsque je me tenais debout grâce au seul secours de mes muscles et de l'arbre de vie. Et ainsi équipé je ne me contentais point de tourner autour de l'abri, comme j'avais fait la veille, mais j'en rayonnais dans tous les sens. Et je gagnai même une petite éminence d'où je dominais mieux toute l'étendue où mon fils pouvait surgir d'un moment à l'autre. Et je le voyais de temps en temps en imagination, courbé sur le guidon ou debout sur les pédales, de plus en plus proche, et je l'entendais qui haletait et je voyais peinte sur son visage poupon la joie de rentrer enfin. Mais en même temps je surveillais l'abri, qui m'attirait d'une façon extraordinaire, de sorte que passer d'un rayon à l'autre, au niveau de leur plus grand écart, ce qui eût été commode, m'était impossible. Mais je devais refaire chaque fois ma sortie en sens inverse, jusqu'à l'abri, pour m'assurer que tout y était en ordre, avant d'en entreprendre une autre. Et je consumai la plus grande partie de cette seconde journée dans ces vaines allées et venues, dans ce guet et ces imaginations, mais pas la journée tout entière. Car je m'allongeais aussi de temps en temps dans l'abri, qui devenait pour moi ma petite maison, afin de réfléchir tranquillement à certaines choses, et notamment à mes provisions de bouche qui allaient rapidement s'épuisant, à tel point qu'après un repas englouti à cinq heures il ne me restait plus que deux boîtes de sardines, une poignée de biscuits et quelques pommes. Mais j'essayais aussi de me rappeler ce que je devais faire de Molloy, une fois que je l'aurais trouvé. Et je me penchais aussi sur moi, sur ce qu'il y avait de changé depuis quelque temps en moi. Et il me semblait me voir vieillir à une vitesse d'éphémère. Mais l'idée de vieillissement n'était pas exactement celle qui se présentait alors à moi. Et ce que je voyais ressemblait plutôt à un émiettement, à un effondrement rageur de tout ce qui depuis toujours me protégeait de ce que depuis toujours j'étais condamné à être. Ou j'assistais à une sorte de forage de plus en plus rapide vers je ne sais quel jour et quel visage, connus et reniés. Mais comment décrire cette sensation qui de sombre et massive, de grinçante et pierreuse, se faisait soudain liquide. Et je voyais alors une petite boule montant lentement des profondeurs, à travers des eaux calmes, unie d'abord, à peine plus claire que les remous qui l'escortent, puis peu à peu visage, avec les trous des yeux et de la bouche et les autres stigmates, sans qu'on puisse savoir si c'est un visage d'homme ou de femme, jeune ou vieux, ni si son calme aussi n'est pas un effet de l'eau qui le sépare du jour. Mais je dois dire que je ne prêtais qu'une attention distraite à ces pauvres figures où sans doute mon sentiment de débâcle cherchait à se contenir. Et le fait de ne pas y travailler davantage marquait encore combien j'avais changé déjà et combien il me devenait indifférent de me posséder. Et je serais sans doute allé de découverte en découverte, sur mon

202

compte, si j'avais insisté. Mais il suffisait que je commence à y faire jaillir un peu de clarté, je veux dire dans cette obscure agitation qui me gagnait, à l'aide d'une figure ou d'un jugement, pour que je me jette vers d'autres soucis. Et un peu plus tard tout était à recommencer. Et dans cette façon de faire aussi j'avais du mal à me reconnaître. Car il n'était pas dans ma nature, je veux dire dans mes habitudes, de mener mes calculs de front, mais je les séparais les uns des autres et les poussais au maximum à tour de rôle. Et même les indications qui me manquaient au sujet de Molloy, quand je les sentais qui remuaient au fond de ma mémoire, je m'en détournais brusquement vers d'autres inconnues. Et moi qui quinze jours auparavant aurais calculé avec joie combien de temps je pourrais durer avec les vivres qui me restaient, en faisant intervenir probablement la question des vitamines et des calories, et établi dans ma tête une série de menus s'approchant asymptotiquement du néant alimentaire, je me contentais ce jour-là de constater mollement que je serais bientôt mort d'inanition, si je n'arrivais pas à renouveler mes provisions. Ainsi s'écoula cette seconde journée. Mais il reste un incident à noter, avant de passer au lendemain.

Je venais d'allumer mon feu et le regardais prendre lorsque je m'entendis interpeller. La voix, si proche déjà que je sursautai, était celle d'un homme. Mais ayant sursauté je me repris et continuai à m'occuper de mon feu comme si de rien n'était, en le remuant avec une branche que j'avais arrachée à cet effet peu de temps avant et dont j'avais enlevé les tiges et les feuilles et même une partie de l'écorce, avec mes seuls ongles. J'ai toujours aimé écorcher les branches et mettre à nu la jolie stèle claire et lisse. Mais d'obscurs sentiments d'amour et de pitié vis-à-vis de l'arbre m'en empêchaient le plus souvent. Et je comptais parmi mes intimes le dragonnier de Ténériffe qui périt à l'âge de cinq mille ans, frappé par la foudre. C'était un exemple de longévité. C'était une grosse branche pleine de sève qui ne s'enflammait pas quand je la piquais dans le feu. Je la tenais par le petit bout. La crépitation du feu, du bois qui s'y tordait plutôt, car le feu triomphant ne crépite pas, mais fait un tout autre bruit, avait permis à l'homme d'arriver tout près de moi, à mon insu. S'il y a une chose qui m'irrite, c'est d'être pris moi-même au dépourvu. Je continuai donc, malgré mon mouvement d'effroi, et en espérant qu'il était passé inaperçu, de tisonner le feu comme si j'avais été seul. Mais au contact de sa main s'abattant sur mon épaule je fus bien obligé de faire comme tout autre aurait fait à ma place, ce à quoi j'arrivai en me retournant vivement d'un mouvement bien simulé j'espère de crainte et de colère. Me voilà face à face avec un homme dont je distinguais mal d'abord le physique et les traits, à cause de l'obscurité. Salut l'ami, dit-il. Mais peu à peu je me fis une idée du genre d'individu que c'était. Et ma foi il y avait entre ses diverses parties une grande concordance et une grande harmonie, et on pouvait dire de lui qu'il avait le corps de son visage, et inversement. Et si j'avais pu voir son cul, nul doute que je ne l'eusse trouvé digne du reste. Je ne m'attendais pas à trouver quelqu'un dans ce bled, dit-il, c'est une veine. Et en m'écartant du feu, qui commençait à flamber, et dont la lumière, n'étant plus interceptée par moi, tomba sur l'intrus, je pus me rendre compte que je ne m'étais pas trompé et que c'était bien le genre d'emmerdeur que j'avais entrevu. Pouvez-vous me dire, dit-il. Je vais être obligé de le décrire succinctement, quoique cela soit contraire à mes principes. Il était plutôt petit, mais râblé. Il portait un épais complet bleu marine (veston croisé) d'une coupe affreuse et une paire de ces chaussures noires, d'une largeur démesurée, dont le bout monte plus haut que le cou-de-pied. Cette hideuse façon semble être le monopole des chaussures noires. Vous ne savez pas, dit-il. Les bouts frangés d'un cache-nez sombre, long de sept pieds au moins, enroulé plusieurs fois autour de son cou, lui pendaient dans le dos. Il était coiffé d'un feutre bleu sombre à petits bords, dans le ruban duquel il avait piqué un hameçon garni d'une mouche de mai artificielle, ce qui faisait on ne peut plus sportif. Vous m'entendez? dit-il. Mais tout ça n'était rien à côté du visage qui ressemblait vaguement, j'ai le regret de le dire, au mien, en moins fin naturellement, même petite moustache ratée, même petits yeux de furet, même paraphimosis du nez, et une bouche mince et rouge, comme congestionnée à force de vouloir chier sa langue. Dites donc! dit-il. Je me retournai vers mon feu. Il était en bonne voie. Je jetai du bois dessus. Il y a cinq minutes que je vous cause, dit-il. Je me dirigeai vers l'abri, il me barra le chemin. Me voyant boiter il s'enhardissait. Je vous conseille de me répondre, dit-il. Je ne vous connais pas, dis-je. Je ris. Elle était bonne, en effet. Monsieur désire-t-il voir ma carte? dit-il. Elle ne m'apprendrait rien, dis-je. Il vint plus près de moi. Otez-vous de là, dis-je. Ce fut alors lui qui rit. Vous refusez de répondre? dit-il. Je fis un grand effort. Que voulez-vous savoir? dis-je. Il dut croire que je revenais à de meilleurs sentiments. J'aime mieux ça, dit-il. J'appelai à mon secours l'image de mon fils qui pouvait arriver d'un instant à l'autre. Je vous l'ai déjà dit, dit-il. Je tremblais. Ayez l'obligeance de répéter, dis-je. Abrégeons. Il me demanda si j'avais vu passer un vieillard avec un bâton. Il le décrivit. Mal. La voix semblait

205

m'arriver de loin. Non, dis-je. Comment non? dit-il. Je n'ai vu personne, dis-je. Il est cependant passé par ici, dit-il. Je me taisais. Vous êtes là depuis quand? dit-il. Son corps aussi devenait flou, comme s'il se disjoignait. Qu'est-ce que vous foutez ici? dit-il. Vous êtes chargé de la surveillance du territoire? dis-je. Il avança une main vers moi. Je crois bien lui avoir dit à nouveau de s'enlever de là. Je me rappelle encore la main qui venait vers moi, blanchâtre, s'ouvrant et se refermant. On aurait dit qu'elle se propulsait toute seule. Je ne sais pas ce qui se passa alors. Mais un peu plus tard, peut-être beaucoup plus tard, je le trouvai étendu par terre, la tête en bouillie. Je regrette de ne pas pouvoir indiquer plus claire- met de quelle manière ce résultat fut obtenu. Ça aurait fait un beau morceau. Mais ce n'est pas arrivé à ce point de mon récit que je vais me lancer dans la littérature. Personnellement je n'avais rien, si, quel- ques égratignures que je ne découvris que le lende- main. Je me penchai sur lui. Ce faisant je compris que ma jambe se pliait à nouveau. Il ne me ressem- blait plus. Je le pris par les chevilles et le traînai dans l'abri, à reculons. Ses chaussures luisaient d'une épaisse couche de cirage gras. Les chaussettes étaient ornées d'un dessin à chevrons. Le pantalon remon- tait, découvrant la chair blanche et glabre des jam- bes. Il avait les chevilles minces et osseuses, comme les miennes. Mes doigts en faisaient presque le tour. Il portait des fixe-chaussettes, dont l'un s'était défait et pendait. Ce détail m'attendrit. Je retournai près du feu. Déjà mon genou se raidissait à nouveau. Il n'avait plus besoin d'être souple. Je retournai dans l'abri et pris le manteau de mon fils. Je retournai près du feu et m'allongeai, couvert du manteau. Je ne dormis guère, mais je dormis un peu. J'écoutai les chouettes. Ce n'étaient pas des ducs, ça faisait un cri

206

comme un sifflet de locomotive. J'écoutai un rossignol. Et des râles lointains. Si j'avais entendu parler d'autres oiseaux qui crient et chantent la nuit, je les aurais écoutés également. Je regardai mourir le feu, les deux mains posées à plat l'une sur l'autre et ma joue là-dessus. Je guettai l'aube. A peine se fut-elle mise à poindre que je me levai et allai à l'abri. Lui aussi avait les genoux passablement raides, mais les articulations lombaires jouaient toujours heureusement. Je le traînai jusqu'au bosquet, en m'arrêtant souvent pour me reposer, mais sans lâcher les jambes, afin de ne pas avoir à me baisser pour le reprendre. Puis je défis l'abri et jetai sur le corps les branches ainsi récupérées. Je refis et endossai les deux sacs, pris le manteau et le parapluie. Je levais le camp, quoi. Mais avant de partir je me recueillis un instant pour m'assurer que je n'oubliais rien, et sans me fier à mon cerveau seul, car je tâtai mes poches et regardai autour de moi. Et ce fut en tâtant mes poches que je constatai l'absence de mes clefs, absence dont mon cerveau n'avait pu m'informer. Je ne tardai pas à les retrouver, éparpillées par terre, l'anneau s'étant cassé. Et d'abord à vrai dire je retrouvai la chaîne, ensuite les clefs et finalement l'anneau, en deux morceaux. Et comme il ne pouvait être question, même à l'aide de mon parapluie, de me baisser chaque fois pour ramasser une clef, je déposai mes sacs, le parapluie et me couchai à plat ventre parmi les clefs que de cette manière je pus récupérer assez facilement. Et quand il s'en trouvait une hors de ma portée, je me traînais jusqu'à elle, en empoignant l'herbe des deux mains. Et chaque clef, avant de la remettre dans ma poche, je l'essuyais sur l'herbe, qu'elle en eût besoin ou non. Et de temps en temps je me soulevais sur les mains, pour mieux dominer la scène. Et plusieurs clefs, repérées ainsi à une assez grande distance de moi, je les atteignis en me roulant sur moi-même, comme un grand cylindre. Et ne trouvant plus de clefs, je me dis, Ce n'est pas la peine de les compter, car j'ignore combien elles étaient. Alors je me remis à chercher des yeux. Mais finalement je me dis, Tant pis, je me contenterai de celles que j'ai. Et tout en cherchant ainsi mes clefs, je trouvai une oreille que je jetai dans le bosquet. Et, chose plus étrange encore, je trouvai mon canotier que je croyais sur ma tête! L'un des trous par où passait l'élastique s'était élargi jusqu'au bord du bord, si j'ose m'exprimer ainsi, et n'était de ce fait plus un trou, mais une fente. Mais l'autre avait tenu bon et l'élastique y était toujours. Et finalement je me dis, Je vais maintenant me lever et, d'un regard plongeant, faire une dernière inspection du terrain. Ce que je fis. Ce fut alors que je trouvai l'anneau, d'abord un morceau, puis l'autre. Puis, ne trouvant plus rien qui fût à moi ou à mon fils, je chargeai à nouveau mes sacs, m'enfonçai bien la paille sur le crâne, pliai sur le bras le manteau de mon fils, pris le parapluie et m'en allai. Mais je n'allai pas loin. Car je m'arrêtai bientôt au sommet d'un monticule d'où je pouvais surveiller, sans me fatiguer, et l'emplacement du camp et la campagne environnante. Et je fis cette remarque curieuse, que la terre à cet endroit, et même les nuages du ciel, étaient disposés de façon à amener doucement les yeux vers le camp, comme dans un tableau de maître. Je m'installai aussi confortablement que possible. Je me débarrassai de mes divers fardeaux et je mangeai une boîte de sardines entière et une pomme. Je m'allongeai à plat ventre sur le manteau de mon fils. Et tantôt je m'accoudais à la terre en étayant mes mâchoires de mes mains, ce qui portait mes regards vers l'horizon, et tantôt je faisais à même la terre un petit coussin de mes deux mains et couchais ma joue dessus, cinq minutes l'une, cinq minutes l'autre, toujours à plat ventre. J'aurais pu me faire un oreiller des deux sacs, mais je ne le fis pas, je n'y pensai pas. La journée s'écoula dans le calme, sans incident aucun. Et seul un chien rompit pour moi la monotonie de cette troisième journée, en tournant autour des débris de mon feu d'abord, puis en entrant dans le bosquet. Mais je ne le vis pas en sortir, soit que mon attention fût ailleurs, soit qu'il en sortît par l'autre côté, n'ayant fait en quelque sorte que le traverser de part en part. Je réparai mon chapeau, en pratiquant, à l'aide de la clef de la boîte de sardines, un nouveau trou à côté de l'ancien et en y assujétissant à nouveau l'élastique. Et je réparai également l'anneau, en entortillant les deux morceaux l'un dans l'autre, et j'y enfilai les clefs et j'y attachai la longue chaîne, à nouveau. Et pour que le temps me parût moins long je me posai certaines questions et m'efforçai d'y répondre. En voici quelques-unes.

Question. Le feutre bleu, qu'était-il devenu?

Réponse.

Question. Le vieux au bâton ne serait-il pas soupçonné?

Réponse. Très probablement.

Question. Quelles étaient ses chances de s'innocenter?

Réponse. Minces.

Question. Devrais-je instruire mon fils de ce qui s'était produit?

Réponse. Non, car il serait de son devoir alors de me dénoncer.

Question. Me dénoncerait-il?

Réponse.

Question. Comment me sentais-je?

Réponse. A peu près comme d'habitude.

209

Question. Pourtant j'avais changé et je changeais toujours?

Réponse. Oui.

Question. Et malgré cela je me sentais à peu près comme d'habitude?

Réponse. Oui.

Question. Comment cela se faisait-il?

Réponse.

Ces questions et d'autres encore étaient séparées par des intervalles de temps plus ou moins prolongés non seulement les unes des autres, mais aussi des réponses y appartenant. Et les réponses ne se faisaient pas toujours dans l'ordre des questions. Mais tout en cherchant la réponse, ou les réponses, à une question donnée, je trouvais la réponse, ou les réponses, à une question que je m'étais déjà posée en vain, dans le sens que je n'avais pas su y répondre, ou je trouvais une autre question, ou d'autres questions, exigeant à leur tour que j'y réponde immédiatement.

Me rapportant maintenant en imagination à l'instant présent, j'affirme avoir écrit tout ce passage d'une main ferme et même satisfaite, et l'esprit plus tranquille que depuis longtemps. Car je serai loin, avant qu'on lise ces lignes, et là où personne ne songera à venir me chercher. Et puis Youdi aura soin de moi, il ne me laissera pas punir pour une faute commise pendant le service. Et contre moi on ne pourra rien, mais on le plaindra plutôt, d'avoir eu un tel père, et les offres d'assistance et les assurances d'estime lui afflueront de toutes parts.

Ainsi s'écoula cette troisième journée. Et vers cinq heures je mangeai ma dernière boîte de sardines et quelques biscuits, de bon appétit. De sorte qu'il ne me restait plus que quelques pommes et quelques biscuits. Mais vers sept heures, le soleil déjà bien bas, mon fils arriva. J'avais dû m'assoupir un instant, car je ne l'aperçus point à l'horizon d'abord, puis s'agrandissant à chaque instant, comme je l'avais prévu. Mais il était déjà entre moi et le camp, se dirigeant vers ce dernier, quand je l'aperçus. Une grande irritation m'inonda et je me levai vivement et me mis à hurler, tout en brandissant mon parapluie. Il se retourna et je lui fis signe d'approcher, en agitant le parapluie comme si je voulais accrocher quelque chose avec le manche. Je crus un instant qu'il allait me défier et poursuivre son chemin jusqu'au camp, jusqu'à l'emplacement du camp plutôt, car il n'y avait plus de camp. Mais il finit par se diriger vers moi. Il poussait une bicyclette que, m'ayant rejoint, il laissa tomber d'un geste signifiant qu'il n'en pouvait plus. Relève-la, dis-je, que je la voie. Elle avait dû être une assez bonne bicyclette en effet. Je la décrirais volontiers, j'écrirais volontiers quatre mille mots dessus. C'est ça, ta bicyclette? dis-je. Ne m'attendant qu'à moitié à ce qu'il réponde, je continuais à regarder la bicyclette. Mais il y avait dans son silence je ne sais quoi d'inusité qui me fit lever les yeux vers lui. Les yeux lui sortaient de la tête. Qu'est-ce que tu as, dis-je, ma braguette serait-elle déboutonnée? Il lâcha à nouveau la bicyclette. Relève-la, dis-je. Il la releva. Qu'est-ce que tu t'es fait? dit-il. Je suis tombé, dis-je. Tombé? dit-il. Oui, tombé, m'écriai-je, toi tu n'es jamais tombé? Je cherchai le nom de la plante née des éjaculations des pendus et qui crie quand on la cueille. Combien l'as-tu payée? dis-je. Quatre livres, dit-il. Quatre livres! m'écriai-je. S'il m'avait dit deux livres, ou même trente shillings, je me serais récrié la même chose. On m'en a demandé quatre livres cinq, dit-il. Tu as le reçu? dis-je. Il ne savait pas ce que c'était qu'un reçu. Je lui en fis le portrait. L'argent que je dépensais pour l'instruction de mon fils et il ne savait pas ce que c'était qu'un simple reçu. Mais je crois qu'il le savait aussi bien que moi. Car quand je lui dis, Dis-moi maintenant ce que c'est qu'un reçu, il me le dit très bien. Au fond cela m'était bien égal, qu'on lui eût fait payer la bicyclette trois ou quatre fois ce qu'elle valait ou qu'il se fût emparé d'une partie de l'argent destiné à cet achat. Ce n'était pas moi qui en serais de ma poche. Donne les dix shillings, dis-je. Je les ai dépensés, dit-il. Assez, assez. Il se mit à m'expliquer que le premier jour les magasins étaient fermés, que le deuxième —. Je lui dis, Assez, assez. Je regardai le porte-bagages. C'était ce que cette bicyclette avait de mieux. Avec la pompe. Est-ce qu'elle roule au moins? dis-je. J'ai crevé à deux milles de Hole, dit-il, j'ai fait le restant du chemin à pied. Je regardai ses chaussures. Regonfle-moi ça, dis-je. Je pris la bicyclette. Je ne sais plus de quelle roue il s'agissait. Dès qu'il y a deux choses à peu près pareilles je m'y perds. Il trichait, l'air s'en allait entre la valve et le tuyau qu'il avait fait exprès de ne pas visser à fond. Tiens la bicyclette, dis-je, et donne-moi la pompe. Le pneu fut vite dur. Je regardai mon fils. Il se mit à protester. Je le fis taire. Cinq minutes plus tard je tâtai le pneu. Il n'avait rien perdu de sa dureté. Tu es un misérable, dis-je. Il prit une tablette de chocolat dans sa poche et me la tendit. Je la pris. Mais au lieu de la manger, comme j'en avais envie, et quoique je déteste le gaspillage, je la jetai loin de moi, après un instant d'hésitation. Mais cet instant d'hésitation, j'espérais que mon fils ne l'avait pas remarqué. Assez. Nous descendîmes sur la route. C'était plutôt un sentier. J'essayai de m'asseoir sur le porte-bagages. Le pied de ma jambe raide voulait rentrer sous terre, dans la tombe. Je m'exhaussai au moyen du sac à dos. Tiens-la bien, dis-je. Ce n'était pas assez. J'ajoutai la gibecière. Ses bosses me rentraient dans les fesses. Plus les choses me résistent plus je m'acharne. Avec du temps, rien qu'avec mes ongles et mes dents, je remonterais des entrailles de la terre jusqu'à sa croûte, tout en sachant très bien que je n'avais rien à y gagner. Et quand je n'aurais plus d'ongles, plus de dents, je gratterais le rocher avec mes os. Voici en quelques mots la solution à laquelle j'arrivai. La gibecière d'abord, puis le sac à dos, puis le manteau de mon fils plié en quatre, le tout solidement ficelé, avec les bouts de ficelle de mon fils, au porte-bagages et au pilier de la selle. Quant au parapluie, je me l'accrochai au cou, afin d'avoir les deux mains libres pour tenir mon fils à la taille, sous les aisselles plutôt, car j'étais finalement plus haut perché que lui. Roule, dis-je. Il fit un effort désespéré, je veux bien le croire. Nous tombâmes. Je ressentis une vive douleur au tibia. J'étais tout empêtré dans la roue arrière. Aide-moi! criai-je. Mon fils m'aida à me relever. Mon bas était déchiré et ma jambe saignait. C'était la jambe malade heureusement. Qu'est-ce que j'aurais fait, en panne des deux jambes? Je me serais arrangé. C'était même peut-être un mal pour un bien. Je pensais naturellement à la phlébotomie. Tu n'as rien? dis-je. Non, dit-il. Évidemment. De mon parapluie je lui décochai un vif coup sur le jarret, là où je voyais luire la chair entre la culotte et le bas. Il poussa un cri. Tu veux nous tuer? dis-je. Je n'ai pas la force, dit-il, je n'ai pas la force. La bicyclette n'avait rien apparemment, la roue arrière un peu voilée peut-être. Je compris tout de suite le tort que j'avais eu. C'était de m'être carrément assis, les pieds pendants, avant le départ. Je réfléchis. Nous allons essayer encore, dis-je. Je ne peux pas, dit-il. Ne me pousse pas à bout, dis-je. Il enfourcha le cadre. Tu partiras doucement quand je donnerai le signal, dis-je. Je repris ma place à l'arrière. Assis, mes pieds n'arrivaient pas jusqu'au sol. C'était ce qu'il fallait. Attends le signal, dis-je. Je me laissai glisser de côté jusqu'à ce que le pied de ma bonne jambe touchât terre. Ne pesait plus sur la roue motrice que la jambe malade, péniblement soulevée et écartée. J'enfonçai les doigts dans le veston de mon fils. Avance doucement, dis-je. Les roues se mirent à tourner. Je suivis, à moitié entraîné, à moitié sautillant. Je craignais pour mes testicules qui sont plutôt ballants. Plus vite! criai-je. Il appuya sur les pédales. D'un bond je regagnai mon siège. La bicyclette vacilla, se rétablit, prit de la vitesse. Bravo! criai-je, fou de joie. Hourra! cria mon fils. Comme je déteste cette exclamation! J'ai failli ne pas pouvoir la noter. Il était aussi content que moi, je crois. Son cœur battait sous ma main, et cependant ma main était loin de son cœur. Heureusement que j'avais réparé mon chapeau, sans quoi le vent l'aurait emporté. Heureusement qu'il faisait beau, que je n'étais plus seul. Heureusement, heureusement.

De cette façon nous gagnâmes Ballyba. Je ne dirai pas les obstacles que nous eûmes à surmonter, les êtres malfaisants que nous eûmes à circonvenir, les écarts de conduite du fils, les effondrements du père. J'avais l'intention, j'avais presque envie, de raconter tout ça, je me réjouissais à l'idée que le moment viendrait où je pourrais le faire. Maintenant je n'en ai plus l'intention, le moment est venu et l'envie m'en est passée. Mon genou n'allait pas mieux. Il n'allait pas plus mal non plus. La blessure au tibia s'était refermée. Je ne serais jamais arrivé tout seul. Je le dois à l'aide de mon fils. Quoi? D'être arrivé. Il se plaignait souvent de sa santé, de son ventre, de ses dents. Je lui donnais de la morphine. Sa mine devenait de plus en plus mauvaise. Quand je lui demandais ce qu'il avait il ne savait pas me répondre. Nous eûmes des ennuis avec la bicyclette. Mais j'en vins à bout. Je ne serais pas arrivé sans mon fils. Nous mîmes du temps à arriver. Des semaines. A force de nous tromper de chemin, de ne pas nous presser. Je ne savais toujours pas ce que je devais faire de Molloy, quand je l'aurais trouvé. Je n'y pensais plus. Je pensais beaucoup à moi, en route assis derrière mon fils, la tête plus haute que la sienne, et au campement pendant qu'il allait et venait, et pendant ses absences. Car il s'absentait souvent, pour aller aux renseignements et pour acheter des provisions. Je ne faisais pour ainsi dire plus rien. Il prenait bien soin de moi, je dois le dire. Il était maladroit, stupide, lent, sale, menteur, dépensier, sournois, peu affectueux, mais il ne m'abandonnait pas. Je pensais beaucoup à moi. C'est-à-dire que j'y jetais souvent un coup d'œil, fermais les yeux, oubliais, recommençais. Nous mîmes longtemps à arriver dans Ballyba, nous y arrivâmes même sans le savoir. Arrête, dis-je à mon fils un jour. Je venais de repérer un berger dont l'aspect me plaisait. Assis par terre il caressait son chien. Des moutons noirs, peu laineux, erraient autour d'eux deux, sans crainte. Quel pays pastoral, mon Dieu. Laissant mon fils au bord du chemin j'allai vers eux, à travers le pré. Je m'arrêtais souvent et me reposais, appuyé sur mon parapluie. Le berger me regardait venir, sans se lever. Le chien aussi, sans aboyer. Les moutons aussi. Oui, peu à peu, les uns après les autres, ils se tournaient vers moi, me faisaient face, me regardaient venir. Seuls quelques brefs mouvements de recul, une maigre patte frappant le sol, trahissaient leur trouble. Ils semblaient peu peureux, pour des moutons. Et mon fils naturellement me regardait m'éloigner, je sentais son regard dans le dos. Le silence était absolu. Enfin, profond. Ce fut toutes choses considérées un moment solennel. Le temps était radieux. Le soir venait. Chaque fois que je m'arrêtais je regardais autour de moi. Je regardais le berger, les moutons, le chien et même le ciel. Mais en marchant je ne voyais que la terre et le jeu de mes pieds, le bon qui s'élançait en avant, se retenait, se posait, attendait que l'autre vienne le rejoindre. Je m'arrêtai finalement à quelque dix pas du berger. Ce n'était pas la peine d'aller plus loin. Comme j'aurais du plaisir à m'étendre sur lui. Son chien l'aimait, ses moutons ne le craignaient pas. Il se lèverait bientôt, sentant tomber la rosée. La bergerie était loin, loin. Il verrait de loin la lumière de sa maison. J'étais au milieu des moutons maintenant, ils faisaient cercle autour de moi, leurs regards convergeaient vers moi. J'étais peut-être le boucher qui venait faire son choix. Je levai mon chapeau. Je vis les yeux du chien suivre le mouvement de ma main. Je regardai encore autour de moi sans pouvoir rien dire. Je ne savais comment j'allais pouvoir rompre ce silence. Je faillis m'en retourner sans avoir parlé. Je dis finalement, Ballyba, sur un ton que j'espérais interrogateur. Le berger ôta la pipe de sa bouche et en dirigea le tuyau vers le sol. J'avais envie de lui dire, Prenez-moi avec vous, je vous servirai fidèlement, rien que pour le gîte et la nourriture. J'avais compris, mais sans en avoir l'air probablement, car il renouvela son geste, en pointant vers le sol le tuyau de sa pipe, à plusieurs reprises. Bally, dis-je. Il leva la main, elle hésita un instant comme au-dessus d'une carte, puis se figea. La pipe fumait faiblement encore, la fumée bleuissait l'air un instant, puis disparaissait. Je regardai dans la direction indiquée. Le chien aussi. Tous les trois nous étions tournés vers le nord. Les moutons commençaient à se désintéresser de moi. Peut-être avaient-ils compris. Je les entendais qui se remettaient à brouter, à errer. Je perçus enfin, à la limite

216

de la plaine, un rougeoiement confus, somme de mille lumières précises brouillées par la distance. Ça tenait de la galaxie. Ça faisait comme une petite cassure dans la belle ligne droite et sombre de l'horizon. Je remerciai le soir qui fait voir les lumières, les étoiles au ciel et sur la terre les braves petites lumières des hommes. Le jour le berger aurait levé sa pipe en vain, vers la longue commissure nette et claire du ciel et de la terre. Mais je les sentais maintenant, l'homme et le chien, qui se tournaient à nouveau vers moi, et celui-là qui se remettait à tirer sur sa pipe, dans l'espoir qu'elle ne s'était pas éteinte. Et je me savais seul à fixer cette lointaine lueur dont je savais qu'elle irait s'avivant, s'avivant, puis brusquement s'éteindrait. Et cela me gênait d'être seul, avec mon fils peut-être, non, seul, à être fasciné ainsi. Et je me demandais comment j'allais pouvoir me retirer sans trop me dégoûter, trop me faire de peine, lorsqu'une sorte d'immense soupir tout autour de moi annonça que ce n'était pas moi qui partais, mais le troupeau. Je les regardai s'éloigner, l'homme en tête, puis les moutons, serrés, tête basse, se bousculant, poussant de temps en temps une petite trotte, arrachant sans s'arrêter et comme aveuglément à la terre une dernière bouchée, et finalement le chien, se balançant et agitant sa grande queue noire et plumeuse, quoiqu'il n'y eût personne pour voir son contentement, si c'était du contentement. Et la petite troupe s'en allait ainsi dans un ordre parfait, sans que le maître eût à crier ni le chien à intervenir. Et sans doute irait-elle ainsi jusqu'à l'étable ou l'enclos. Et là le berger s'écarte pour laisser passer ses bêtes, et par acquit de conscience il les compte pendant qu'elles défilent devant lui. Puis il va vers sa maison, la porte de la cuisine est ouverte, la lampe brûle, il entre et se met à table, sans enlever son chapeau. Mais le chien

217

s'arrête sur le seuil, incertain s'il peut entrer ou s'il doit rester dehors.

Cette nuit-là j'eus une scène assez violente avec mon fils. Je ne me rappelle pas à propos de quoi. Attendez, c'est peut-être important.

Non, je ne sais pas. J'ai eu tant de scènes avec mon fils. Sur le moment ça dut me paraître une scène comme les autres, c'est tout ce que je sais. Je dus la mener à bien suivant une technique éprouvée, lui démontrer avec maestria l'énormité de ses torts. Mais le lendemain je compris que je m'étais trompé. Car réveillé de bonne heure je me trouvai seul, dans l'abri, moi qui me réveillais toujours le premier. Et même il y avait longtemps que j'étais seul, mon instinct me le disait, longtemps que le souffle de mon fils ne se mêlait plus au mien, dans l'étroit abri qu'il avait construit, sous ma direction. Et qu'il fût parti avec la bicyclette, pendant la nuit ou aux premières hontes de l'aube, cela n'avait en soi rien de profondément inquiétant. Et j'aurais su y trouver d'excellentes et honorables explications, s'il ne s'était agi que de cela. Malheureusement il avait emporté son sac ainsi que son manteau. Et il ne restait dans l'abri, ni en dehors de l'abri, rien qui fût à lui, absolument rien. Et non seulement cela, mais il était parti avec une somme d'argent considérable, lui qui n'avait droit qu'à quelques pence de temps en temps, pour sa tirelire italienne. Car depuis qu'il s'occupait de tout, sous ma direction bien sûr, et notamment des achats, je lui faisais confiance pour l'argent jusqu'à un certain point. Et il gardait toujours sur lui une somme bien supérieure au strict nécessaire. Et afin que cela paraisse plus vraisemblable j'ajouterai ceci.

1º Je désirais qu'il apprenne à tenir une comptabilité en partie double et je lui en avais inculqué les rudiments.

2o Je ne me sentais plus le courage de m'occuper de ces misères qui faisaient autrefois ma joie.

3o Je lui avais dit d'avoir l'œil ouvert, pendant ses randonnées, pour une deuxième bicyclette, légère et bon marché. Car j'étais las du porte-bagages et en plus je voyais venir le jour où mon fils n'aurait plus la force de pédaler pour deux. Et je me croyais capable, que dis-je, je me savais capable, avec un peu d'entraînement, d'apprendre à pédaler d'un seul pied. Et alors je reprendrais la place qui me revenait, je veux dire en tête. Et mon fils me suivrait. Et il ne se produirait plus cette chose scandaleuse, à savoir mon fils, faisant fi de mes instructions, prenant à gauche quand je lui disais à droite, ou à droite quand je lui disais à gauche, ou tout droit quand je lui disais à droite ou à gauche, comme cela se produisait de plus en plus fréquemment ces derniers temps.

Voilà tout ce que je voulais ajouter.

Mais en visitant mon porte-monnaie je constatai qu'il ne contenait plus que quinze shillings, ce qui me donnait à croire que mon fils ne s'était pas contenté de la somme qu'il avait déjà sur lui mais qu'il avait fait mes poches, avant de partir, pendant que je dormais. Et mon premier mouvement, tant l'âme est bizarre, fut de lui savoir gré de m'avoir laissé cette petite somme, suffisante pour me dépanner jusqu'à l'arrivée des secours, et j'y voyais une sorte de délicatesse!

J'étais donc seul, avec ma gibecière, mon parapluie qu'il aurait pu emporter également et quinze shillings, me sachant abandonné froidement, de propos délibéré et sans doute avec préméditation, dans Ballyba si vous voulez, si effectivement j'y étais, mais encore assez loin de Bally. Et je restai plusieurs jours, je ne sais combien, à l'endroit même où mon fils m'avait abandonné, mangeant mes dernières provisions (il aurait pu facilement les emporter), ne voyant âme qui vive, incapable d'agir, ou peut-être assez fort enfin pour ne plus agir. Car j'étais tranquille, je savais que tout allait finir, ou rebondir, peu importait, et peu importait de quelle manière, je n'avais qu'à attendre. Et je m'amusais même de loin en loin à laisser croître en moi, pour mieux les écraser, d'enfantins espoirs, par exemple que mon fils, sa colère tombée, aurait pitié de moi, reviendrait vers moi! Ou que Molloy, dont c'était le pays, viendrait jusqu'à moi, qui n'avais su aller jusqu'à lui, et que j'en ferais un ami, un père, et qu'il m'aiderait à faire ce que j'avais à faire, de façon que Youdi ne soit pas fâché contre moi et ne me punisse pas! Oui, je les laissais croître et s'amonceler en moi, briller et s'orner de mille détails charmants, et puis je les balayais, d'un grand coup de balai dégoûté, je m'en nettoyais et je regardais avec satisfaction le vide qu'ils allaient pollué. Et le soir je me tournais vers les lumières de Bally, je les regardais briller de plus en plus ardentes, puis s'éteindre presque toutes en même temps, sales petites lumières clignotantes d'hommes terrifiés. Et je me disais, Dire que j'y serais peut-être, sans ce malheur qui m'arrive! Et cet Obidil, dont j'ai failli parler, que j'aurais tellement voulu voir de près, eh bien je ne le vis jamais, ni de près ni de loin, et il n'existerait pas que je n'en serais que modérément saisi. Et à l'idée des sanctions que Youdi pouvait prendre contre moi un énorme rire me secouait, sans que le moindre bruit se fît entendre ni que mon visage exprimât autre chose que la tristesse et le calme. Mais tout mon corps en était secoué, et jusqu'à mes jambes, de sorte que je devais m'appuyer contre un arbre, ou contre un arbrisseau, quand cela me prenait debout, mon parapluie ne suffisant plus à me maintenir en équilibre. Rire étrange s'il en fut et qu'à bien y réfléchir je n'appelle ainsi que par paresse peut-être, ou par ignorance. Et quant à moi, ce passe-temps fidèle, je dois dire que je ne pensais plus guère à lui. Mais par moments il me semblait que je n'en étais plus très loin, que je m'en approchais comme la grève de la vague qui s'enfle et blanchit, figure je dois dire peu appropriée à ma situation, qui était plutôt celle de la merde qui attend la chasse d'eau. Et je note ici le petit coup au cœur que j'eus une fois, chez moi, lorsqu'une mouche, volant bas au-dessus de mon cendrier, y souleva un peu de cendre, du souffle de ses ailes. Et je devenais de plus en plus faible et content. Depuis plusieurs jours je ne mangeais plus rien. J'aurais pu trouver probablement des mûres et des champignons, mais cela ne m'intéressait pas. Je restais toute la journée étendu dans l'abri, regrettant vaguement le manteau de mon fils, et le soir je sortais rigoler un bon coup devant les lumières de Bally. Et tout en souffrant un peu de crampes à l'estomac et de ballonnements je me sentais extraordinairement content, content de moi, exalté presque, enchanté de mon personnage. Et je me disais, Je vais bientôt perdre connaissance tout à fait, ce n'est plus qu'un question de temps. Mais l'arrivée de Gaber mit fin à ces ébats.

C'était un soir. Je venais de me traîner hors de l'abri pour ma petite pouffade et pour mieux sentir ma faiblesse. Il y avait quelque temps déjà qu'il était là. Il était assis sur une souche, à moitié endormi. Salut Moran, dit-il. Vous me reconnaissez? dis-je. Il sortit et ouvrit son calepin, mouilla son doigt, feuilleta les pages, trouva la bonne, la leva vers ses yeux qu'en même temps il baissa vers elle. Je ne vois rien, dit-il. Il était vêtu comme la dernière fois. J'avais donc mal fait en pensant du mal de son endimanchement. A moins que ce ne fût encore un dimanche.

Mais ne l'avais-je pas toujours vu ainsi vêtu? Auriez-vous une allumette? dit-il. Je ne lui connaissais pas cette voix lointaine. Ou une lampe de poche, dit-il. Il dut voir à mon visage que je n'avais rien de lumineux. Il sortit de sa poche une petite lampe électrique et en éclaira sa page. Il lut, Moran, Jacques, rentrera chez lui, toutes affaires cessantes. Il éteignit sa lampe, ferma le calepin sur son doigt et me regarda. Je ne peux pas marcher, dis-je. Comment? dit-il. Je suis malade, je ne peux pas bouger, dis-je. Je n'entends pas un mot de ce que vous dites, dit-il. Je lui criai que je ne pouvais pas me déplacer, que j'étais malade, qu'il faudrait me transporter, que mon fils m'avait abandonné, que j'en avais assez. Il m'examina lourdement de la tête aux pieds. Je fis quelques pas appuyé sur mon parapluie pour lui montrer que je ne pouvais pas marcher. Il rouvrit son calepin, éclaira à nouveau sa page, l'interrogea longuement et dit, Moran regagnera son domicile toutes affaires cessantes. Il ferma son calepin, le remit dans sa poche, remit la lampe dans sa poche, se leva, passa ses mains sur sa poitrine et annonça qu'il mourait de soif. Pas un mot sur ma mine. Je ne m'étais cependant pas rasé depuis le jour où mon fils avait ramené la bicyclette de Hole, ni peigné, ni lavé, sans parler des privations de toutes sortes et des grandes métamorphoses intérieures. Vous me reconnaissez? criai-je. Si je vous reconnais? dit-il. Il réfléchit. Je savais ce qu'il faisait, il cherchait la phrase la mieux faite pour me blesser. Sacré Moran! dit-il. Je chancelais de faiblesse. Je serais décédé à ses pieds qu'il aurait dit, Ah ce vieux Moran, toujours le même. Il faisait de plus en plus sombre. Je me demandai si c'était bien Gaber. Est-ce qu'il est fâché? dis-je. Vous n'auriez pas une cannette des fois, dit-il. Je vous demande s'il est fâché, criai-je. Fâché, dit Gaber, vous en avez de bonnes, il se frotte les mains du matin au soir, je les entends de l'antichambre. Ça ne veut rien dire, dis-je. Il rigole tout seul, dit Gaber. Il est sûrement fâché contre moi, dis-je. Vous savez ce qu'il m'a dit l'autre jour? dit Gaber. Est-ce qu'il a changé? dis-je. Comment? dit Gaber. Est-ce qu'il a changé? criai-je. Changé, dit Gaber, mais non il n'a pas changé, pourquoi aurait-il changé, il se fait vieux, voilà tout, comme le monde. Vous avez une drôle de voix ce soir, dis-je. Je ne crois pas qu'il m'entendît. Bon, dit-il, en se passant à nouveau les mains sur la poitrine, de haut en bas, je m'en vais, puisque vous n'avez rien à m'offrir. Il s'éloigna, sans me dire adieu. Mais je le rattrapai, malgré le dégoût qu'il m'inspirait, malgré ma faiblesse et ma jambe malade, et le retins par la manche. Qu'est-ce qu'il vous a dit? dis-je. Il s'arrêta. Moran, dit-il, vous commencez à me faire sérieusement chier. Je vous en supplie, dis-je, dites-moi ce qu'il a dit. Il me poussa. Je tombai. Il n'avait pas fait exprès de me faire tomber, il ne se rendait pas compte dans quel état j'étais, il avait seulement voulu m'éloigner. Je n'essayai pas de me relever. Je poussai un hurlement. Il s'approcha et se pencha sur moi. Il avait une grosse moustache châtain à la gauloise. Je la vis remuer, les lèvres s'ouvrir, et j'entendis presque aussitôt comme murmurés des mots de sollicitude. Il n'était pas brutal, Gaber, je le connaissais bien. Gaber, dis-je, je ne vous demande pas grand'chose. Je me rappelle bien cette scène. Il voulut m'aider à me relever. Je le repoussai. J'étais bien là où j'étais. Qu'est-ce qu'il vous a dit? dis-je. Je ne comprends pas, dit Gaber. Vous disiez tout à l'heure qu'il vous a dit quelque chose, dis-je, puis je vous ai coupé. Coupé? dit Gaber. Savez-vous ce qu'il m'a dit l'autre jour, dis-je, voilà vos propres paroles. Son visage s'éclaira. Il était à peu près aussi vif que

mon fils, ce gros Gaber. Il m'a dit, dit Gaber, il m'a —.
Plus fort! m'écriai-je. Il m'a dit, dit Gaber, Gaber,
qu'il m'a dit, la vie est une bien belle chose, Gaber,
une chose inouïe. Il rapprocha son visage du mien.
Une chose inouïe. Il sourit. Je fermai les yeux. Les
sourires, c'est très joli, très encourageant, mais il leur
faut un peu de recul. Je dis, Vous croyez qu'il parlait
de la vie humaine? J'écoutai. Savoir s'il parlait de la
vie humaine, dis-je. Je rouvris les yeux. J'étais seul.
J'avais les mains pleines d'herbe et de terre que
j'avais arrachées à mon insu, que j'arrachais toujours. Je déracinais littéralement. Je m'arrêtai de le
faire, oui, à l'instant même où je compris ce que
j'avais fait, ce que je faisais, une chose si vilaine, j'y
mis fin, j'ouvris les mains, elles furent bientôt vides.

Cette nuit-là je m'engageai dans le chemin du
retour. Je n'allai pas loin. Mais ce fut un petit commencement. C'est le premier pas qui compte. Le
deuxième un peu plus. Cette phrase n'est pas claire,
elle ne dit pas ce que j'espérais. Je comptais d'abord
par dizaines de pas. Je m'arrêtais quand je n'en pouvais mais et je me disais, Bravo, ça fait tant de dizaines, tant de plus qu'hier. Puis je comptais par quin-
zaines, par vingtaines et finalement par cinquantai-
nes. Oui, à la fin je pouvais faire cinquante pas avant
de m'arrêter, pour me reposer, appuyé sur mon
fidèle parapluie. Je devais errer un peu dans Ballyba
au début, si vraiment j'y étais. Ensuite je suivais à
peu près les mêmes chemins que nous avions pris
pour venir. Mais les chemins changent d'aspect,
refaits en sens inverse. Je mangeais, par raison, tout
ce que la nature, les bois, les champs, les eaux, me
proposaient de comestible. Je finis la morphine.

Je reçus l'ordre de rentrer en août, en septembre
au plus tard. J'arrivai chez moi au printemps, je ne

224

veux pas être plus précis. J'avais donc cheminé tout l'hiver.

Tout autre que moi se serait couché dans la neige, bien décidé à ne plus se relever. Pas moi. Je croyais autrefois que les hommes n'auraient pas raison de moi. Je me crois toujours plus malin que les choses. Il y a les hommes et les choses, ne me parlez pas des animaux. Ni de Dieu. Une chose qui me résiste, même si c'est pour mon bien, ne me résiste pas long-temps. Cette neige, par exemple. Quoique à vrai dire elle m'appelât plus qu'elle ne me résistait. Mais dans un sens elle me résistait. Ça suffisait. Je la vainquis, en grinçant des dents de joie, on peut très bien grin-cer des incisives. Je m'y frayai un chemin, vers ce que j'aurais appelé ma perte si j'avais pu concevoir ce que j'avais à perdre. Je l'ai conçu depuis peut-être, je n'ai pas fini de le concevoir peut-être, on y arrive for-cément avec le temps, j'y arriverai. Mais pendant le voyage je ne le concevais pas, en butte comme je l'étais à la malignité des choses et des gens et aux défaillances de ma chair. Mon genou, abstraction faite de l'accoutumance, ne me faisait ni plus ni moins souffrir que le premier jour. Le mal, quel qu'il fût, n'évoluait pas. Peut-on expliquer une chose pareille? Mais pour en revenir aux mouches, je crois qu'il y en a qui éclosent au début de l'hiver, dans les maisons, et qui meurent peu de temps après. On les voit toutes petites qui volent dans les coins chauds, lentement, sans entrain ni bruit. C'est-à-dire qu'on en voit une de temps en temps. Elles doivent mourir très jeunes, sans avoir pu pondre. On les balaie, on les pousse dans la pelle avec le balai, sans le savoir. Voilà une étrange génération de mouches. Mais je devenais la proie d'autres affections, ce n'est pas le mot, intestinales pour la plupart. Je n'ai plus envie de les communiquer, je le regrette, ça aurait fait un joli morceau. Je dirai seulement qu'un autre que moi ne les aurait pas surmontées, sans assistance. Mais moi! Plié en deux, de ma main libre me comprimant le ventre, j'avançais, en poussant de temps en temps un rugissement de détresse et de triomphe. Certaines mousses que je mangeais devaient y être pour quelque chose. Moi, si je me mettais dans le crâne de me présenter ponctuellement au lieu du supplice, la dysenterie sanguinolente ne m'en empêcherait pas, j'avançais à quatre pattes en chiant tripes et boyaux et en entonnant des malédictions. Je vous l'ai dit, ce sont mes frères qui m'auront eu.

Mais je ne dirai pas grand'chose de ce voyage de retour, de ses fureurs et traîtrises. Et je passerai sous silence les hommes méchants et les spectres qui voulurent m'empêcher de rentrer chez moi, comme Youdi me l'avait enjoint. Mais j'en toucherai quand même quelques mots, histoire de m'édifier et de me faire une âme permettant de conclure. D'abord mes rares pensées.

Certaines questions d'ordre théologique me préoccupaient bizarrement. En voici quelques-unes.

1º Que vaut la théorie qui veut qu'Ève soit sortie, non pas de la côte d'Adam, mais d'une tumeur au gras de la jambe (cul?)?

2º Le serpent rampait-il ou, comme l'affirme Comestor, marchait-il debout?

3º Marie conçut-elle par l'oreille, comme le veulent saint Augustin et Adobard?

4º L'antéchrist combien de temps va-t-il nous faire poireauter encore?

5º Cela a-t-il vraiment de l'importance de quelle main on s'absterge le podex?

6º Que penser du serment des Irlandais proféré la main droite sur les reliques des saints et la gauche sur le membre viril?

7º La nature observe-t-elle le sabbat?

8º Serait-il exact que les diables ne souffrent point des tourments infernaux?

9º Théologie algébrique de Craig. Qu'en penser?

10º Serait-il exact que saint Roch enfant ne voulait téter ni les mercredis ni les vendredis?

11º Que penser de l'excommunication de la vermine au seizième siècle?

12º Faut-il approuver le cordonnier italien Lovat qui, s'étant châtré, se crucifia?

13º Que foutait Dieu avant la création?

14° La vision béatifique ne serait-elle pas une source d'ennui, à la longue?

15º Serait-il exact que le supplice de Judas est suspendu le samedi?

16º Si l'on disait la messe des morts pour les vivants?

Et je me récitais le joli Pater quiétiste, Dieu qui n'êtes pas plus au ciel que sur la terre et dans les enfers, je ne veux ni ne désire que votre nom soit sanctifié, vous savez ce qui vous convient. Etc. Le milieu et la fin sont très jolis.

C'est dans ce monde frivole et charmant que je me réfugiais, quand ma coupe venait à déborder.

Mais je me posais d'autres questions me touchant peut-être de plus près. En voici quelques-unes.

1º Pourquoi ne pas avoir emprunté quelques shillings à Gaber?

2º Pourquoi avoir obéi à l'ordre de rentrer?

3º Molloy qu'était-il devenu?

4º Même question pour moi.

5º Qu'allais-je devenir?

6º Mêmes questions pour mon fils.

7º Sa mère était-elle au ciel?

8º Même question pour ma mère.

9º Irais-je au ciel?

227

10° Nous retrouverions-nous tous au ciel un jour, moi, ma mère, mon fils, sa mère, Youdi, Gaber, Molloy, sa mère, Yerk, Murphy, Watt, Camier et les autres?

11° Qu'étaient devenues mes poules, mes abeilles? Ma poule grise vivait-elle toujours?

12° Zoulou, les sœurs Elsner, vivaient-ils toujours?

13° Youdi avait-il toujours son bureau au même endroit, au 8 square des Acacias? Si je lui écrivais? Si j'allais le voir? Je lui expliquerais. Qu'est-ce qui je lui expliquerais? Je lui demanderais pardon. Pardon de quoi?

14° L'hiver n'était-il pas d'une sévérité exceptionnelle?

15° Ça faisait combien de temps que je n'avais été à confesse ni communié?

16° Quel était le nom du martyr qui, étant en prison, chargé de chaînes, couvert de vermine et de blessures, ne pouvant se remuer, célébra la consécration sur son estomac et se donna l'absolution?

17° Que ferais-je jusqu'à ma mort? N'y aurait-il pas moyen d'activer celle-ci, sans tomber dans le péché?

Mais avant de mettre en branle, à travers ces solitudes glacées, puis, avec le dégel, fangeuses, mon corps proprement dit, je dirai que je pensais beaucoup à mes abeilles, plus qu'à mes poules, et Dieu sait si je pensais à mes poules. Et je pensais surtout à leur danse, car mes abeilles dansaient, oh pas comme dansent les hommes, pour se divertir, mais d'une autre façon. Je me croyais seul au monde à le savoir. J'avais fait des recherches très poussées là-dessus. Cette danse se manifestait surtout chez les abeilles qui rentraient à la ruche, chargées plus ou moins de nectar, et elle comportait une grande variété de figures et de rythmes. Et j'avais fini par y voir un système de signaux au moyen duquel les abeilles contentes ou mécontentes de leur récolte indiquaient aux partantes de quel côté il fallait ou ne fallait pas se diriger. Mais les abeilles partantes dansaient aussi. C'était sans doute leur façon de dire, J'ai compris, ou, Ne t'en fais pas pour moi. Mais loin de la ruche, en plein travail, les abeilles ne dansaient pas. Là le mot d'ordre semblait être, Chacun pour soi, à supposer que les abeilles soient capables de pareilles notions. La danse consistait surtout en des figures très compliquées, tracées par le vol, et j'en avais classé un grand nombre, avec leur signification probable. Mais il y avait aussi la question du bourdonnement, dont la diversité de timbre, à l'approche et au départ de la ruche, pouvait difficilement être un effet du hasard. J'en avais d'abord conclu que chaque figure se renforçait au moyen d'un bourdonnement lui appartenant en propre. Mais je dus abandonner cette agréable opinion. Car je voyais la même figure (enfin ce que moi j'appelais la même figure) s'accompagner de bourdonnements très divers. De sorte que je me dis, Le bourdonnement ne sert point à souligner la danse, mais au contraire à la varier. Et la même figure exactement change de sens selon le bourdonnement qui l'accompagne. Et j'avais recueilli et classé un grand nombre d'observations à ce sujet, non sans résultat. Mais il ne s'agissait pas seulement de la figure et du bourdonnement, mais aussi de la hauteur à laquelle la figure s'exécutait. Et j'avais la conviction que la même figure, accompagnée du même bourdonnement, ne signifiait point à douze pieds du sol la même chose qu'à six. Car les abeilles ne dansaient pas à n'importe quel niveau, au petit bonheur, mais il y avait trois ou quatre niveaux, toujours les mêmes, auxquels elles dansaient. Et si je vous disais quels étaient ces niveaux, et quels étaient les rapports entre eux, car je les avais mesurés avec soin, vous ne me croiriez pas. Or ce n'est pas le moment de m'attirer des incrédules. On dirait quelquefois que j'écris pour le public. Et malgré tout le travail que j'avais consacré à ces questions, j'étais plus que jamais étourdi par la complexité de cette danse innombrable, où devaient intervenir d'autres déterminants dont je n'avais pas la moindre idée. Et je me disais, avec ravissement, Voilà une chose que je pourrai étudier toute ma vie, sans jamais la comprendre. Et pendant ce voyage de retour, quand je m'interrogeais sur les possibilités d'une petite joie à venir, c'est en songeant à mes abeilles et à leur danse que je me réconfortais presque. Car je tenais toujours à une petite joie, de temps en temps! Et que cette danse ne fût pas au fond autre chose que celle des occidentaux, frivole et sans signification, j'en admettais sans broncher la possibilité. Mais pour moi, assis près de mes ruches baignées de soleil, ce serait toujours une chose belle à regarder et d'une portée que n'arriveraient jamais à souiller mes raisonnements d'homme malgré lui. Et je ne saurais faire à mes abeilles le tort que j'avais fait à mon Dieu, à qui on m'avait appris à prêter mes colères, mes craintes et désirs, et jusqu'à mon corps.

J'ai parlé d'une voix qui me donnait des instructions, des conseils plutôt. Ce fut pendant ce retour que je l'entendis pour la première fois. Je n'y fis pas attention.

Maintenant côté corps je devenais il me semblait rapidement méconnaissable. Et quand je me passais les mains sur le visage, dans un geste familier et maintenant plus que jamais excusable, ce n'était plus le même visage que sentaient mes mains et ce n'étaient plus les mêmes mains que sentait mon

230

visage. Et cependant le fond de la sensation était le même que lorsque j'avais été bien rasé et parfumé et eu de l'intellectuel les mains blanches et molles. Et ce ventre que je ne me connaissais pas restait mon ventre, mon vieux ventre, grâce à je ne sais quelle intuition. Et pour tout dire je continuais à me reconnaître et même j'avais de mon identité un sens plus net et vif qu'auparavant, malgré ses lésions intimes et les plaies dont elle se couvrait. Et à ce point de vue j'étais très nettement en état d'infériorité vis-à-vis de mes autres connaissances. Je regrette que cette dernière phrase ne soit pas mieux venue. Elle méritait, qui sait, d'être sans ambiguïté.

Cependant il y a aussi les vêtements qui épousent si bien le corps et en sont pour ainsi dire inséparables, en temps de paix. Oui, j'ai toujours été très sensible aux vêtements, sans être dandy le moins du monde. Je n'eus pas à me plaindre des miens, solides et de bonne coupe. J'étais naturellement insuffisamment couvert, mais à qui la faute ? Et je dus me séparer de mon paille, peu fait pour tenir tête à la morte saison, et de mes bas (deux paires) que le froid et l'humidité, les longues marches et l'impossibilité où j'étais de les lessiver convenablement, réduisirent en peu de temps littéralement à néant. Mais j'allongeai ma bretelle au maximum et ma culotte, très bouffante comme il se doit, me descendit jusqu'aux mollets. Et à la vue de cette chair bleuâtre, entre ma culotte et la tige de mes chaussures, je pensais quelquefois à mon fils et au coup que je lui avais donné, tellement l'esprit s'excite aux moindres analogies. Mes chaussures se firent raides, faute d'entretien. C'est la façon de se défendre de la peau morte et tannée. L'air y circulait librement, empêchant peut-être mes pieds de geler. Je dus également à regret me séparer de mes caleçons (deux). Ils avaient pourri, au

231

contact de mes débordements. Alors le fond de ma culotte, vite brûlé lui aussi, me sciait la raie depuis le coccyx jusqu'à l'amorce du scrotum. Qu'est-ce que je dus jeter encore? Ma chemise? Ah mais non. Mais je la mettais souvent à l'envers et devant derrière. Voyons. J'avais quatre façons de mettre ma chemise. Devant devant à l'endroit, devant devant à l'envers, devant derrière à l'endroit, devant derrière à l'envers. Et le cinquième jour je recommençais. C'était dans l'espoir de la faire durer. Cela la fit-il durer? Je ne sais pas. Elle dura. Se donner du mal pour les petites choses, c'est parvenir aux grandes, avec le temps. Mais que dus-je jeter encore? Mes faux cols, oui, je les jetai tous, et même avant de les avoir complètement usés. Mais ma cravate je la gardais, je la portais même, nouée à même le cou, par forfanterie je suppose. C'était une cravate à pois, mais j'oublie de quelle couleur.

Quand il pleuvait, quand il neigeait, quand il grêlait, alors je me trouvais placé devant le dilemme suivant. Ou continuer à avancer appuyé sur mon parapluie et me faire tremper ou m'arrêter et m'abriter sous mon parapluie ouvert. C'était un faux dilemme, comme tant de dilemmes le sont. Car du dôme de mon parapluie il ne restait plus que quelques lambeaux flottant autour des tiges et j'aurais pu continuer à avancer, très lentement, en employant le parapluie non plus comme appui, mais comme abri. Mais j'avais tellement l'habitude, d'une part de la parfaite étanchéité de mon beau parapluie, d'autre part de ne plus pouvoir marcher sans son appui, que le dilemme restait entier, pour moi. J'aurais pu naturellement me faire un bâton, avec une branche, et continuer à avancer, malgré la pluie, la neige, la grêle, appuyé là-dessus et le parapluie ouvert au-dessus de moi. Mais je n'en fis rien, je ne sais pourquoi.

232

Mais quand il tombait de la pluie, et les autres choses qui nous tombent du ciel, quelquefois j'avançais toujours, appuyé sur le parapluie, me faisant tremper, mais le plus souvent je m'immobilisais, ouvrais le parapluie au-dessus de moi et attendais que cela finisse. Alors je me faisais tremper aussi. Mais la question n'était pas là. Et s'il s'était mis à tomber de la manne j'aurais attendu, immobile, sous mon parapluie, qu'elle s'arrête, avant d'en profiter. Et quand mon bras était las de tenir le parapluie en l'air, alors je le donnais à l'autre main. Et de la libre je me frappais et frottais toutes les parties du corps qu'elle pouvait atteindre, afin d'y entretenir une circulation abondante, ou je la promenais sur mon visage, d'un geste caractéristique de moi. Et la longue pointe de mon parapluie était comme un doigt. Mes meilleures pensées me venaient pendant ces haltes. Mais quand il s'avérait que la pluie, etc., ne s'arrêterait pas de la journée, ou de la nuit, alors je me faisais une raison et me construisais un vrai abri. Mais je n'aimais plus les vrais abris, faits avec des branchages. Car bientôt il n'y eut plus de feuilles, mais seulement les aiguilles de certains conifères. Mais ce n'était pas là la vraie raison pour laquelle je n'aimais plus les vrais abris, non. Mais là-dedans je pensais sans trêve au manteau de mon fils, je le voyais littéralement (le manteau), je ne voyais que lui, il emplissait l'espace. C'était à vrai dire ce que nos amis anglais appellent un trench-coat, et j'en sentais le caoutchouc, quoique les trench-coats ne soient pas caoutchoutés en général. J'évitais donc autant que possible d'avoir recours aux vrais abris, faits avec des branchages, et je leur préférais celui de mon fidèle parapluie, ou d'un arbre, d'une haie, d'un buisson, d'une ruine.

Quant à gagner la grand'route, à me faire véhiculer, cette pensée ne m'effleura pas.

233

Quant à me faire secourir dans les villages, chez les paysans, cette idée m'aurait déplu, si elle m'était venue.

Je rentrai chez moi avec mes quinze shillings intacts. Non, j'en dépensai deux. Voici dans quelles circonstances.

J'eus à supporter d'autres molestations que celle-ci, d'autres impertinences, mais je ne les raconterai pas. Restons-en aux paradigmes. J'aurai à en supporter d'autres peut-être à l'avenir, ce n'est pas sûr, mais on ne les saura pas, c'est sûr.

C'était un soir. J'attendais tranquillement, sous mon parapluie, que le temps s'éclaircisse, quand je fus brutalement abordé par-derrière. Je n'avais rien entendu. J'avais été dans un endroit où il n'y avait que moi. Une main me fit retourner. C'était un gros fermier rubicond. Il portait un ciré, un chapeau melon et des bottes. Ses joues rebondies ruisselaient, l'eau dégouttait de sa grosse moustache. Mais à quoi servent ces indications. On se regarda avec haine. C'était peut-être le même qui avait proposé si poliment de ramener mon fils et moi dans sa voiture. Je ne crois pas. Son visage m'était pourtant familier. Non seulement son visage. Il portait une lanterne à la main. Elle n'était pas allumée. Mais il pouvait l'allumer d'un moment à l'autre. Dans l'autre il tenait une bêche. De quoi m'enterrer. Il me prit par le veston, au revers. Il ne me secouait pas exactement encore, il ne commencerait à me secouer que lorsque bon lui semblerait. Il m'injuriait seulement. Je cherchai ce que j'avais pu faire, pour le mettre dans un tel état. Je devais lever les sourcils. Mais je lève toujours les sourcils, ils reposent presque dans ma chevelure, mon front n'est plus que plis se chevauchant. Je finis par comprendre que je n'étais pas chez moi. J'étais sur ses terres. Qu'est-ce que je faisais sur ses terres?

234

S'il y a une question que je redoute, à laquelle je n'ai jamais pu fournir une réponse satisfaisante, c'est bien celle-là. Et sur les terres d'autrui par-dessus le marché! Et la nuit! Et par un temps dont pas un chien ne voudrait! Mais je ne perdis pas mon sang-froid. C'est un vœu, dis-je. J'ai une voix assez distinguée quand je veux. Elle dut l'impressionner. Il me lâcha. Un pèlerinage, dis-je, poursuivant mon avantage. Il me demanda où. La partie était gagnée. A la madone de Shit, dis-je. La madone de Shit? dit-il, comme qu'il connaissait Shit comme sa poche et qu'il n'y existait point de madone. Mais où n'existe-t-il pas de madone? Elle-même, dis-je. La noire? dit-il, pour m'éprouver. Elle n'est pas noire que je sache, dis-je. Un autre se serait démonté. Pas moi. Je les connaissais, les points faibles de mes campagnards. Vous n'arriverez jamais, dit-il. C'est à elle que je dois d'avoir perdu mon fils, dis-je, mais d'avoir conservé la maman. Ces sentiments ne pouvaient que plaire à un éleveur de vaches. S'il avait su! Je lui exposai plus longuement ce qui hélas ne s'était pas passé. Non pas que je regrette Ninette. Mais elle, peut-être, de toute façon, oui, dommage, enfin. C'est la madone des femmes enceintes, dis-je, des femmes mariées enceintes, et j'ai juré de me traîner misérablement jusqu'à sa niche, pour lui exprimer ma reconnaissance. Cet incident permettra d'admirer mon habileté, encore à cette époque. Mais j'avais été un peu loin, car son regard redevint mauvais. Puis-je vous demander un service, dis-je, Dieu vous le revaudra. J'ajoutai, Dieu vous a envoyé à moi, ce soir. Demander humblement un service aux gens qui sont sur le point de vous abattre, cela donne quelquefois de bons résultats. Un peu de thé chaud, implorai-je, sans sucre ni lait, pour me redonner des forces. Rendre ce petit service à un pèlerin en marmelade, vous avouerez que c'était tentant. Ben, venez à la maison, dit-il, vous vous sécherez. Je ne peux pas, je ne peux pas, m'écriai-je, j'ai juré d'aller en ligne droite. Et pour effacer la mauvaise impression créée par ces paroles, je pris un florin dans ma poche et le lui donnai. Pour vos pauvres, dis-je. Et j'ajoutai, à cause de l'obscurité, Un florin pour vos pauvres. C'est loin, dit-il. Dieu vous accompagnera, dis-je. Il réfléchit. Il y avait de quoi. Rien à manger surtout, dis-je, non vraiment, je ne dois rien manger. Ah ce vieux Moran, malin comme un serpent. J'aurais naturellement préféré la manière forte, mais je n'osais pas m'y risquer. Il s'éloigna finalement en me disant de l'attendre. Je ne sais pas quelles étaient ses intentions. Quand je le jugeai assez loin je fermai le parapluie et partis dans la direction opposée perpendiculaire à la bonne, sous la pluie battante. Ce fut ainsi que je dépensai un florin.

Maintenant je vais pouvoir conclure.

Je longeai le cimetière. C'était la nuit. Minuit peut-être. La ruelle monte, je peinais. Un petit vent chassait les nuages à travers le ciel faiblement éclairé. C'est beau d'avoir une concession à perpétuité. C'est une bien belle chose. S'il n'y avait que cette perpétuité-là. J'arrivai devant le guichet. Il était fermé à clef. Très juste. Mais je ne pus l'ouvrir. La clef entrait dans le trou, mais ne tournait pas. La longue désaffectation? Une nouvelle serrure? Je l'enfonçai. Je reculai jusqu'à l'autre côté de la ruelle et me ruai dessus. J'étais rentré chez moi, comme Youdi me l'avait commandé. Je me relevai enfin. Qu'est-ce qui sentait si bon? Le lilas? Les primevères peut-être. J'allai vers mes ruches. Elles étaient là, comme je le craignais. J'enlevai le couvercle de l'une d'elles et le posai par terre. C'était un petit toit, au faîte aigu, aux brusques pentes débordantes. Je mis la main

236

dans la ruche, la passai à travers les hausses vides, la promenai sur le fond. Elle rencontra, dans un coin, une boule sèche et poreuse. Elle s'effrita au contact de mes doigts. Elles s'étaient mises en grappe pour avoir un peu plus chaud, pour essayer de dormir. J'en sortis une poignée. Il faisait trop sombre pour voir, je la mis dans ma poche. Ça ne pesait rien. On les avait laissées dehors tout l'hiver, on avait enlevé leur miel, on ne leur avait pas donné de sucre. Oui, maintenant je peux conclure. Je n'allai pas au poulailler. Mes poules étaient mortes aussi, je le savais. Seulement elles, on les avait tuées autrement, sauf la grise peut-être. Mes abeilles, mes poules, je les avais abandonnées. J'allai vers la maison. Elle était dans l'obscurité. La porte était fermée à clef. Je l'enfonçai. J'aurais pu l'ouvrir peut-être, avec une de mes clefs. Je tournai le commutateur. Pas de lumière. J'allai dans la cuisine, dans la chambre de Marthe. Personne. Mais assez d'histoires. La maison était abandonnée. La compagnie avait coupé le courant. Ils ont voulu me le redonner. Seulement moi je n'ai pas voulu. Voilà comme je suis devenu. Je retournai dans le jardin. Le lendemain je regardai ma poignée d'abeilles. Une poussière d'ailes et d'anneaux. Je trouvai du courrier, en bas de l'escalier, dans la boîte. Une lettre de Savory. Mon fils allait bien. Naturellement. Ne parlons plus de celui-là. Il est revenu. Il dort. Une lettre de Youdi, à la troisième personne, demandant un rapport. Il l'aura son rapport. C'est à nouveau l'été. Il y a un an je partais. Je m'en vais. Un jour je reçus la visite de Gaber. Il voulait le rapport. Tiens, je croyais que c'était fini, les rencontres, les discours. Repassez, dis-je. Un jour je reçus la visite du père Ambroise. Est-ce possible! dit-il en me voyant. Je crois qu'il m'aimait vraiment, à sa façon. Je lui dis de ne plus compter sur moi. Il se mit à discourir. Il avait raison. Qui n'a pas raison? Je le quittai. Je m'en vais. Peut-être que je rencontrerai Molloy. Mon genou ne va pas mieux. Il ne va pas plus mal non plus. J'ai des béquilles maintenant. Ça ira plus vite. Ce sera le bon temps. J'apprendrai. Tout ce qui était à vendre, je l'ai vendu. Mais j'avais de lourdes dettes. Je ne supporterai plus d'être un homme, je n'essaierai plus. Je n'allumerai plus cette lampe. Je vais la souffler et aller dans le jardin. Je pense aux longues journées de mai, de juin, où je vivais dans le jardin. Un jour je parlai avec Hanna. Elle me donna des nouvelles de Zoulou, des sœurs Elsner. Elle savait qui j'étais, elle n'avait pas peur de moi. Elle ne sortait jamais, elle n'aimait pas sortir. Elle me parlait de sa fenêtre. Les nouvelles étaient mauvaises, mais pas entièrement. Il y avait du bon aussi là-dedans. C'étaient de belles journées. L'hiver avait été exceptionnellement rigoureux, tout le monde le disait. Nous avions donc droit à cet été superbe. Je ne sais pas si nous y avions droit. Mes oiseaux, on ne les avait pas tués. C'étaient des oiseaux sauvages. Et cependant assez confiants. Je les reconnaissais et ils semblaient me reconnaître. Mais sait-on jamais. Il y avait des manquants et aussi des nouveaux. J'essayais de mieux comprendre leur langage. Sans avoir recours au mien. C'étaient les plus longues, les plus belles journées de l'année. Je vivais dans le jardin. J'ai parlé d'une voix qui me disait ceci et cela. Je commençais à m'accorder avec elle à cette époque, à comprendre ce qu'elle voulait. Elle ne se servait pas des mots qu'on avait appris au petit Moran, que lui à son tour avait appris à son petit. De sorte que je ne savais pas d'abord ce qu'elle voulait. Mais j'ai fini par comprendre ce langage. Je l'ai compris, je le comprends, de travers peut-être. La question n'est pas là. C'est elle qui m'a dit de faire le rapport. Est-ce à dire que je suis plus libre mainte-nant? Je ne sais pas. J'apprendrai. Alors je rentrai dans la maison, et j'écrivis, Il est minuit. La pluie fouette les vitres. Il n'était pas minuit. Il ne pleuvait pas.

1947.

« MOLLOY » :
UN ÉVÉNEMENT LITTÉRAIRE
UNE ŒUVRE

par

Jean-Jacques MAYOUX

Lorsque *Molloy* parut aux Editions de Minuit au printemps de 1951, Beckett était déjà l'auteur de deux romans anglais, *Murphy* (1938), et *Watt* (1943), œuvre monumentale encore aujourd'hui méconnue. Avant la guerre déjà il avait écrit en français quelques beaux poèmes, et vers 1945 il faisait du français, par brusque mutation, sa langue littéraire. Les *Nouvelles et Textes pour rien* étaient un premier chef-d'œuvre, mais qu'on ne connaissait pas. Et c'est ainsi que *Molloy* constitua un double événement littéraire, pour Beckett que l'on découvrait, et pour la littérature française, pour notre roman, qui allaient en être changés. En quelques semaines la critique sut donner la mesure de cette révélation. Jean-Jacques Marchand eut la formule qui faisait le mieux sentir de quoi il s'agissait, en écrivant « que ce livre est le plus prometteur que l'actualité nous ait proposé depuis *La nausée* ». Maurice Nadeau, Jean Blanzat eurent une appréhension immédiate de l'importance de l'œuvre, Gaétan Picon sut ce qu'elle offrait. Et la plus surprenante de ces lectures est la longue analyse de Georges Bataille dans *Critique* du mois de mai, qui témoigne d'une affinité profonde et d'une attention passionnée. Trente ans après, ce texte conserve une valeur exemplaire.

La structure de *Molloy* est d'une admirable clarté. Elle poursuit le thème de la quête de soi qui, dès le premier roman, *Murphy* (1938), s'affirme comme le sujet fondamental, sinon unique, de Beckett. *Murphy* est certes un personnage de fiction dont les aventures grotesques sont aussi particulières que sa tache de vin à la fesse. Mais il n'y a pas seulement le chapitre VI qui décrit les trois niveaux, du plus clair au plus obscur, d'une psyché que nous reconnaissons pour celle de l'auteur, il y a le reflet constant de ce que nous pourrions appeler une autobiographie profonde. Nous la retrouvons dans *Watt* (1943) avec, de plus, le motif de la «mission» que le personnage se donne : quête de la vérité (nullité) de l'existence et même de l'être, à travers la découverte du néant métaphysique. Beckett le dit et le redit constamment : à défaut de rien connaître, on peut au moins parler de soi, et on ne peut parler que de soi. Cependant, l'écrivain se tient encore dans ces œuvres à distance du personnage qui le représente, dont il décrit les mouvements et les pensées. Dans les *Nouvelles et Textes pour rien*, une révolution plus décisive encore que celle du changement de langue se marque : les trois personnages des *Nouvelles* et l'auteur-personnage des *Textes* disent «je». Et Molloy va dire «je», et de même tous ses successeurs. Tout va se jouer, d'un drame très subtil, sur ce « je » et sur la façon unique dont Beckett en use.

Il disait déjà de Murphy que seul de l'ouvrage il n'était pas un pantin. Il était l'agent responsable de toute la construction faite autour de lui, et dont rien ne pouvait subsister après lui, il devenait de très curieuse manière son propre auteur (« ce n'est pas moi qui ai écrit ça, c'est Murphy », lisons-nous à une certaine page), comme si Beckett avait eu dès lors l'idée et le projet des jeux d'interpénétration psychologique qui allaient être l'une des inventions singulières de son œuvre. Les *Nouvelles* et les *Textes* sont à la fois œuvre et programme, et l'on y rencontre des formules décisives : « ce que je raconte ce soir se passe ce soir », qui revient à dire : mon écriture est la seule réalité créée, et ne se réfère à nulle antécédente. Et « Nous sommes dans une tête », entendons que rien de ce qu'on y trouve ne reflète un monde «extérieur» : il n'y a qu'un écrivain présentement au travail, un travail toujours inachevé, et qui lui reste attaché, tant et si bien que, comme il écrit sous nos yeux, il dénonce ou il corrige la chose écrite : « est-ce vraiment de moi cette bassesse? » « quelle est cette horreur chosesque où je me suis fourré? ».

Le scribe n'a pas de nom; pourtant ce n'est pas Beckett, mais une *persona* émanée de lui, l'anti-héros d'une aventure parodique. C'est dans ces textes que, par un double mouvement, on voit l'écrivain passer en apparence la plume au personnage, et la retenir fortement. Beckett est un disciple d'Alice passée de l'autre côté du miroir : à la vue du roi blanc se préparant à prendre des notes, « une idée lui vint à l'esprit : elle saisit l'extrémité du crayon qui dépassait un peu l'épaule du roi, et elle se mit à écrire à sa place » – provoquant une étrange perplexité. Ce qui est nouveau, c'est la subtilité du jeu entre auteur et «délégué», c'est celui-ci inventant et racontant son histoire qui à l'air d'usurper la place de celui-là : « pourvu que je ne me foute dedans », va se demander Molloy, qui ne sait plus bien où en sont ses jambes ni de quel pied – pas question d'y jeter un regard – il a perdu les doigts. Par horreur de la fiction réaliste, Beckett saisit toute occasion de souligner que non seulement le «je» du personnage n'empêche pas que c'est lui qui écrit, mais encore que l'écriture, loin de constituer l'instrument d'un récit, est sans cesse un arrangement de mots, une disposition du langage en vue d'un agrément de lisibilité ou de cohérence : « je me mis à genoux, non ça ne va pas, je me mis debout ». Nous savons si bien que Molloy c'est Beckett assumant cette décomposition et cette agonie – sombre paradoxe du comédien – que nous ne sommes pas surpris lorsque le clochard nous confie : « Je n'ai pas à me féliciter du soleil. L'Egéen assoiffé de chaleur, de lumière, je le tuai, il se tua de bonne heure en moi », ou que, nourri de Dante, il évoque à propos des silhouettes entrevues dans ses collines Belacqua ou Sordello, des livres IV et VI du *Purgatoire*.

Ecriture mise en liberté donc, dont rien ne peut être affirmé qui ne puisse l'instant d'après être contredit, entre Beckett l'auteur et Beckett l'acteur disant le rôle du personnage et qui naturellement y insère en son nom propre les interpolations qui lui viennent en tête. Ils sont toujours deux, le temps d'une œuvre qui est une expérience de la difficulté, de l'impossibilité d'exister. Beckett se sent double, et c'est une nature mixte qui invente son histoire, d'où la manière hésitante, la langue entre le parlé et l'écrit, le cafouillage occasionnel, les apartés sarcastique qu'on retrouvera dans des textes dramatiques comme *Fin de partie*. Molloy s'applique à être Molloy, mais n'est une personnalité ni complète ni étanche ni permanente. S'il oublie un matin chez Lousse qu'il a besoin de béquilles, imperturbable, il explique : « c'est qu'on ne se rappelle pas tout de suite qui on est, au réveil ». Il est intermittent.

On dira qu'après tout, en faisant dire à ses personnages : « Je suis dans une tête », Beckett ne fait qu'expliciter l'évidence gardée discrète de toute fiction. Mais une méthode spécifique de lecture devra correspondre à une méthode d'écriture qui s'attache à ne pas matérialiser l'imaginaire. Tout doit être vu à

246

la fois comme *cosa mentale* et en même temps reflet de l'inassimilable extériorité, et demande un déchiffrement agile. C'est le cas de ces formules répétées, « ma ville, ma région », qui marquent un arrêt, tôt venu, de l'ouverture sur le monde, puisque Molloy-Beckett ne manque jamais d'assurer qu'il n'a jamais été ailleurs. Jusqu'à quel point y a-t-il eu précédemment, si brièvement que ce soit, ouverture ? Beckett, qui a beaucoup aimé son père, l'a évoqué lui disant, lorsqu'il était tout petit, une histoire dans un livre dont les images, retrouvées chaque soir avec passion, « étaient déjà moi ». Bref et précieux unisson, pendant lequel comme les images des livres les images du monde sont intégrées au moi. Le chien de Lousse sera enterré sous un mélèze, le seul arbre que Molloy sache identifier. Des mélèzes entouraient la maison natale de Beckett. L'Irlande est tout autour, avec ses collines et ses plaines, avec ses bois et ses tourbières, sa grisaille et ses coups de jour. On entend « le cri terrible des râles qui courent la nuit dans les blés ». Le râle des genêts est l'oiseau irlandais par excellence. Il y a même une pastorale irlandaise. Le cœur de Molloy ou de Moran, fermé aux hommes, s'ouvre à leurs victimes désignées les bêtes, l'âne, avec « ses petits pas délicats et braves », les moutons, qui ne vont peut-être pas à la pâture, mais à l'abattoir, et qu'il imagine, leurs « maigres pattes » renversées, tombant sous le merlin.

Et pourtant, comme toujours, la vision est à double fond et à double sens. C'est surtout à la page 87 qu'on trouvera là-dessus une fascinante méditation critique : « les limites de ma région, je les ignorais ». Ce n'est pas un espace, c'est une spatialisation. Ce n'est parfois qu'un raisonnement qui suggère à Molloy qu'elle ne finit pas à portée de ses pas, ce n'est qu'une croyance qui lui permet de dire : « Molloy, ta région est d'une grande étendue, tu n'en es jamais sorti et tu n'en sortiras jamais ». La philosophie classique se joint à la névrose de fermeture pour aller dans le sens d'une mobilité immobile : « mes déplacements ne devaient rien aux endroits qu'ils faisaient disparaître ». Spatialisation, donc, et elle ne dépend que de l'activité mentale, ce qui la fait arbitraire et indéfiniment variable. Molloy parvenu, ou presque, à l'immobilisation dernière, évoquant ses mouvements, son errance, comme révolus, constate pourtant que « rien n'est changé. » « Et les confins de ma chambre, de mon lit, de mon corps, sont aussi loin de moi que ceux de ma région ». Le gisant conclut : « et le cycle continue, cahotant, des fuites et bivouacs, dans une Egypte sans bornes ». Pour revenir à ses mains qui, au même titre que sa région, sont distantes, étrangères. Et Moran notera : «mon pays est très différent de celui de Molloy ». Ce n'est pas d'un village à l'autre qu'il s'agit d'aller.

Tout nous ramène à l'espace intérieur, aux «décombres» du moi où Beckett-Molloy se promène. « Chose en ruine » qui fait prévoir les ruines de textes visionnaires à venir comme *Sans*. Nous sommes dans un lieu où l'on ne va pas, « où l'on se trouve ». Il est enregistré « sous la dictée » : un monde figé « en perte d'équilibre, "à la renverse", sera le refuge de *Sans* ». Voici préparé ce qui sera le cadre de *Fin de partie* comme d'*Imagination morte imaginez* : sous une lumière inchangeante, « un jour faible et calme sans plus... et figé lui aussi », hors du temps comme de l'espace, « car quelle fin à ces solitudes où la vraie clarté ne fut jamais, ni l'aplomb ni la simple assise, mais toujours ces choses penchées glissant dans un éboulement sans fin ». Nulle part Beckett n'a mieux défini que dans cette page des limbes « sans mémoire de matin ni espoir de soir » où se déroule l'errance d'une non-vie, une épreuve marquée par le sens de l'interminable.

C'est dans cette grisaille cependant que sur un écran jamais vide se produisent les images : de ces limbes surgit un monde limbaire. Des textes un peu plus tardifs, *Cendres, Comment c'est,* vont montrer la génération en liberté d'un paysage avec personnages, pur surgissement de l'ordre de l'hallucination contrôlée, suivi de brouillage et d'effacement.

Ce n'est pas assez de dire que Molloy agit comme le «délégué» de Beckett, étant chargé de raconter comme il l'entend son histoire : il faut rappeler que dans le même esprit de jeu il l'invente, parfois jusqu'à en être surpris : tout se passe comme si elle n'avait pas préexisté, n'avait pas encore eu lieu. Dans les *Nouvelles,* l'objet avait perdu ce qu'il avait pu avoir de solide. S'y substitue ce processus onirique d'apparition et de disparition. L'Expulsé, un moment fasciné par son cheval de fiacre, finit par déclarer : « J'en avais plein le dos de ce cheval », et l'abolit du coup. Molloy, après avoir raconté sa mésaventure au poste de police, n'attend pas de la mener à sa fin normale. Il en a « assez de ce poste de police ». Il a « envie d'être ailleurs ». Il oppose la liberté qu'il a reçue de son créateur, d'imaginer ce qu'il veut, comme il veut, aux astreintes traditionnelles de continuité et de cohérence. Il atteste son impatience des « objets en voie de disparition » : il les pousse hors de sa vision dès que décroît leur intensité : une telle succession onirique, brusque et coupée, caractérise (dans les deux parties) le massacre des intrus, et montre assez, le rêve fût-il éveillé, qu'il s'agit d'un typique rêve d'agression, ce qui permet d'en mieux savourer la verve et le mouvement. Il

249

arrive trop souvent, et jusqu'à ce jour, que Beckett soit vu sous un jour plus ou moins réaliste (avec l'adjectif «noir», bien entendu).

Molloy profite de ce qu'on lui a passé la plume pour se décrire sans complaisance. Beckett a son idéal de hideur abjecte comme d'autres ont leur idéal de beauté. Il n'est pas gratuit. Murphy était à la fois séduisant et grotesque. Il écœurait les marchands de couleurs comme de façon un peu arbitraire et laissée mystérieuse il séduisait les filles. Cela s'applique encore à Watt, dans une certaine mesure. Aucun doute pour Molloy. Il est borgne, édenté, crasseux, puant et béquillard. Il offense tous les sens et ne fait rien pour compenser l'effet négatif de son aspect, étant en règle générale absent, faute de vivre au présent, de toutes les rencontres qu'il fait, sinon qu'à l'indifférence pure et à la passivité totale succède parfois, comme un brusque réveil, une rétraction hostile. Son insociabilité ne reconnaît pas les autres, même comme simple matière, et n'a cure de leur espace légitime. Tel était déjà le personnage des *Nouvelles*, déréglé ou plutôt hors des règles : allant en tous sens (l'homme ivre qui semble le modèle tacite de Beckett n'a pas la notion de la ligne droite) et bousculant tout ce qu'il rencontrait, il ne trouvait ni la chaussée ni le trottoir assez larges pour le contenir. Tel Molloy écrase le chien de Lousse, ce qui lui vaut la bienveillance et l'hospitalité de Lousse, car le monde comme il est fait et ceux qui le peuplent ne fonctionnent pas plus selon l'éthique que selon la logique. Il y a du Charlie Chaplin, celui qui ne craint pas la manière noire, dans notre Molloy et dans les épisodes de sa vie.

Molloy est le héros d'un roman satirique et parodique, l'instrument d'une dérision impitoyable qui oppose sans cesse les mots aux valeurs qu'ils prétendent incarner. Il importe que, quant à lui, il se voie et se décrive innocemment, et que cette innocence soit liée à son inévitable exclusion : qui finalement met en cause tout l'éternel système social, ses critères de mépris et de rejet. Molloy est un paria aussi total qu'on le peut concevoir, mais il n'est pas que cela. Vu de l'intérieur il n'est pas facilement épuisable, ni d'un mot unique. On le voit marqué par une décomposition graduelle qui est à peine une caricature poussée du sort inévitable de tout être humain. Et aussitôt on notera une ambivalence, fût-elle incertaine et moqueuse. Winnie, dans *Oh les beaux jours,* se satisfera de son sort, pratiquant outrageusement ce qu'Ibsen appelait l'illusion vitale. Molloy en fait autant, mais il fait plus. Comme Malone après lui, il tire constamment le meilleur parti des circonstances. Il est ingénieux, et ne se laisse jamais décourager. Ne disposant que d'une bonne jambe, il va quand même à bicyclette, casant assez bien ses béquilles sur le cadre et pédalant d'un pied. Sa bicyclette abandonnée, il saura célébrer en l'opposant à la médiocre marche dite normale sa progression par petits vols de béquillard. L'autre jambe se gâtant et rendant difficile l'usage des béquilles, il saura profiter au mieux des inégalités du terrain pour compenser l'inégalité des jambes. L'avance en station verticale devenant impossible, il aura ce sublime mot de caractère : « Tiens, mais il y a la reptation ! » Et il fera l'éloge des délices insoupçonnées des variétés de la station horizontale. La diminution vaillamment mais aussi ironiquement assumée, familière à tout lecteur de Beckett, la castration symbolisée par la perte des doigts de pied, trouve en lui l'exemple suivi d'un processus à peu près complet. Malone, quand nous le rencontrons, est déjà au point final, et Winnie ne vivra sous nos yeux que deux phases. La mutation de

Pozzo et de Lucky aura été brusque, soudaine, unique. Le cas de Molloy succède par ailleurs, en quasi-contraste, à celui de Murphy qui impliquait deux étapes, un flottement et même un essai de compromis avec le monde, puis la quête du refuge. Le refuge, nous y sommes ici à la première ligne du roman : « Je suis dans la chambre de ma mère ». L'œuvre viendra, en boucle, rejoindre ce point de départ en retrouvant la mémoire d'une longue errance, en apparence incertaine, en fait (et cela fait partie du sens) fatalement inclinée vers un retour régressif. En outre, Molloy, pour avoir commis la faute de naître, et tenu par une conscience obscure de culpabilité, est voué à la punition de l'écriture, au pensum que l'on attend de lui, et qui est notre lecture. Le schéma pénitentiel beckettien l'exige : arrivé à terme, il faut recommencer,« dans sa tête ».

L'audace du livre, souvent mal comprise, est d'avoir de nouveau bouclé cette boucle, de reprendre le cas Molloy en miroir, et d'ajouter à la première narration un « rapport », celui de Moran.

Molloy serait dans son comportement vital – anti-vital – un parfait introverti, déclarant, comme avant lui le personnage de « La Fin », qu'il est bien dans sa boîte, boîte qui n'est plus dans son cas que métaphorique. Il y serait hermétiquement clos, selon le modèle évoqué dans *Murphy* et dans *Watt* de la monade leibnizienne, si son auteur ne lui permettait pas une ouverture soudaine, on oserait presque dire improbable : « il m'arrivait d'oublier non seulement qui j'étais, mais que j'étais... Alors je n'étais plus cette boîte fermée... mais une cloison s'abattait et je me remplissais de racines et de tiges bien sages » : sorte d'extase panthéiste dont je ne connais pas d'autre exemple ou d'autre aveu dans l'œuvre.

« Qui j'étais » : c'est la question centrale, fondamentale, d'identité. Sa mauvaise conduite d'asocial maladroit le voue, inévitablement, aux attentions de la police qui, vu qu'il n'a pas d'autres papiers que du papier-journal à usage intime, voudrait en savoir plus, savoir son nom. Il ne sait plus : comme il dit, « la sensation de ma personne s'enveloppait d'un anonymat souvent difficile à percer ». Le temps qu'il se traduise en anglais, Beckett a trouvé mieux qu'«anonymat» : *namelessness*. Molloy se trouve sans nom, innommable, parmi d'autres objets sans nom possible. Watt le premier avait eu ce choc et cette révélation d'altérité inassimilable devant cette chose qu'il voulait appeler un pot, qui ressemblait à un pot, qui pourtant *n'était pas* un pot. On voit bien que ce contrôle d'identité générateur pour Molloy de telle angoisse est tout autre chose que policier, à moins qu'il ne ressortisse à la police de l'univers. Rien ni en vérité personne m'est en essence identique à sa manifestation, rien à une perception assez exigeante n'est reconnaissable ni donc nommable. Molloy peut bien voir ces inconnus – mais qu'est-ce qui n'est pas inconnu? – qu'il désigne par A et B, mais tout en eux demeure incertain, et ne saurait devenir connaissance. Il flotte avec eux dans l'informe contingence qui sera, quand il la retrouve au sortir de chez Lousse, baptisée ironiquement en souvenir de Leibniz harmonie pré-établie : la dimension absurde de toute activité.

A et B : leurs mouvements comme ils sont perçus ne témoignent d'aucune intentionnalité rationnelle, n'ont pas de sens (pas plus que dans *Watt* le passage des deux accordeurs de piano), ne sont qu'une rêverie temporaire de l'espace visible dans lequel ils se déplacent, aléatoires, indéterminés. N'étant pas susceptibles d'être construits, ou se prêtant dans leur devenir incertain à une pluralité de constructions possibles, mais non signifiantes, ils se retrouvent pourtant capables d'être inclus, selon le penchant irrésistible des humains, dans un espace d'étranger devenu assimilable et transformé autour d'eux en «paysage», comme le notera la conscience plus critique et découvreuse de Moran : « Je fis cette remarque curieuse, que la terre à cet endroit, et même les nuages du ciel, étaient disposés de façon à amener doucement les yeux vers le camp, comme dans un tableau de maître ».

Dans quel rapport est Molloy avec une réalité qui, impossiblement, ne serait pas fabrication? Ce rapport, ce non-rapport, cette étrangeté irréductible du monde, sont décisifs, et donnent lieu à ce qu'on pourrait appeler un morceau de bravoure. Il s'agit d'un objet emporté de chez Lousse, et « qui me hante encore, de temps en temps ». Il est minutieusement décrit, comme l'énorme machine que les Lilliputiens trouvent sur l'Homme-Montagne, Gulliver, et qui reste indéchiffrable malgré de grands moyens d'investigation «scientifique» : une montre. « Je n'arrivais pas à comprendre, poursuit Molloy, à quoi il pouvait bien servir ni même à ébaucher une hypothèse à ce sujet. Et de temps en temps je le sortais de ma poche et le fixais d'un regard étonné »... « Je tenais pour certain... qu'il avait une fonction des plus spécifiques et qui me resterait toujours cachée ». Molloy va jusqu'à analyser les causes profondes de l'état d'âme induit en lui : « ne rien pouvoir savoir, savoir ne rien pouvoir savoir, voilà par où passe la paix, dans l'âme du chercheur incurieux ». Voilà comment ce que nous, tout bêtement, tout bourgeoisement, nous appellerions un pose-couteau, à force de n'être pas identifiable, peut être à l'origine de l'étrange plaisir de l'irrationnel, si cher à Beckett depuis *Murphy*, particulièrement sous la forme des nombres irrationnels : ce n'est pas par hasard que Molloy fait aussitôt allusion aux délices de la division de vingt-deux par sept.

On se rappellera l'épisode-clé, dans *La nausée,* de la racine de marronnier : « Je ne me rappelais plus que c'était une racine. Les mots s'étaient évanouis et, avec eux, la signification des choses, leurs modes d'emploi, les faibles repères que les hommes ont tracés à leur surface. »

Nous sommes dans le même monde, justiciable de la même vision. Mais il faut souligner que cette vision, des rapports de l'individu presque innommé avec tout l'innommable qui l'entoure, est cruellement personnelle à Beckett, et nourrie de sa solitude farouchement entretenue, de la résolution où il était, déjà manifeste du temps qu'il écrivait *Proust* vingt ans auparavant, de ne pas laisser l'habituel remplir sa tâche rassurante, de n'éprouver sans cesse que l'irréductible inhabituel.

Tout cela, je pense, éclaire la question angoissée que se pose Molloy : « qu'est-ce que j'appelle voir et revoir? » Connaître et re-connaître? Le personnage beckettien se demandera bientôt par un développement de la même angoisse s'il peut être lui, si douteusement identifiable, vu et revu, connu et reconnu. C'est le sujet fondamental d'*En attendant Godot*, c'est un souci profond de Winnie, et encore des personnages de *Comédie*.

Fermé et conscient de sa fermeture, presque emmuré, Beckett-Molloy est et se déclare, dans sa vision du monde, un formaliste : (le monde), « je le voyais d'une manière exagérément formelle ». Ainsi faisait Murphy. S'ils ont quelque chose à combiner, ils n'ont cure de la présence ou de l'absence du reste des choses. Murphy achetait cinq gâteaux secs assortis. C'était accessoirement pour se nourrir. Mais principalement, merveille que nous ne soupçonnons pas, on peut les disposer de cent vingt manières différentes. Molloy aime à sucer une pierre. Mais ce plaisir n'est rien à côté de celui, seize pierres étant déposées dans ses quatre poches, de trouver le moyen d'épuiser la série sans jamais avoir sucé deux fois la même. D'où des calculs d'une ingéniosité inépuisable, et des solutions qui remplissent des pages entières. Ces jeux, et déjà précédemment l'organisation par Watt et surtout autour de Watt de séries interminables d'hommes et de choses, marquent un esprit cruellement replié sur lui-même, restant pourtant esprit de jeu et préservant ainsi son équilibre.

« Toute ma vie j'ai craint… d'être battu », dit Molloy. Une appréhension, une obsession de névrosé, le font se sentir seul contre «eux», tous les autres. Tandis que dans tel cas particulier – celui de Lousse – du bien lui est fait, dont certes il ne veut pas, il voit l'humanité constituée en «société», dans une page superbe d'intensité, s'acharner, comme par un besoin de lynchage permanent, à la destruction des victimes – des «rats» que leur séparation et leur déréliction lui désignent. Cela se fait au rythme des jours et au gré du tonus vital, la matinée étant le moment de pire et de plus féroce virulence.

Cette vision de soi comme une bête traquée éclaire le profil de longue fuite instinctive de Molloy : une fuite au hasard et qui pourtant accomplit par nécessité le retour au refuge final, « chez ma mère ». Son errance passe par la forêt dantesque plutôt que cartésienne – bien qu'on y tourne en rond pour aller un peu plus droit – *selva oscura*, lieu d'épreuve, et d'une mémorable aventure. D'être ou de se croire traqué, cela rend méchant ou simplement farouche, comme

256

la bête fauve qui réagit par la violence dès que son territoire – sa zone de protection – est envahi ou menacé. L'indiscret est un intrus, l'intrus s'il ne peut être écarté doit être éliminé, massacré. Et c'est un morceau de haute verve que ce massacre à coups de pied sur béquilles arc-boutantes. Moran, quand il aura retrouvé Molloy en lui-même jouera par nécessité la même scène, comme pour achever de marquer qu'il s'agit là comme ailleurs d'images et d'images d'images, d'une scène à l'autre. De même que Molloy avait oublié un matin chez Lousse qu'il avait besoin de béquilles, la jambe de Moran, contre l'intrus à supprimer, se déraidit, puis, la chose faite, se raidit à nouveau : « elle n'avait plus besoin d'être souple », remarque Moran. Autre trait significatif, il me ressemblait, note-t-il. Il tue son double, par acte d'autopunition extrême. Enfin, pour confirmer le caractère onirique de l'épisode, on voit l'insolite se glisser dans la narration : « son corps devenait flou, comme s'il se disjoignait. »

En arrivant chez Knott, Watt était seul. En repartant de chez Knott, il était plus seul encore (*aloner*). Molloy est constamment seul, d'une solitude irrémédiable. On ne saurait objecter le séjour chez Lousse qui entoure de quelques bibelots humains et autres une absence réciproque et, du côté de Molloy, déterminée. Il finira par se rappeler son nom, mais il ne se rappellera jamais ou, pour mieux dire, n'aura jamais su qu'il a de sa vie connu la relation particulière qu'on est convenu d'appeler l'amour. Le peu de fois que cela s'est passé, il était si indifférent et, pour reprendre le mot qui me paraît convenir, si absent, qu'il n'a sur celles qui furent ses partenaires que les notions les plus vagues. Elles semblent avoir à peu près toutes été hors d'âge (« une autre qui aurait pu être ma mère et même je crois ma grand-mère »), velues de visage, repoussantes. Et si plates qu'il en vient à se demander si c'étaient bien des femmes. Il ne peut quant à lui, étant si peu concerné, que s'en remettre (serait-il capable – ou coupable – d'humour?) à la rumeur publique : « ça devait être une femme quand même, le contraire se serait su, dans le quartier... » Anatomiquement, physiologiquement, il n'a aucune idée précise de ce qui s'est réellement passé.

Pas d'amitiés non plus. Reste un manque exprimé presque gratuitement, et donc significativement, ici et ailleurs dans l'œuvre : le « désir d'un frère ». Ce n'est sans doute pas un hasard si ce désir, ainsi brièvement évoqué, précède l'exposé des rapports, désespérément négatifs, avec la mère, hideuse de visage, puante de corps, qui sans doute fait sous elle, qui est sourde et gâteuse au point que Molloy ne communique avec elle que par des coups sur la tête, quatre coups voulant dire « des sous », mais au quatrième elle a déjà oublié les trois autres. Elle l'appelle Dan du nom de son père et en vérité ne paraît pas bien sûre qu'il n'est pas son mari. Cette simplicité me paraît de nature à décourager la psychanalyse, bien que (ou parce que) Beckett-Molloy finisse par ajouter : « l'image de ma mère vient quelquefois se joindre aux lèvres ». Mère que partout dans l'œuvre on soupçonne castratrice. Il faut ajouter que la relation fils-mère dans cette première partie du roman est moqueusement asymétrique par rapport à la relation père-fils dans la seconde partie; et que, d'un côté comme de l'autre, le renversement des valeurs admises affecte tout l'embrouillamini des rapports familiaux.

Beckett ne s'est pas proposé de représenter par son personnage un état d'esprit, ni un rapport, normaux, vis-à-vis du monde extérieur; ni même une anomalie surgie soudain de la normalité comme dans le cas de Roquentin. Le long soliloque mi-écrit, mi-parlé de Molloy est une rêverie constamment constitutive d'une réalité plus signifiante, comme tout l'onirique à le bien prendre, surgie de l'imaginaire, et se passant des appuis externes, ou se les appropriant. Si A et B semblent marcher l'un vers l'autre, il n'est pas sûr que ce soit dans le même moment, et que Molloy n'ait pas joint les temps et les espaces. L'onirisme paraît à la mutabilité, par à-coups et ellipses, et souvent à la démesure, des phénomènes. L'homme coiffé soudain d'un chapeau pointu est bientôt muni d'un bâton que voici devenant une massue dont le martellement fait trembler la terre. Quand ces images se transmettent, obscures et brouillées, de Molloy à Moran, la massue de rêve, à portée de la main et soupesée, paraîtra sans poids. C'est une forme d'idéalisme extrême, par projection de l'imaginaire dans une pseudo-réalité, que l'on trouve associée au séjour chez Lousse, qui n'est pas sans rappeler brièvement par ses étrangetés le séjour de Watt chez Knott. Une sorte de succession perçue se définit comme « univers processionnant » entrant dans la vision par une fenêtre peut-être unique, peut-être plurale, qui semble succéder à la monade sans fenêtre de Murphy et de Watt, et provenir si peu d'un extérieur véritable que, quand Molloy se meut dans ce milieu, il se sent hors du temps et de l'espace.

Dans le temps et l'espace, il y a la contingence, que nous avons déjà rencontrée. Elle est nulle, non signifiante. Ce n'est pas assez qu'après le passage des accordeurs de piano Watt se demande si autre chose a eu lieu qu'une fantasmagorie des sens, il faut qu'il l'oppose à la vérité d'une image hallucinatoire surgie en lui, de son père mort, pantalon retroussé, tenant ses chaussures à la main : image intériorisée, intégrée, et par là valable. Une séquence dont la cohérence est purement mentale s'oppose ainsi au caprice du factuel. On ne peut rien déduire des apparences sensibles. Ce berger, où va-t-il vraiment ? « car même s'il se dirigeait vers la ville, qu'est-ce qui l'empêchait de la contourner ? » D'où une perpétuelle perplexité.

L'admirable petit livre sur Proust que Beckett publia en 1931 aurait pu s'intituler « Quête de Proust », dans un double sens, quête poursuivie par Proust, quête de Proust par Beckett. C'est au seuil de l'œuvre de Beckett un extraordinaire discours-programme, qui montre qu'elle va répondre dans son développement à une nécessité profonde et pré-existante. Car, finalement, le véritable objet de l'ouvrage, c'est de montrer la quête de soi comme le propos déterminant de l'entreprise de Proust : une recherche héroïque de la vérité du moi par la destruction des conforts liés à l'habitude sécurisante, par la mise à nu de l'âme donnée en pâture à la souffrance créatrice. D'un tel projet, *Molloy* fait double usage. Beckett se donne Molloy, tout fait, comme âme délivrée déjà du vouloir-vivre, puis Moran comme véhémence destructrice ayant à faire grande et douloureuse besogne pour décaper la sienne.

Ainsi, par des procédés, disons même une procédure, tout différents, Beckett renouvelle (ce qu'on n'a guère compris, même dans l'éloge) la recherche de l'âme obscurcie. A-t-il pensé que l'itinéraire spirituel de Molloy, étant prédonné, restait absent ? Chez

Moran, l'épreuve sera totale, exemplaire. Et comme d'habitude, de portée bien plus large et de sens bien plus multiple qu'il n'y paraît à la première lecture. Car Moran, dès l'origine et malgré les apparences, est une figure au moins double, un «caractère» et une fonction, et, si habilement distancié qu'il soit comme «caractère», il est, sur un autre plan que Molloy et par sa fonction, très proche de son auteur : Beckett qui dit et redit assez qu'on ne peut parler que de soi, entend que tout personnage soit ramené à sa quête de lui-même, et que là où il y a pluralité de personnages elle soit doublement illusoire. Voyons à partir de là le cas de Moran, dans ses rapports soit avec Molloy, soit finalement avec Beckett.

D'un côté, avant même son «changement», Moran présente avec Molloy de curieuses similarités morphologiques, mais de détail, qu'on a notées. Par contre, il apparaît devant nous un dimanche, entre sa bonne et son curé, comme un parfait bourgeois, soucieux de faire chaque chose selon la règle, édifiant, inflexible et mesquin. Son métier, que nous avons déjà rencontré dans *Mercier et Camier*, enquêteur, détective privé, devait avoir un sens pour qu'on le retrouve ici, et il est si dénué de relation avec le fond de tableau que nous serons tenté de chercher la relation ailleurs.

On peut se demander d'abord si Moran est bien, comme il semble être, une «nature» opposée à celle de Molloy. Selon une vision de l'existence à laquelle Beckett n'est pas resté étranger, et que confirment ses propres termes, Moran joue «son» rôle – il dira d'ailleurs, et c'est un indice, qu'il a coutume d'aller jusqu'au bout de ses rôles – et peut être considéré comme l'homme factice par excellence : comme il dit, «fabriqué». « Mon inénarrable menuiserie », dit-il encore plus catégoriquement, Beckett se voyant peut-être moins comme le menuisier que comme le démonstrateur. Alors, la démolition de l'homme factice ne serait que celle d'un habillage de la personnalité et sa remise en désordre, succédant à ces simulacres, constituerait aussi une remise en existence, pour le pire.

Molloy est le fils d'une mère, hors d'usage d'ailleurs, qui a peu à nous enseigner sur le rapport de force et d'oppression qui semble, aux yeux de Beckett, s'étendre tel quel du groupe familial au groupe social, comme par une fatalité des relations humaines. Aussi son second personnage, Moran, va-t-il présenter le rapport exemplaire, père-fils.

« Votre fils vous accompagnera ». Sous cette forme s'annonce le déploiement de cette relation dont Beckett est obsédé de façon d'autant plus remarquable qu'elle n'a pas de source biographique directe : il serait tentant d'y voir une couverture et la transmutation d'une agression maternelle, au fond inintéressante, en agression paternelle susceptible d'usages symboliques variés, comme dans *En attendant Godot* et *Fin de partie*. On serait certes en droit de douter que la relation des Moran père et fils fût analogue à celle de Pozzo et de Lucky. Les contrastes sont aveuglants. Mais observons l'imaginaire. Moran nous confie qu'il a un moment envisagé d'être relié à son fils par une longue corde, et qui plus est de le faire marcher devant lui et non pas derrière comme il l'avait d'abord pensé. La persistance des images et le maintien de leur valeur d'usage sont caractéristiques de Beckett.

Une caricature d'éducation puritaine nous est offerte. Le besoin de tout contrôler et de tenir toujours répression et punition prêtes est obsédant. Tout peut être sujet de tentation, timbre de collection ou couteau de poche. Toute tentation cherche une joie et toute joie est dangereuse : « le funeste principe du plaisir », dit Moran. Le propos délibéré du père est de diriger le fils « dans la saine voie de l'horreur du corps et de ses fonctions ». Il y prend plaisir, quant à lui, associant à l'enfant des images physiques répugnantes et troubles, ses grosses fesses, la constipation qui appelle le lavement. Toutes les inventions mesquines du père lui donnent une joie mauvaise. On retrouvera de tout cela dans le Hamm de *Fin de partie*, aussi bien à l'usage des parents finissants, enfants inversés, que du simili-fils.

Mais venons-en à la fonction : comme Watt était au service d'un certain Knott, résidant obscurément au centre des choses et de qui il n'avait eu que des visions incertaines et protéennes; comme Vladimir et Estragon espèrent entrer au service d'un insaisissable Godot, de même Moran est un «agent» de l'invisible Youdi, dont le nom assez transparent évoque la vieille oppression métaphysique judéo-chrétienne, et qui communique ses ordres par un «messager» (*angelos*, comme celui de Godot), nommé Gaber[1].

On ne sait ce que Knott attend de Watt, un simple témoignage de son existence, semble-t-il, spéciale- ment important pour les entités métaphysiques dont l'existence est douteuse. Godot se joue simplement de la disponibilité des deux clochards. Beckett est ici beaucoup plus clair. Youdi attend de ses agents qu'ils construisent – on dirait presque, qu'ils prélèvent – la personnalité de certains «clients» dont le plus surpre- nant à en croire Moran est qu'ils s'offrent de gaieté de cœur à l'entreprise qui les désintègre. Mais, au

---

1. Rappelons pour mémoire : l'appareil mythologique dont Beckett se sert brièvement au départ vient de Kafka. De même les «voix» (Joseph K dans la cathédrale). Cela a été dit et redit.

moins cette fois-ci, c'est l'investigateur qui renâcle, c'est Moran qui ne veut pas se mettre en quête de Molloy. Par cette fiction, c'est sa condition d'auteur de fictions, d'inventeur de personnages qu'entend symboliser Beckett. En effet il se sent – voir *L'innommable* – le siège d'une contradiction profonde : d'une part il éprouve l'obscure nécessité, l'obligation d'écrire, et d'autre part tout en lui résiste à ce qui est ressenti comme une contrainte à laquelle il a été conduit; comme les primitifs font des dieux des forces qui les encerclent, il lui impute un vague statut personnel : «ils», «eux», le «consortium», les persécuteurs, reparaissant d'œuvre en œuvre, sont ici représentés par Youdi, qui reparaîtra comme « le maître de Moran » dans *L'innommable*. On peut donc dire que, chargé d'un «rapport», dans cette fonction d'écrivain, Moran, quelle que soit la pseudo-personnalité dont il aura été pourvu, c'est Beckett. D'ailleurs, le tableau qu'il dresse de ses créatures – de sa galerie de crevés – Murphy, Watt, Mercier et Camier, sera accru de Molloy et de Malone, celui du narrateur de *L'innommable*, lorsque, obsédé et écœuré de ces inutiles « sacs de sciure », de ces « souffre-douleur » qui ne font que le distraire, alors que comme il le dit clairement il s'était glissé en eux dans l'espoir d'apprendre quelque chose (sur lui-même). Il décidera de ne plus parler que de lui-même. Au terme de chaque évocation de ces puissances oppressives, Beckett (ou son personnage) retrouve la solitude inéluctable qu'il essayait de se dissimuler par ces fables. Moran, qui subit sans discuter la loi de Youdi et de Gaber, se demande dès l'origine si toute cette organisation n'est pas un mythe. Il a des moments de lucidité, « et même cette lucidité atteignait quelquefois une telle acuité que j'en venais à douter de l'existence de

Gaber lui-même – et enfin à me croire seul et unique responsable de ma malheureuse existence ». Le surgissement et l'effacement des images qui constituent un univers subjectif et fantasmatique s'altèrent graduellement. Quand Gaber reparaît, on devine que, plutôt, il ré-apparaît, et quand il parle, c'est d'une « voix lointaine » qui dans toute l'œuvre de Beckett (voir *Cendres*) signifie la non-présence. Gaber de son côté « n'entend pas un mot » de ce que lui dit Moran.

Si nous adoptions le langage du mythe, nous dirions que, dès le départ de Moran pour cette mission de découverte de Molloy, nous assistons à un cas de possession, alors qu'il ne s'agit que d'une prise (ou reprise) de possession. Le premier signe, la première annonce que Moran est en voie de devenir Molloy, c'est cette fulgurante douleur au genou, si caractéristique du personnage poursuivi, et recouvert par tous les simulacres de Moran. Un système d'images en déshérence flotte et repasse de l'un à l'autre pour être ré-utilisé. On les voit confusément se renouveler, et la bicyclette de Molloy devenir comme par nécessité celle que Moran fait acheter par son fils. Nous avons vu que l'homme à la massue a son double onirique. La dégradation physique rapproche moins encore Moran de Molloy que la solitude, et le rejet du monde et par le monde. Et puis, à la préoccupation qu'il a de Molloy, succède la conscience de Molloy en lui, qui le rend méconnaissable à lui-même. Il subit – Beckett n'a jamais été plus explicite – « un effondrement rageur de ce que depuis toujours j'étais condamné à être ». On retrouve *Proust* : Moran était protégé par une armure de faux-semblants contre la vérité de lui-même qui soudain l'envahit par l'effet d'un «forage», « vers je ne sais quel jour et quel visage, connus et reniés ». En fait, nous voyons Moran créer littéralement Molloy comme d'œuvre en œuvre le narrateur suscite le personnage, avec je ne sais quelle réminiscence du processus excavatoire évoqué dans *Proust* : « je voyais une petite boule monter lentement des profondeurs... puis peu à peu visage, avec les trous des yeux et de la bouche et les autres stigmates ».

Mais c'est un curieux Molloy qui surgit alors en Moran, et que nous connaissions mal encore, dont nous n'avions qu'une image adoucie : « tantôt prisonnier il se précipitait vers je ne sais quelles étroites limites et tantôt poursuivi il se réfugiait vers le centre... il chargeait plus qu'il ne marchait ». Ces mouvements, qui sont une traduction physique d'une véhémence spirituelle extrême, n'avaient qu'une fois reçu de Molloy lui-même leur formule :« Puis je repris mes spirales ». Dans *L'innommable*, le narrateur décrit sous le même vocable un retour tourbillonnant, quasi dément, vers un centre de conscience qui est une sorte de maelström mental. « Je m'étais probablement empêtré dans une sorte de spirale renversée». Il n'y a pas de contradiction entre ce délire de mouvement qui entraîne l'existant malgré lui et l'idéal d'ataraxie ou les images d'immobilité finale rencontrées ici ou là. Mais, ce que Moran nous a apporté, c'est une transcription des tropismes véhéments qui sont la force submentale destructrice de sa vérité nouvelle.

Comme toujours, il faut revenir sur une simplification. Nul n'est simple, pas même Moran le factice. Il s'était dit au début extraverti par choix du moindre mal. Il y avait donc sous le factice, avant « l'effondrement rageur », une promesse de réalité, moyennant l'acceptation du pire mal. Subtilement, Beckett suggère une continuité. Le Moran des dernières pages pense aux petites vies de ses poules comme il y pensait au début, et bien plus à ses abeilles : n'est-ce pas du temps de la bonne et du curé qu'il les a connues avec leur danse, observée et étudiée passionnément dans tout son riche détail, au-delà duquel il y a le mystère des significations à jamais dérobées – de l'irrationnel ? Quel Moran est-ce donc, le nouveau, ou l'ancien caché, qui décrit cela (il n'y a plus d'abeilles) comme « une chose belle à regarder et qui résiste aux raisons des hommes ? Un Moran jadis inavoué qui a admiré sans trop le savoir tout ce qui reste à l'homme minimal qu'il est devenu, les oiseaux sauvages.

En devenant ou redevenant Molloy, Moran trouve aussi le chemin de la révolte contre les commandements qu'il avait subis, en tant que tels, contre ce qui avait pris la forme spectrale et contraignante de Youdi ou de Gaber. Voici que soudain, en pleine désintégration, il voit Gaber, disparu au seuil de la mission, surgir à nouveau devant lui. Il en profite pour lui demander ce que pense Youdi. Et Gaber finit par se rappeler : « la vie est une bien belle chose ». « Vous croyez », demande Moran sarcastique, « qu'il parlait de la vie humaine? » « J'étais seul », note-t-il, et en vérité ces apparitions n'ont plus de quoi nous en faire accroire. La disparition de Gaber marque la fin du système Youdi, la solitude absolue est le prix d'une cruelle libération.

En lui tenant la plume pour la faire plus moqueuse, Beckett lui fait dire, improbablement, qu'il n'a même pas, dans cette pérégrination, rencontré Obidil, et que, s'il n'existait pas, il n'en serait pas autrement surpris. Obidil : Libido. Sans parler de Youdi, même Freud n'existe peut-être pas. Du soupçon, Moran passe à la critique : essentiellement la critique de son «rôle». Il réfléchit donc à l'imposture des enseignements reçus et transmis, sur « le tort que j'avais fait à mon dieu à qui on m'avait appris à prêter mes colères, mes craintes et désirs et jusqu'à mon corps ». Moran-Beckett règle ses comptes avec la dérisoire religion de son enfance. Puisque ce qu'on nomme conscience est toujours chez Beckett une voix qu'on entend en soi-même, cette véhémente prise de conscience donne lieu à « une nouvelle voix ». « Elle ne se servait pas des mots qu'on avait appris au petit Moran, que lui à son tour avait appris à son petit ».

Le personnage beckettien n'est pas un stoïque. En dehors des scènes d'agressivité onirique, c'est par l'imagination, sur sa propre personne, la seule qui le concerne, un parfait sado-masochiste. Il ne se contente pas de pratiquer ce que Pascal appelait le bon usage des maladies et de dégager quand il ne peut plus se tenir debout les délices «insoupçonnées» des diverses stations horizontales, il suit avec une ivresse d'anticipation les progrès de sa désintégration :

« Et cela ne m'étonnerait pas que les grandes paralysies classiques comportent des satisfactions analogues et même peut-être encore plus bouleversantes. Etre vraiment enfin dans l'impossibilité de bouger, ça doit être quelque chose! J'ai l'esprit qui fond quand j'y pense. Et avec ça une aphasie complète! Et peut-être une surdité totale! Et qui sait une paralysie de la rétine! Et très probablement la perte de la mémoire! Et juste assez de cerveau resté intact pour pouvoir jubiler! »

Oui, c'est bien une variété de la vision, et ce qu'on pourrait appeler la logique, sadienne à quoi s'abandonne Moran. Il y a une satisfaction singulière à se découvrir situé dans l'ordre noir de l'univers. Mr. Rooney dans *Tous ceux qui tombent* en renouvellera l'expression.

Le livre est une parfaite réussite. J'entends qu'il est exactement ce qu'il veut être : la transcription d'une aventure spirituelle grâce à la connotation métaphorique de tout ce qui se présente de physique ou de matériel, valeur ajoutée qui se garde d'être l'unique : dès *Murphy* Beckett tient à attester que le monde extérieur existe, mais qu'il résiste à toute intégration, même réduit à l'état d'image, comme le titre d'un de ses plus récents écrits, *Mal vu mal dit*, le rappelle.

Le dit bien ou mal, mais en vérité incroyablement exigeant, représente la création propre de l'écrivain, et nul ne s'y est trompé : *Molloy* est un langage, un nouveau langage. On a dit, il a peut-être dit lui-même, ce qui n'importe pas plus, que Beckett était passé au français comme à une langue pauvre, au moins comme langue acquise, et qui ne se prêtait pas au travail subtil et gratuit sur les mots qui avait caractérisé ses textes anglais. Il faudait dire alors que pour ce qui est du baroquisme, de l'invention subtile, soudaine et surprenante, Beckett est incorrigible, heureusement, et que d'une langue à l'autre, il continue, eût-il fait vœu de pauvreté, à aimer les mots pour eux-mêmes, et à en extraire des richesses imprévues. Je n'en citerai qu'un exemple : «mes testicules, ces témoins à charge à décharge de ma longue mise en accusation ». A l'inverse en vérité d'un jeu baroque et gratuit, chaque mot que Beckett emploie se trouve au cœur d'une vision totalement présente de sa pensée. Testicules, bon, en latin (rappel de vieilles coutumes), *testes*, témoins. Ah, mais le personnage beckettien n'est-il pas toujours coupable : coupable d'être né ? D'où l'idée d'accusation ayant été amenée par ces «témoins», le rôle qui leur reviendrait de témoins « à charge ». Mais le mot revient, malicieusement, à la charge, si j'ose dire : il y a la fonction des testicules, tout autre que judiciaire. Tant pis pour la culpabilité de Molloy : « à décharge », donc.

Ne parlons que pour mémoire de la crudité du langage et de l'omniprésence du trou du cul. Elle convient à la nudité de l'âme et brutalise consciemment, consciencieusement, la sensibilité bourgeoise. Elle est un élément de contestation et de révolte.

Le baroquisme prend comme en anglais la forme de l'invention des mots, à base de langues savantes, et nous donne, ce qui est sans doute une invention à plus d'un titre, la bicyclette *acatène* de Molloy. Beckett a été pendant une décennie le plus doué des amis de Joyce, peut-être le plus grand inventeur de langage de tous les temps. On peut penser qu'il a la tête pleine de souvenirs d'*Ulysse*. Il a dû se remémorer, de l'épisode «Protée», une phrase qui décrit, comme pour le plaisir des mots, une femme portant un fardeau sur la grève : « she trudges, schlepps, trains, drags, *trascines* her load ». Une seule action en quatre langues. « Une nuit que je me trascinais chez elle », dit Molloy. Il est impensable que son adaptation du mot italien soit indépendante du souvenir ou de la réminiscence de Joyce, même si l'on rappelle que Beckett est polyglotte comme Joyce.

Il s'agit de bien autre chose que de vocabulaire. Chaque écrivain a son unité de langage et se reconnaît à l'usage qu'il en fait. Chez Joyce, c'est le mot, avec les prodigieuses triturations qu'il lui fait subir dans *Finnegans Wake*. Chez Beckett, c'est le groupe de mots, la formule. Comme Joyce trouve le mot, il trouve la formule toute faite, et lui fait subir une insertion qui la modifie et la renouvelle. Les ailes de la nécessité, bon, c'est un cliché. Il devient « j'y vole chez ma mère sur les ailes de poule de la nécessité ». Ce volatile prosaïque à peine volant introduit son accent d'ironie. Ailleurs, l'âme de Molloy s'élance vers l'objet « au bout de son élastique ». L'élan de l'âme ainsi qualifié prend la tonalité voulue, grotesque et négative. Beckett aime les élastiques comme les bicyclettes.

Un mot pour un autre assure l'effet. On vit aux crochets de quelqu'un. Ici c'est « ma mère aux crochets de qui j'agonisais ». Pareillement on trouve « la bonne ville, celle qui m'avait donné la nuit ». L'effet de surprise marque l'écart par rapport au langage «normal». Molloy se déplace chez Lousse « comme une feuille morte à ressorts ».

Un jeu constant déplace le sens entre la surface et le dessous dissimulé du langage. Presque tout dans *Molloy* est humour par nature et, n'en déplaise à Bergson qui les sépare, ironie par destination. L'humour est lié à l'innocence du personnage et à son inadaptation : tout en lui produit le malentendu, et de son expression plus ou moins étonnée du malentendu jaillit l'humour. La gravité souligne la naïveté : « Je ne dis pas que je m'essuie chaque fois que je vais à la garde-robe mais j'aime être en mesure de le faire, le cas échéant »[1]. Il y a beaucoup de clownerie mentale. La clownerie physique est plus rare. On la trouve pendant le séjour chez Lousse. Les meubles exaspèrent Beckett et ses personnages

---

1. L'humour, c'est l'individu qui se révèle aux yeux de tous, distraitement, dans sa nudité risible. L'ironie de l'affaire, c'est qu'avec un air de ne pas y toucher la dérision touche en fait, sans cesse, dans son contentement, la collectivité entière. Le langage pour y pourvoir est à double niveau.

en quête de la nudité du refuge. Ici, Molloy les renverse, puis fait mine d'aider le valet à les rétablir avec de vives pantomimes : « ramassant les pans de ma chemise de nuit je leur en envoyai des coups pétulants ».

L'expression chez Beckett tend à la surexpression, autrement dit à l'expressionnisme : l'intensité de la sensation éprouvée (ou imaginée) réclame une violence verbale correspondante : « elle articulait mal, dans un fracas de râteliers... », « ce babil cliquetant ». Mais finalement c'est autre chose qui compte le plus. C'est l'invention d'un langage (français ou anglais, n'importe) qui tournerait le dos à tout artifice ou simplement effet littéraire, qui serait celui non pas d'un monologue intérieur savamment calculé, mais d'une parole *presque* intérieure, aussi spontanée que possible, transcrite plutôt qu'écrite, inchoative, hésitante, allant jusqu'à l'incohérence et à l'occasion presque jusqu'au bafouillage, sans que jamais on perde de vue que quelqu'un parle, qui n'aurait pas besoin d'exister autrement que comme une parole.

Tel, le langage de Molloy est sans problèmes. Il est depuis la première ligne au terme de l'épreuve vitale, mais du plus loin qu'il se souvienne et qu'il reprenne son itinéraire, il est le même et, dans la mesure où Beckett lui laisse la parole – « suffisamment, suffisamment », comme il dirait – peut parler une langue uniformément purgée de bonnes manières. Mais Moran ? Lui aussi, aux premières lignes, est au terme. Toutefois, son expérience, qui avant de rejoindre Molloy, a été totalement destructrice, doit nous être relatée, étape par étape, jusqu'au point où elle a fait de lui un rebelle, semble-t-il, suicidaire. Comment alors retrouve-t-il, usant du même «je», pour décrire son comportement avant l'avatar, le ton de parole de l'affreux bourgeois dont il avait joué le rôle? C'est à ces perplexités que l'on sent le mieux comme le «je» est prêté plutôt que donné bien qu'il reste fort positif. En fait, Beckett s'intéresse bien plus à la forme de son œuvre et à la parfaite symétrie de sa double boucle : il importe avant tout que Moran comme Molloy reparte de son retour.

Tout est dosé : il faut assez de langage mi-parlé pour « faire Molloy », faire Moran. Souvent on s'enfonce, comme dans le passage «dicté» déjà rencontré, à l'intérieur et dans le monde de l'ombre et du silence : « quelle fin à ces solitudes où la vraie clarté ne fut jamais ». Solitudes sans fin où l'on rencontre « un éboulement sans fin » : quelle marche interminable sans Virgile dans quel cercle de quel enfer ? Ou bien on resurgit dans, par exemple, la fantasmagorie lunaire de chez Lousse, entre rêve et vision, comme d'un Blake ou d'un Palmer tombés dans l'angoisse de phases bousculées – intermittences ou compressions fantastiques des temps, mince copeau de lune mué en énorme présence ronde, reflet glissant sur les murs.

Ou bien on est dehors et *mais*, c'est la nuit, qui ouvre l'âme de Beckett, et qui permet les deux délicieux nocturnes, symétriques comme les diurnes assassinats, donnés à Molloy et à Moran : délices de l'oreille et, oui, du cœur aussi : « une nuit d'écoute donnée aux menus bruissements et soupirs qui agitent les petits jardins de plaisance la nuit, faits du timide sabbat des feuilles et des pétales »... L'oreille d'un musicien quelque peu mystique percevant sous les autres « peut-être le bruit lointain toujours le même et que les autres bruits cachent ».

Le second nocturne est une ré-animation du premier : « Je perçus cet adorable bruit fait de menus piétinements, de plumes nerveuses, d'infimes glous-

273

sements aussitôt réprimés, qui est celui des poulaillers la nuit et qui s'achève bien avant l'aube ».

Beckett ne se laisse guère aller, ni ses personnages; on pourrait dire qu'il se laisse seulement surprendre par la brusque intensité d'un moment de vision : ainsi d'« une sorte de crique étranglée que des marées lentes et grises vidaient et remplissaient ». Il évite le plus possible de transmettre l'émerveillement qu'il a subi malgré lui des formes, des lumières et des sons – qui contredirait son dessein.

Beckett est, essentiellement, un poète, et loin de partager la fermeture de ses délégués, il est comme Blake, fût-ce malgré lui, un homme de double vision, dont le don transmue les phénomènes : « une sorte d'immense soupir tout autour de moi » : étrange condensation de sensations qui dit le départ d'un troupeau de moutons.

S'il voulait étouffer le poète après avoir tué l'Egéen, il a laissé subsister plusieurs couchants singuliers et, au fil de l'errance, une plus singulière espérance de lumière : « j'avais bon espoir de voir un jour trembler, à travers les limbes immobiles, comme taillées dans du cuivre, et que jamais n'agitait aucun souffle, l'étrange lumière de la plaine, aux remous rapides et pâles ». Oserait-on une modeste hérésie? – suggérer que cet espoir d'une lumière, comme dans certaines phrases ambiguës de *Fin de partie*, fait une partie discrète de la communication, et comme une promesse.

COLLECTION « DOUBLE »

1. Michel Butor. — *La modification.*

2. Marguerite Duras. — *Moderato cantabile.*

3. Boris Vian. — *L'automne à Pékin.*

4. Alain Robbe-Grillet. — *La maison de rendez-vous.*

5. Roman Jakobson. — *Essais de linguistique générale.*
   I. — *Les fondations du langage.*

6. Robert Linhart. — *L'établi.*

7. Samuel Beckett. — *Molloy.*

8. Claude Simon. — *La route des Flandres.*

9. Claude Simon. — *L'herbe.*

10. Robert Pinget. — *L'inquisitoire.*

CET OUVRAGE A ÉTÉ ACHEVÉ D'IMPRIMER LE HUIT
SEPTEMBRE MIL NEUF CENT QUATRE-VINGT-HUIT
DANS LES ATELIERS DE NORMANDIE IMPRESSION S.A.
A ALENÇON ET INSCRIT DANS LES REGISTRES DE
L'ÉDITEUR SOUS LE Nº 2344

Dépôt légal : septembre 1988